后浪出版公司

九品官人法研究

科举前史

[日] 宫崎市定 著

王丹 译

中原出版传媒集团
中原传媒股份公司

大象出版社

·郑州·

目　录

1

自　序

> 整辑排比，谓之史纂。参互搜讨，谓之史考。皆非史学。
>
> ——《文史通义·浙东学术》

意为史料的整理及史实的考证，均非史学的目的。

章学诚的这句名言，不知为何一直反复徘徊在我脑海中，挥之不去。我们深知史料的整理和史实的考证并非史学的终极目的，却依然日复一日将大量时间花费在这些工作上。而且因为这一点，不时有人以略带轻视或是敬而远之的态度称此为"考证史学""客观史学"或是"实证史学"。我倒不以为意，反而很是满足，甚至感到骄傲。

数年来，我一直从文部省接受科学研究费补助，用来整理《中国制度史语汇》。然而一旦着手整理，才知这项事业并非易事。因为无法将每个单词单独地抽离出来去理解；如果不从整体去把握的话，就不能完全理解各个部分的含义。在历史悠久的中国，用一个时代的制度去推演其他时代情况的做法是行不通的。即使名称相同，在不同时代，其内容与意义也大不相同。宋代以后与汉代以前的情况，由于常常被拿来研究，所以能了解其大概。而最令人困惑的是夹在中间的六朝，这是一个特殊的时代，无法用汉代或宋以后的知识与感觉进行解读。

原本我大学毕业后不久，曾尝试读过六朝历史，其后也偶尔会产生重做六朝研究的想法，还曾在《史林》上发表了一篇《清谈》（收录于《宫崎市定全集》第七卷，岩波书店，1992）。之前的诸家学说专门从思想上、从出世的意义上理解魏晋的清谈，而我的这篇小论则完全从人性本恶的立场出发，认为清谈中混杂着十分功利的、世俗的动机，即指出了清谈被用作选举工具的一面。我抱着仿佛第一次接触的心态重新审视六朝正史，一如既往地决定站在人性本恶的立场去理解六朝贵族制度。

本来在历史记录中，并无关于当时言之凿凿的记载。在某个时代清楚明确的事情，在下个时代就会变得并不确切，因为没有书面记录，结果成为现在最难理解的事情。而某个时代的确切事件，是理解那个时代的关键所在。如果不搞清楚它就无法理解该时代，强行理解则会造成天大的误会。从这层意义上来看，六朝可以说是最容易招致误解的时代。

如果认为古典考证在清朝考据学时已至巅峰，就大错特错了。清朝考据学中有几条重要家法，其中一条就是"无征不信"。意思是没有文字记载则不可信。如此脚踏实地的研究方法，确实令考据结果不可动摇，但与此同时，这一长处也正是其短处，展现了考证学的一大瓶颈。清朝的考证学始终贯彻各自部分考证的方法，因而未能建立起积极的体系。可以说是研究态度所导致的必然结果。

考证一事，进行到一定阶段，就会要求有一个质的飞跃。因此不能完全依靠记录，还必须要复原未被记录在册的部分。话虽如此，以自身哲学与理念等来进行填补却是大忌。毕竟是史实的延续，复原时必须以事实填补事实。

我为了把握六朝的制度体系，先从研究官与吏的分途入手，然后感到有彻底查清九品官人法实际形态的必要；为此，还必须弄清始于三国曹魏时期的九品官制。此时，最派得上用场的参考书，居然是《三国职官表》。它的作者洪饴孙是嘉庆时期的学者，在清朝的考据学者中也仅能排得上第二流。这部著作乍一看枯燥无味，然而用到的时候，它却发挥了很大作用。这对我来说是一个大发现。史料的整理与史实的考证，总归该有人来做。

了解了九品官制的轮廓，就可推测将九品官制与中正乡品连接起来的是起家制度，规定了贵族在现实中门地高下的也正是这个起家制度。这件事在当时的社会来讲，大概是清晰明了无须赘言的，而随着时代的变迁，却变得最令人难以捉摸。这种难以捉摸不仅我们外国人会感受到，对中国人自己来说也完全相同。如果我没有眼拙看漏，在中国人进行的六朝贵族制度研究中，且不说过去的研究，截至最近的出版物中也几乎未出现过关于起家制度意义的论述。

我在此次研究中，打算采用一种与以往的考据学家的家法相比，展现了飞跃性的方法。同时反过来说，如果想要以过去那种每处考证都扎实严谨的观念来进行攻击的话，我的研究可以说是破绽百出，得出的结论也不堪一击，想推翻它是轻而易举的。可是此后想要另外建立一个新的体系恐怕并非易事。也许我有时跨过了考证的界限，却始终未忽视或回避过考证，也没有为了迎合某种定论而对考证进行歪曲。我一直坚持事物应按其原本的法则运行，致力于观察并还原其本来的面貌。可能有无心之失，但绝不至被问故意之罪。

　　大凡学问结果的正确与否，是不应由当时的多数表决进行决定的。无论社会多么民主，此一点做法却恕我拒绝，同时我也拒绝以是否满足某种既定法则为标准的评价方式。就算把精密的测量仪器放在书旁测量，研究也不会有任何反应。是否能被这个社会接受完全不应该成为问题。历史学既非烈酒，亦非甘露，更非兴奋剂。要言之，历史学的研究成果不应被历史学以外的任何东西来判断其价值。能决定研究真正价值的，唯有之后继续研究的研究者。正确的研究只有一个方向。后继的研究者若能沿着这个方向前行，前途就拥有无限发展的可能性，能够无限接近历史的真相。从这个意义上来说，研究者不仅自身是研究的实践者，也是预测未来研究的预言家。在这层意义上，我为我身边拥有值得尊敬的先驱而感到无比幸福，并希望能为此传统奉献绵薄之力，流传后世。

　　本书以六朝贵族制度为研究目的。然而就此将其作为书名，则因其欠缺经济层面的研究而无法实现。虽以"流品的研究"为题也未尝不可，但流品的思想在宋代以后也依然延续。因以九品官制及起家制度为中心进行考察，故一言概之，以"九品官人法研究”为本书的题目最为自然。同时本书内容上与我十年前的旧作《科举》^①一脉相承，所以添上副标题“科举前史”。铅字的字号与排版也都尽量以旧作为范本。

本研究受到文部省长达数年的科学研究费资助，又在昭和三十年（1955）获文部省出版补助终得付梓。出版之际，承蒙东洋史研究会与中村印刷株式会社的照顾，受惠良多。制作索引时，对佐伯富副教授、铃木千惠女士多有叨扰。书名题字为本人拙作，为的是要使用藤枝晃副教授所制作的篆印。

以此为记，对诸位相关人士的深情厚谊敬表谢忱。

昭和三十一年三月（1956年3月）

于京都大学文学部东洋史研究室

---

① 收入《宫崎市定全集》第十五卷。

第一编

绪 论

——由汉至唐

一、分裂与统一

　　话说天下大势，分久必合，合久必分。周末七国分争，并入于秦。及秦灭之后，楚、汉分争，又并入于汉。汉朝自高祖斩白蛇而起义，一统天下，后来光武中兴，传至献帝，遂分为三国。

　　这是我们耳熟能详的《三国演义》的开头，虽是极为朴素的历史观，却反而不能忽视这种朴素之中所蕴含的重要意义。根据《三国演义》的历史观，从周至秦的中国历史，是一个从割据走向统一的过程；如果无视中间的楚汉之争，则可以说在汉代达到了统一的巅峰，而从东汉末开始，又再次陷入分裂之中。

　　分裂也好，统一也罢，无疑都是政治性的表面现象。姑且不论楚汉之争这段短期历史，对于长期持续的分裂或统一的现象，我们必须究明其来龙去脉。其原因说不定出人意料地与历史的本质问题有相当密切的联系。

历史学是极为具体化的学问，同时又是重视抽象化的学问。对抽象化的重视，可能趋向一种哲学化理念；又因为尽可能地从数量上去还原历史现象，分析力量之间的关系，故历史学又可被视为一种力学。前面提到的分裂与统一的问题，要言之，就是一种力量之间的关系。在一个社会的某个时期中，一定存在着想要统一的力量和试图分裂的力量。前者强，则社会朝着统一的方向发展，或得以继续维持已形成的统一；后者强，则社会朝着分裂的方向发展，或保持分裂状态。

大汉帝国之所以能经过西汉、东汉，维持了四百多年的命脉，是因为想要维持统一的强大向心力在发挥作用。但不能断言说是因为汉朝完备的政治运行使得每一位帝国成员都心满意足。历史常以过去为鉴，对于经历过春秋战国这样列国长期战争状态的汉朝政治家和人民来说，由汉朝创造的统一是千金不换的贵重遗产，因此即使有些许不满，也一定要努力维持统一。汉朝正是因此得以延续。然而四百年的时间，是现实中的个人生命无法体验的长度，对汉末的人来说，四百年更是近乎无限的永恒。汉王朝实现了中国历史上首个长达四百年的统一，这个事实使人们很容易将统一的政治和汉王朝密不可分地联想到一起。其后这种坚固的统一崩溃，汉朝灭亡，进入了从三国至南北朝的分裂状态。历史进程如此展开，必定是发生了某些特别之事。

二、汉代的贵族与豪族

追求统一的向心力与走向分裂的离心力，要制造历史上的事实，各自都需要推手。那么这推手是何许人也？在我看来，我想把前者概括为与汉王朝亲近的皇亲国戚，后者乃在野的豪族，不过需要一些解释说明。原本，贵族与豪族之间并无本质差别。他们都拥有众多族人和依附人口，财力雄厚，不仅能调动自己的同族人与依附人口，又因姻亲故旧的关系与其他家族有密切往来，所以也能调动其族人及依附人口。在这一点上贵族与豪族是共通的。只是贵族直接与政权联结，世袭官位的倾向较强。垄断官位的欲望促成了门阀的形成，并使贵族尽可能压制新晋势力的上升。与之相对的是，豪族虽有实力，却失去了接触政权的机会，即使有志于官场，也只能被先入场的门阀弹压，不受赏识。当然二者之间并无明确的界限划分。并不是身为贵族，垄断官位的欲望就能得到充分满足；也不是身为豪族，就完全游离在官位之外。尤其是在地方政权中崭露头角的豪族，可将其视为下层贵族，他们进入中央政权受到阻碍时，豪族色彩会显得更加浓重。

与王朝亲近的中央贵族大多拥护汉朝，所以一般站在支持统一的立场上；但也不排除他们有时反而成为破坏统一原动力的可能性。贵族地位高，所以容易成为下层社会攻击的目标，但如果对此过度防御的话，又恐怕会受到来自朝廷方面的镇压。如此一来，贵族陷入进退两难的困境，有时会自暴自弃，为从内部破坏汉朝的统一埋下了隐患。这种情况发生一次尚可，多次反复的话，强大稳固如汉朝那般的统一体也会出现巨大的裂痕。东汉中期以后的外戚与官僚等贵族之间的党争，绝非因为对汉王朝抱有敌意，但从结果上来说，却无疑削弱了汉王朝的统治力量，陷汉朝的统一于岌岌可危的境地。

地方豪族自身也并不反对汉朝，更不是憎恨统一、推崇分裂的一群人。恰恰相反，豪族最依赖汉朝的统一政治，因为正是汉朝相对和平的统治培养了豪族。豪族的势力一旦开始成长壮大，其扩张的欲望就是无止境的。豪族对上想要接近中央政权，成为贵族；对下则兼并土地，将人民变为自己的依附。且这二者其实并非对立，而是同一事物的两面。因为越是接近中央政权，就越方便兼并土地和人民；越多地兼并土地和人民，就越可能接近中央政权，成为贵族的可能性也就越大。当这两个愿望能勉强被接纳或者有希望被接纳时，或至少既得利益未受到太大侵害时，豪族会甘于接受汉朝统治。然而一旦发生相反的情况，他们就会发挥强大的离心力作用，极有可能成为导致分裂的原动力。

在豪族势力扩张的期间，包括豪族在内的整个汉朝社会也在不断发展、变迁，这既是质的变化同时也是量的变化。随着豪族的扩张，土地、人民被划入豪族的管辖之内，汉朝廷就失去了将政治统治贯彻到下层民众中去的力量；这一点当然重要，而我们也不能忽略以前几乎一直处于殖民状态的南方新开发地区的情况——随着长江流域的沃土被开发，其经济日渐繁荣起来。南方的开发也是依靠当地豪族的实力才得以实现，其结果是令豪族势力日益强大。这种新状况是汉朝的统治方式在最初所未能预料的。

豪族势力的扩张，一方面是具有开拓性的事业，另一方面，是一种对旧组织的破坏。拥有古代公民性质或者说在某些方面具有较强平等色彩的汉朝社会遭到破坏，社会经由豪族之手，逐渐向着阶级社会发展演变。这种变迁之际产生的混乱，史称黄巾之乱。

三、三国的分裂

黄巾之乱促使军阀走上了政治舞台，不久就发生了军阀之间的混战。最后经过新军阀的指挥者——曹操的平定，中原的战乱才告一段落。曹操成功的背后，少不了地方豪族的鼎力支持。发展势头正盛的豪族们，希望尽早恢复和平，期待通过自己的参与，重振强有力的中央政权。在当时人们的心中，汉王朝与统一帝国是密不可分的。深谙这一点的曹操，经常不忘以汉室大臣的身份采取行动。

若是时光倒流到二百年前，曹操平定中原同时就意味着一统中国。然而，汉朝的长期统治使中原文化光被四表，南方的长江流域资源不断开发，南方已拥有可独立与中原抗衡的实力。并且南方的开发，是由豪族进行的，这同时也就意味着南方新豪族的崛起，这一点我们不能忘记。南方新豪族群体拥有强大的潜力，但当时中央封闭的贵族社会无疑对他们持轻视的态度。

北方中原军阀混战期间，南方自然从汉王朝的统治中解放出来。这段解放的时间内，南方豪族必须自行解决的问题，是受中原战火波及而发生的小型内乱。此次内乱由孙氏家族平定，豪族们由此注意到自身社会地位的变化。他们意识到自己处于这样的状态：若想以孙氏为中心在南方建立小朝廷就可以建立，想自己成为朝廷贵族也可以如愿。如此状态下，南方的豪族们得以成为破坏统一的分裂要因。因此无论是在曹操平定中原大半、乘势南下攻打赤壁时，抑或其子孙的大军直逼长江北岸时，南方豪族都一致对外，誓死保护孙氏的吴国。

同样处于长江流域，上游蜀国的建立则与下游吴国的情况不尽相同。蜀国乃自称汉朝皇室后人的刘备在中原与曹操争霸天下失败后，率其部下流落至蜀地建立的政权，也可以说是流寓政权。刘备始终抱着由刘氏一统中国的念头，坚持主张自己拥有中国正统主权者的权利。被封锁于蜀地建立地方政权绝非他的本意，他设想在曹操统治的中原，也应有与他志同道合的拥护者，因此为再次实现"统一即汉，汉即统一"的辉煌而不断努力着。然而现实是，他的地方政权依然是建立在蜀地豪族的支持上。而蜀地豪族们发现，由于蜀国的建立，他们地位上升为朝廷贵族的愿望得到了满足，因此对刘备等流寓贵族梦想恢复中原、进行危险的对外战争这一点，他们避之不及。尽管如此，支持刘氏这一事实，从结果上来说，本身就起了分裂中国统一的离心力的作用。

四、汉魏革命与九品官人法

由此形成三分天下的既定局面。最早发生质变的是占据着中原、实力最强的曹氏政权。曹操一代，虽手握实权，名义上却仍为汉朝丞相，故拥戴有名无实的东汉皇室，以汉朝名义一统中原。然而其麾下豪族出身的军阀却在迅速地走向贵族化。如此，在中原地区出现了东汉贵族与曹氏直属的新贵族并存的双重贵族制。这让曹氏直属的新贵族感到不安，因为对他们而言，只要旧贵族一日不消亡，他们就一日不会真正成为贵族。毋庸置疑，旧贵族的消亡就意味着东汉王朝的消亡。易姓革命于是按部就班地准备着。曹操被封为魏公，不久晋为魏王，置魏国公卿，中原于是出现了东汉朝廷与魏王国朝廷并立的双重政府。曹操殁后，其子曹丕嗣位，将革命计划付诸行动。东汉的献帝让位于魏文帝曹丕，历经四百年风雨的汉朝灭亡，曹氏的魏朝建立（220年）。与此同时，汉朝的旧贵族解体，有的直接消亡，有的被曹魏新贵族吸收。曹魏豪族出身的新兴贵族从此获得了真正的贵族地位。

在汉魏革命中发挥了重要作用的，是在革命之前由魏国尚书陈群献计提出的九品官人法，过去一般被称为九品中正制。最初的九品官人法，是为了在汉魏革命已经可以预见之际，将东汉朝廷灭亡后的东汉官吏方便地纳入曹魏政权中而设计的权宜之法。一言概之，就是将取代东汉的曹魏百官，根据其职务的重要性分为九品，官吏及官吏候补者由其出身郡的中正依其才德同样分为九品。如果按现在一般把前者称为官品、后者称为乡品的说法，那么曹魏任命官吏之际，是按其乡品授予一个符合乡品的官品。

毫无疑问，这一制度的目的是审查官吏的资格，尤其是审查那些汉魏革命后希望在曹魏任官的原东汉官吏的资格。曹魏不能无条件地吸收东汉官吏，有以下两个理由：其一，东汉后期的官吏录用甚为混乱；其二，不能保证东汉的官吏中没有心向汉朝、对魏反感的人。为建立新的曹魏，此等混乱分子、反魏分子有必要排除在外，所以才制定了用于官吏资格审查的制度——九品官人法。

通过九品官人法的实施，汉魏革命并未出现令人担心的混乱，而是顺利完成了。至此，九品官人法的目的基本达到了，其后又作为审查初任官资格的主要制度被保留下来。可以说，九品官人法从临时制度转为永久制度，此后由晋到南北朝，直至隋朝，其内容几经变革仍继续存在，对当时的贵族制度产生了深远影响。

五、九品官人法的贵族化

成为永久制度的曹魏九品官人法，最初的立法宗旨是根据个人才德予以乡品，再根据乡品任用为官，可谓具有官僚精神，但从实施的最初就染上了贵族色彩。高官的子弟无论才德如何都能获得高乡品，并依高品跻身高官之列。乡品与官品之间，过去的研究都倾向于认为没有直接关系，但我认为乡品的等级与初任官即起家官的官品之间有一定的规则。比如乡品为一品，则起家官品为五品；乡品为二品，则起家官品为六品。即比乡品低四个等级的官品就是起家之官。（增补："起家"又称为"释褐"或"出身"。）换言之，起家官品晋升四等之后，官品即与乡品一致。

至于汉代以来的秀才、孝廉察举制，则保持原样地被直接包含在九品官人法中。秀才、孝廉从州郡被举荐后，在中央接受考试，其考试成绩由中正认可后成为乡品。大致规则是成绩为甲则乡品为二品，乙则三品，丙则四品。然而事实上，秀才、孝廉很少得到优秀的成绩，基本被阻抑为丙等即乡品四品。历经困难参加考试，最终却仅获得乡品四品，真是划不来。而另一方面，权势人家的子弟却能凭清谈活跃在社交界，迅速获得乡品二品。秀才孝廉制度因包含在九品官人法中，并未发挥选拔人才的作用，反而落得一个压抑人才的结果，变为一种只有下层士人参加的选举。九品官人法被贵族化地运作着，成为只对既成贵族阶级有利的制度。只要贵族阶级本身并无太大变动，九品官人法就算有些许弊害，也不会被轻易废弃。

此外，官吏起家之前得到的乡品不过是一张支票。比如乡品二品，即最初起家官品为六品，这是一纸要经过十年、二十年甚至更久才能官至二品的保证书。而对大多数官僚来说，这种承诺尚未被兑现。因此若九品官人法被废止，这种对未来的保证将成为废纸一张。此时就算有部分人指出九品官人法的弊端，呼吁废止该制度，大多数官僚也不允许自己的努力变成一张空头支票，因此这种废止论就被扼杀了。

魏文帝曹丕之后，经明帝曹叡，齐王曹芳即位。因其年幼，由大将军曹爽与太尉司马懿二人辅政。在这前后，九品官人法发生了一项改变，就是于负责乡品评定的郡中正之上，设置了州的大中正。至于郡以下的县里也设有中正一说，尚存疑惑。这项改变的结果是，中央政府加强了对乡品的发言权。因为虽然同为行政区划，郡具有浓重的地方自治政府色彩，而州则更多是中央的驻外机构。在此之前，司马懿被曹爽算计，官拜太傅却失去了实权，朝廷成为曹爽一人的舞台。曹爽重用其党羽何晏、丁谧掌握朝政，以一己喜好左右人事，任人唯亲。与曹操同时起自民间的新贵族此时也已发展到二世、三世，他们已经失去先祖的野性，变质为仰慕宫廷风流的文化士人。在他们的社交圈中，"清谈"的风气开始盛行，而其领袖正是何晏。所谓清谈，总而言之不过是以贵族兴趣爱好为基调的沙龙谈话技巧而已。

此时已隐退的司马懿忽然起兵发动了政变。曹爽及其党羽被悉数诛灭，祸及三族。代表曹氏一族、辅佐少年天子的曹爽，其失败势必导致曹魏势力的衰落。未能如汉朝般拥有四百年的悠久历史，且族内互相猜忌、不肯共享权力的曹魏，一旦颓势显现，无人抱有于风雨飘摇中助其一臂之力的热忱。朝廷的实权自然落入司马氏手中。

六、魏晋革命

司马懿之后，其子司马师、司马师的弟弟司马昭相继作为大臣掌握曹魏实权。司马昭时，出兵攻打蜀国，降蜀国后主，吞并蜀国土地，进一步提高了司马氏的地位。不久，司马昭终得封晋王，可以预见其后不久将发生魏晋的易姓革命。

晋企图取代魏国而做的革命准备，与之前魏取代汉时的准备完全不同。汉毕竟是前后持续了四百年的王朝。面对这一拥有悠久传统的历史产物，曹氏再有实力也不敢轻易出手。魏国在曹操这一代，雌伏于汉朝统治下，同时不断扩张势力，等到其子曹丕的时代才能进行革命。而汉朝都城位于洛阳，魏国的都城在邺，因此汉魏革命必须采取魏国由邺进驻洛阳的形式。总之，想要将二者合而为一并不容易，为了避免此时发生混乱，才必须推行九品官人法。

然而魏晋革命之时，魏国历史尚浅，支持者亦不多，晋国司马氏以世袭大臣的身份掌握了实权。曹魏百官大多为司马氏的同僚，对于司马氏篡权一事无关痛痒，完全可以弃魏投晋。魏天子被百官完全孤立，徒有虚名，只需将其抛弃，这场革命就可以不费吹灰之力地成功。此时虽然司马氏需要排除的威胁只有曹魏皇室，但是仍然要表明态度，即司马氏获得天下后会同样尊重贵族们在魏朝取得的特权，以此防止贵族群体的动摇。因此产生了著名的五等爵制度。

咸熙元年，司马昭被封为晋王。同年，他向曹魏请求将过去为曹魏立有功勋者的子孙一律授爵，分别封为公、侯、伯、子、男五种爵位。在魏晋革命迫在眉睫之际，却对曹魏的功臣论功行赏，其用心自然是为了表明大家的特权能够得到保障，可各安其位。换言之，虽晋取代魏，但只要不反抗晋朝，曹魏的贵族也不会失去贵族地位，实为一种安抚人心的手段。

第二年，革命尚未发动，司马昭殁，其子司马炎袭晋王之位，将革命计划付诸实行。同年十二月，魏帝让位于晋，晋朝建立（265年），司马炎即晋武帝。如若将汉魏革命作为"进驻占领"

型，将魏晋革命作为"各安爵土"型[①]来予以区分的话，其后的南朝的晋宋、宋齐、齐梁、梁陈间的禅让革命则是折中二者的中间形式。

晋武帝时派遣大军讨伐南方的吴国，降孙皓，收吴全土。从东汉末开始的三分天下，经过大约七十年的时间再次统一（280年）。那么统一的原动力来自何处？本来东汉末年三分天下，可虽说是三分，却并非三国平分，而是极为不均等的三分。参照三国的土地、人口、经济力量进行大致的实力对比，其比例为中原的魏国占六成，长江下游的吴国为两成，上游的蜀国仅占一成。魏国在明显占绝对优势的情况下，却不得不允许吴国、蜀国的独立，主要是因为国内状况，即东汉末年最饱受战乱蹂躏的正是魏国的领土中原。魏国为了从战火中复兴、重建财政，实施了有名的屯田制，将政府的土地分发给在战乱中失去土地的人民，贷给他们资本，把他们作为国家的隶民，目的是通过征收其生产物充当国费。可是屯田制要实现其效果，必须假以时日。而吴蜀两国因其领土遭受战争的影响相对较小，经济复兴也很快，最初两国结盟，可以与魏国抗衡，可是随着时间的推移，形势稳定之后，实力差距变大，北方逐渐占了上风。于是，三国中最弱的蜀国先为魏所灭。蜀国灭亡之后，吴国的处境也愈发艰难，最终被晋武帝吞并。

---

① 各安爵土：原文为"本領安堵"，指日本在平安时代向幕府时代过渡的过程中，武士向将军宣布效忠，将军则确认其原有领地，并保证他们对自己原有领地的所有权、支配权。——编者注

七、西晋的灭亡

魏晋革命之际，并未发生太大的动荡。依然各安其爵土的贵族社会，在进入晋朝以后贵族色彩变得愈发浓厚。被司马懿、司马昭父子弹压的清谈之风不仅再次复活，且以更胜先前的势头风靡贵族社会。此外，清谈还与九品官人法结合了起来。清谈本是贵族的特权，在九品官人法实施时，比起其他豪族，贵族受到优先对待。结果擅长清谈这项沙龙艺术的高手，能获得乡品的上品，并从高官起家。在批评清谈之风者看来，这简直是以虚名取人。

有着贵族趣味的清谈本应看重个人才能，但由于是贵族趣味，因此具有直接过渡到贵族制度的倾向。贵族趣味多不是一朝一夕能形成的，而是需要经过数代的陶冶。从晋武帝中期开始掌官吏选举大权的山涛，为竹林七贤之一，擅清谈，但他并非名族出身，故其贵族趣味也有限度，据称在人选铨定时相对较公平。然而武帝之后昏庸的惠帝即位，竹林七贤中另一个名族出身的王戎与王衍负责选举，于是贵族主义抬头。最初具有贵族主义倾向的九品官人法终于贵族式地运作起来。乡品由门阀决定，门阀由多年积累而成，故身居高位的贵族门阀更高，门阀中更生出数个等级。这种家门的等级地位称为"门地"，门地的高下称为"流品"。

原本贵族主义是极具斗争性的。贵族社会成立之初，各个贵族为了获得优于别人的地位，互相展开了激烈的争斗，有时不惜诉诸非常手段。激烈斗争的结果是胜负分晓，确定了各个贵族的家世，上下高低的区别明确了，贵族社会才会安定、固定。贵族社会固定后，出人意料地持续了很长时间。在贵族社会刚成立、各贵族的门地高低正要被确定下来的西晋，由于天子的昏庸，贵族社会暂时从主权者的压力中脱离出来，不得不多次经历贵族间势力斗争引起的内讧。

惠帝即位后不久，外戚贾氏与杨氏之间发生争权，太傅杨骏被杀。接着贾氏一族专横，宗室介入，引起了以赵王伦为首的八王之乱。其背后是试图通过拥戴诸王实现自己野心的贵族、豪族们的暗流涌动。随着内乱愈演愈烈，出现了实权逐渐落入下层军人及参加内乱的异族之手的倾向。这个倾向将贵族社会陷入危殆之中，但内乱的车轮一旦开始滚动就无法被阻止。此时中国的贵族制度面临着重大的危机。

打破西晋的统一，颠覆了中原贵族社会的是异族的力量。最早起兵的是自汉代以来越过长城、移居中国内地的匈奴的子孙及其分支羯族。匈奴的名族刘渊独立后称汉王，其子刘聪攻陷洛阳，擒晋帝。晋的统一仅仅维持了三十余年，又再次迎来天下分裂的时代。

八、东晋的中兴

匈奴灭亡西晋，因其本身民族就与汉人不同，故对中国的统一起分裂作用，这一点毫无疑问。他们若是实力足够强大的话，代替汉人统一中国也不是完全不可能，可当时匈奴还没有这般实力。汉很快分裂为前赵与后赵，后赵在羯族石勒的带领下平定了大半个华北，然而这种局部的统一却并未能持续太久。当时盘踞在华北的异族统称五胡，并州（今属山西省）有匈奴与羯，雍州（今陕西省部分）则有氐和羌，他们均为半汉化的异族，可称为熟蕃。长城以北还有鲜卑等称为生蕃，他们在混乱中开始趁机南下，令华北的局势更为复杂。这些异族之间难免互生反感，即使同一民族内部也会为了争夺权力，彼此攻伐。结果，这些民族成为华北地区强有力的分裂因素。异族蜂起、都城洛阳陷入危险时，晋的一支——琅邪王睿赶赴南方，在吴国的旧都建康建立临时政权，请求远近贵族、豪族支援。当华北一带陷入异族手中、再无夺回的希望时，司马睿顺势称帝（317年）。这就是被视为东晋中兴之主的元帝。建康政权的中枢被北来的流寓贵族把持，南方的土著豪族只能接受二流贵族的待遇。因此东晋朝廷虽占据着三国时吴国的属地，但从本质上来讲更接近三国时的蜀国。面对地位优越的北方流寓贵族，南方土著贵族的反感可想而知。虽说如此，南方的贵族、豪族仍大都采取拥护东晋的态度，因为他们极度害怕面对被北方异族征服这一更恶劣的事态。

北来的流寓贵族中，尤其杰出的是琅邪王氏，之后谢氏兴起，故并称王谢。第一、二等贵族的级别确定之后，接下来其他各家大概的分量也自然能据此判定。此时南方的贵族社会表现出强烈的稳定倾向。

从九品官人法的角度看，极特别的人才暂且不论，乡品首先由家世决定，个人的才能只起些许修正作用。当时常用的几个词是"人地""才地"等，指的即是才德和门地。虽说录用官吏时要二者并重，但实际上比起才德更重门地。如此一来，则过问个人的才德便不是中正的必要职务，中正只需知其家世便可。然而比起中正，能更准确地了解各家族经历的是中央政府的尚书。因为所有贵族的谱牒都由尚书保管。因此，从东晋之后的刘宋开始，九品官人法发生了很大的变化。那么刘宋是如何建立的呢？南方的政局是与北方的形势紧密相连的。东晋时，北方中原地区化为五胡民族争霸的战场，有时能维持一定程度上的统一，有时又陷入极度的分裂混乱状态。这两种状态交迭出现，令南方建康政权跟着时喜时忧。北方后赵的石氏政权衰落后，从东北入侵河北、山东的鲜卑族建立的前燕势力逐渐强大。待及前燕衰落，出身陕西氐族的苻坚所建的前秦又开始强盛。前秦基本上平定了华北，想要乘势南下吞并东晋，东晋朝廷一时狼狈不堪。幸而淝水一战诱敌深入，将其一举击破，才免于灭亡的命运（383年）。谢氏能成为仅次于王氏的名族，原因不外乎在于他们正是引领这次战争走向胜利的统帅。而事实上战争胜利的原动力实为屯驻在京口的北府军团。之后，在东晋，一向不为贵族制度所容的北府军阀开始崭露头角。

　　免于前秦侵略的东晋，接下来又苦于内部纷争。与谢氏前后成为名族的是桓氏。桓温作为武将立下功勋，尤其是讨平蜀地的成国之后势力大增，以荆州为据点与东晋分庭抗礼，俨若敌国。桓温之子桓玄率兵攻入都城建康，将安帝亲信会稽王道子、元显父子杀害，乘势废天子，自称楚皇帝。此时起义兵、诛桓玄、破海盗孙恩、逐渐恢复国内秩序的，是北府军阀出身的英雄刘裕。

当时北方的局势以淝水之战为转折，前秦的统一崩溃，各地被氐、羌、鲜卑等小国割据。刘裕率军北伐，于山东灭南燕国，入陕西灭后秦，其成功让东晋人为之瞠目。自东晋南渡以来，哪怕是暂时性的，也未曾尝试过将南方的领土扩张到黄河、渭水一线。凯旋将军刘裕战功赫赫，遂篡位建立宋朝。这就是宋朝的武帝（420年）。

九、宋齐时代

晋宋革命之际，南方贵族社会反而更欢迎革命。此时贵族社会逐渐固定下来，这表明各贵族对维持既得地位比较满意，失去了再往上晋升的野心，转而压制低于自己的贵族、豪族的崛起。贵族社会的固定化，需要强大的君主权威。军阀出身的刘裕拥有这种实力。如果他承认贵族社会的规则并给予保护，那么主权者由东晋变更为宋，对于贵族社会来说并无特别的损失。

东晋社会欢迎有实力者登场，还有另外一个理由，即流民的迁入问题。从汉代开始，中国的人口就在由北向南迁移，西晋末中原的五胡之乱强化了这种倾向。流民的迁移有各种形式。有豪族率领一族有组织地南下，也有同乡团体拥立临时领袖缓慢联合迁徙，亦有三三两两漂泊不定流浪而来的。强者找到合适的地方定居下来，建立村庄、开垦土地；弱者则被土著豪族收容成为隶民。此等新来的人被称作侨民或新民，往往与原住民之间发生纷扰争执，酿成不容忽视的治安问题。

流民的南迁相应地开发了自然资源，经济力量得以加强，同时也让豪族势力开始膨胀。东晋朝廷因为自身是流寓政权，对于初期南下的侨民采取了颇为宽大的政策。对于规模较大的侨民团体，以他们原籍地的郡县名为其设置侨郡、侨县。侨郡县仅有人民，大多并无实际土地，或者即便有土地，也只是名义上的一块狭小土地。侨民对郡县没有义务，只享受权利。其中最大的权利是在选举时，能以原籍地的名义，或被认可为名族的资格，或被推荐为秀才、孝廉，可以任官。原住民的户籍以黄籍登记，对郡县负有徭役义务；侨民的户籍以临时性的白籍登记，无须服郡县徭役，这种负担的不公平屡屡招致批评。

对此，东晋朝廷的政策也必须随之变化。原来的流寓政权东晋朝廷，和围绕东晋朝廷的流寓贵族，流落江南时日已久，已完全本土化，对接连不断南下而来的流民未必都能抱有好感地接受。针对这种情况便出现了土断政策。所谓土断政策，即南渡的流民应于现居地和原住民一样获得本籍，并像原住民一样承担所属郡县的义务。这个政策从理论上无可置疑，然而实际执行时却引起各种不满，必须要由强势的领导者来执行。东晋末年进行过两次土断。第一次是作为大司马掌握实权的军阀政治家桓温在兴宁二年（364年）三月奉庚戌之诏进行的，此为庚戌之制。第二次即刘裕做太尉掌握政权时，于义熙九年（413年）实行，此次土断无疑显著加强了中央政府对地方人民的统治能力。刘裕敢于实行北伐这一空前壮举的一大原因，就是土断提升了经济力量。但必须注意土断并没有包括晋陵。晋陵（后来的常州）可能是徐、兖、青三州中有实力的流民群聚居地。刘裕特意避开政策推行阻力较强之地，在全国范围内实施土断政策，赢得了朝廷中贵族们的充分信赖。

此时代表贵族社会的意愿，于晋宋革命之际大显身手的是来自第一流名族琅邪王氏的王弘。王弘本为刘裕的政敌会稽王道子之心腹，会稽王败亡后，他便加入刘裕麾下。刘裕刚于北伐中立了大功，王弘就立即上奏朝廷说应为刘裕加九锡之殊礼，开启了改朝换代的第一阶段。他与另一位名族谢晦一道，成为宋的开国功臣。可以说在这场禅让革命中，王谢二氏充当了为新帝加冕的罗马教皇的角色。

至此，军阀帝王与贵族完成了政治合体，帝室与一流贵族间的婚姻关系也应运而生。从名族感情上来说，这是很难接受的，但因帝王权力至高无上，贵族的地位又与朝廷的官爵密不可分；贵族反过来利用这一点，转而走上通过接近朝廷，来进一步巩固自身地位的道路。事实上，如若有幸迎娶公主，则可立即官拜六品驸马都尉，为日后仕途晋升带来便利。宋的皇室与第一贵族王氏的联姻最为密切，而娶了尚未贵族化、野性未驯的皇室公主为妻，饱受公主虐待的不幸者也并不少见。

王弘的弟弟王昙首之孙王俭，在接下来的宋齐革命中改变了阵营。王俭之母乃宋朝武康公主，他本人尚阳羡公主，从驸马都尉、秘书郎起家，晋升异常迅速，可谓宋的砥柱。然而眼见新兴军阀萧道成的权势日益强大，他便改头换面为其心腹，成为推动宋齐革命进程的重要人物。在南朝屡屡发生的革命中，还没有哪次革命像这次这样勉强的、这样在贵族社会中激起恶劣评价的。甚至仅次于王氏的名族谢胐，本应作为侍中将天子玉玺交与齐帝，而他却断然拒绝了。比起王氏，谢氏缺乏八面玲珑的处世技巧，这也是谢氏在齐代不振的原因。

十、寒人与勋品

军阀帝王与贵族社会在性质上本就互不兼容，联姻政策无法使二者完全融合。因此从宋齐时代的制度中也可看到两个相反的方向，一个是以帝王为中心，另一个以贵族为中心。

为帝王者必定意欲中央集权，最好能实行独裁。因宋齐时代的军阀帝王不能从自尊心极高的贵族那里得到百分之百的支持，于是实行了特殊的亲信政治。即帝王任用的近侍大臣既非达官显贵，又非军功赫赫的将军，而是出身微贱的有才干者。后世为了记录他们的事迹，在正史的列传中特辟《恩倖传》与《倖臣传》。

贵族交结军阀帝王是为了让帝王维护他们的既得权益。他们的既得权益极易被新出现的发迹者侵害。因此在贵族的九品官位之中，历来是将贵族就任的官职与庶族就任的官职分离，努力使其互不相扰，从宋代起可以看到庶族就任的勋位官品，后世官员与胥吏的明确分离就是从此时开始的。这可看作是君权对贵族的让步。因为在完全君主独裁权力的统治下，是不会容许贵族独占清官和庶族就任勋位两种制度并存的。

随着贵族地位的固定，九品官人法也开始逐步固定下来。根据门地于一定范围内任命、晋升或废黜官吏，这项工作交给中央的尚书、吏部即可。如此一来，州郡的中正就变得无事可做；这期间由于内外战乱频发，有必要在地方上设置重镇，于是州府的地方政府开始变得庞大，中正于是得到了执掌地方人事的新任务。与此同时，中正自身的任命也变为由地方长官辟召，中正遂逐渐变为地方长官的僚属。此举使中正变得形同虚设，踏上了被废止的第一步。

　　强行篡夺了宋朝皇位的齐的天下，并未长久。在齐的二十四年统治中，同族间数次爆发革命。帝位长期不稳，陷入了因不安而猜忌丛生，故诛杀宗室大臣，反而进一步动摇了帝位的一系列恶性循环中。当萧衍对因自身的不安而使整个社会陷入恐慌之中的最后一位天子东昏侯高举叛旗时，民众仿佛看到救世主一般，将其迎入国都建康。至此齐梁革命完成。这位萧衍正是创下了南朝四十八年统治纪录的梁武帝。

十一、梁武帝的新制

　　此次革命可谓是"进驻占领"型。由于受到社会的拥戴和欢迎，武帝的地位极其牢固。而且他并非一介武夫，而是杰出的知识分子，因此他能随心所欲地施行独裁政治。武帝统治期间，南朝开启了文化的新时代，九品官制也被他大加改革。他废除过去九品官制中七品以下的部分，将其作为流外；又将留在流内的六品以上重新划分为九品，每品进一步分为正、从二等，共十八等，又名十八班。而从前七品以下的更细分为不登二品七班、三品蕴位、勋位四等。武官则全部从九品排除，归入别的体系。

单就此而言，武帝的新官制是极为贵族化的制度。此时名流贵族就任的流内十八班之官，寒士以下就任的流外之官，以及凭军功登用的武官，三者是截然不同的。虽然武帝绝非贵族制度的盲从者，但是，现实的政治家必须以认清现状为第一要务。魏晋以来日益显著的贵族制，经历三百年历史，已成为中国的传统，有着不可动摇的根基。而且，这个制度又并非皆不可取。其他制度下为竞争官位，有时甚至不惜诉诸不正当乃至暴力手段。而贵族制度的优点在于根据门地大致决定登用的官位，则可杜绝这样无限制的自由竞争，防止社会发生混乱。而且从整体来看，在教养与德行方面，贵族阶级出身者确实比庶民阶级出身者更胜一筹。这在当时是无法否定的事实。对武帝来说，肯定贵族制度的优点，进而主动融入其中，表现出拥护贵族制度的态度，必然是极为有利的政策。不过，问题也正因此而起。

仅仅因为是贵族子弟，便可居高官高位，这不过是沿袭而来的惯例，并无法律依据，是非常不公平的一种制度。中国的天子拥有制定万民必须遵守的法律的权利，同时，这也是他的义务。那么既然基本肯定了贵族制度的存在，如果还想要建立公正的法律，其结果就必然需要对已有的贵族制度进行改革。

如上所述，九品官人法设立之初，其主旨应当在于审查品评个人的才能，此后却不断贵族化、门阀化。那么要进行贵族制度的改革，就必须回归到九品官人法最初的精神当中，应朝着更重视个人才能而非家世的方向去改革。但九品官人法最初由地方中正掌握，后来才渐渐回归到中央的吏部手中。武帝应采用的方法有二：一是复活并利用已经变质的中正制度；二是建立别的新制度。武帝两种方法都尝试过，出人意料地奏效并成为贵族制度崩坏开端的是后者。

武帝于国都立学馆，置五经博士各掌一馆，使其教授学生，并对学生进行测验，及第者录用为官。五馆专为教授出身寒贱者而设，为贵族子弟另设国子学。此考试制度最大的收获是形成了一种新风气：即使是一流名族，也不依赖其门地，而是以参加考试、靠个人才能进入官场为荣。可以说这项制度与隋唐时盛行的科举制度有直接渊源。

无论如何，梁武帝可谓南朝的第一流人物。他由布衣起家，登上天子之位，既是军人更是文士，不仅对儒学有很深的造诣，也是佛教的皈依者。这种极为兼容并蓄的性格，使他既能承认贵族制度，同时又对其进行改革。在这一点上，贵族阶级也不得不追随他的新政策。然而他这种开放又复杂的性格，令他在外交军事政策上优柔寡断，晚年时统治的破绽就来源于此。关于是否接纳北齐叛将侯景的投降，武帝犹豫的态度招致侯景的反噬；危急时刻关于战或和的不决态度，将自身陷入孤立无援的境地，最终造成了被囚台城饥饿而死的悲剧。武帝自身建立的梁朝，事实上也仅经过武帝一代就灭亡了。

十二、陈的兴起

武帝死后，空有虚名的梁朝仍持续数载。虽然史书记载经历了简文帝、元帝、敬帝时代，但事实上其领土早已陷入不可名状的混乱之中。要想结束这种混乱，首先必须诛杀祸乱的根源侯景。成此大业的是王僧辩与陈霸先两人。然而一山不容二虎，二人心生嫌隙，由于王僧辩计策拙劣，陈霸先坐收众望，终于打败王僧辩，掌握实权。此后他接受梁帝的禅让（557年），建立陈朝，陈霸先即陈武帝。陈朝的建立经过与前朝历代革命颇为不同，从以实力平定内乱这一点来说，应该称其为"创业"型。因此陈朝的发展才步履维艰。

陈的领土在北方受北齐的压迫而失去江北，蜀地又被北周夺取，加之梁朝余党后梁占据荆州，陈成了南朝四代中面积最小、国力最弱的国家。国内侯景叛乱之后内战频仍，国土荒芜，社会动荡，仿佛战国一般。这期间，旧贵族相继没落，无论南朝本身，还是贵族制度，都面临着重大危机。尤其是地方的豪族势力抬头，加之中央武将专权，可以想见，会出现能够取代贵族政治的军阀政治。但即便事已至此，王室依然是贵族式的。就算是军阀出身，只要成为主权者，就会自然地贵族化，并实行贵族式的政治，认为贵族政治才是公正的政治，反其道而行之的政治皆为旁门左道。故陈的制度，只是在梁朝的十八班、正从九品的官制上稍做改动，几乎全部沿袭了过去的制度。

但是陈的制度中实施了与过去的贵族制度稍有不同的任子制

度。任子制度自汉代起即存在，其后也曾实施过，陈朝再度将其恢复。贵族制度是根据门地的高下来决定贵族子弟起家官品的高低，而任子制度则是根据父亲的官位来决定儿子的起家官品。比如父亲为尚书令、仆射，其子则自秘书郎起家，不用追溯家族的久远历史，只看父亲官位高下。因此，从尊重高官地位这一点来说，任子制度与官僚制是相通的。也可以说，官僚制形式的任子制度过去就存在，只是被贵族制度压抑，难见其踪影。然而就全国处于战时状态的陈朝政治情势来说，旧的贵族已然声价堕地，重用他们不足以维系四海之望，不如将拥戴陈朝的大臣直接升格为贵族，建立以天子为中心的新贵族制度，这方为上策。不过，陈朝若得以永续，通过任子制度的实施，应该能建立全新的南朝贵族制度。因为任子制度究其本质接近于封建制，不外乎是一种贵族制度罢了。

然而陈朝的命数甚为短暂，陈宣帝时，华北的北周与北齐展开了殊死决斗。这场激战以北周的胜利而告终，北周结束了自北魏东西分裂以来长达四十余年的混乱，华北再度得以统一。陈朝此前趁北方混乱时暂时收复的江北领土也再次被北周夺走。然而北周的天下旋为外戚杨氏篡权，从而出现了隋朝（581年）。当时南朝受北方压迫，陈勉强维持着长江一线以南的领土。北方既然已由一个政权实现统一，那么北方大军来袭只是时间问题。隋文帝开皇八年，南伐大军果然分道入侵，陈惨败而至灭亡，结束了三十三年的统治历史（589年）。

随着南朝的灭亡，支撑南朝的贵族群体也相继解体。然而南朝发达的贵族制度及以贵族制度为背景的官吏选用法，略为变更后被纳入北朝制度中，经北朝至隋唐，依然延续了下来。这一点是我们必须要注意的。

十三、五胡之乱

上文中我们都是以南朝为中心，追寻政权与制度的推移变迁。在此需要转换舞台，将时间线回溯，来看一下北朝君主及其治下的汉人豪族。虽说是南朝继承了魏晋正统，这一点毋庸置疑，然而与南朝平行、在北方兴起的新势力，才是后来隋朝社会诞生的直接原动力。

灭西晋、乱华北，并趁此混乱内迁华北的正是五胡异族。有别于当时中国盛行的贵族制度，他们拥有自己的贵族制度。概括来讲，这些胡族的贵族制度远远落后于汉族的贵族制度，是具有原始氏族制色彩的贵族制。就是说，在胡族政权内，主权者乃宗族的代表，国家并非主权者的私人物品，而应是宗族所有人共有，这样的思想很强烈。对于国家政治，宗族拥有很大的发言权。因此如果宗族互相团结，则能发挥异常强大的力量，迅速扩张领土；一旦这种团结被打破，宗族中的强者各自企图主导政权，那将招致无止尽的分裂。慕容氏建立的燕国就是很好的例子。中国史家屡屡提及异族尊崇贵种，指的就是异族对于他们直接臣事的贵种主人抱有献身精神，要言之，存在着一种封建性质很强的君臣关系。而同一民族内部也存在按血统来区分贵贱的秩序。如果民族不同，比如氏和鲜卑，均视对方为贱民，互不相让。这般氏族制的贵族主义，是导致华北长期混乱状态反复出现的原因。

在五胡的统治阶级看来，汉族也无非是众多异族中的一种，不过是个劣等民族。但是汉族自古以来定居在华北这块土地上，孕育了优秀的文化，拥有绝对的人口，其存在是不容轻视的现实问题。他们主要提供租税，有时从军服役，对胡族政权来说是必不可少的。而要想统治汉族，收买人心，就必须在某种程度上承认他们的自治。具体而言，是指如果不能允许州郡等大规模的汉人自治，就允许他们以县或者以乡村为单位进行自治，总之，必须在某一行政级别之下让汉族进行自治。事实上，胡族采用的政策是尽量以大的团体来管控汉族。即不只承认汉人中有势力者的豪族身份，利用其经济实力与对乡村的统治能力，还给予他们贵族待遇，连他们的声望一起利用，如此方为上策。跟南方一样，当时北方的汉人贵族社会也十分重视婚姻关系。一流贵族与一流贵族联姻，二流贵族与二流贵族通婚。由于一流贵族数量较少，就产生了与远方的一流贵族通婚的可能性。然而下层贵族只能止步于在狭小的地区内互通婚姻。从另一个层面来讲，一流贵族具有外交官性质的利用价值。他们在全国都有姻亲，能互通有无，又可以通过这种姻亲关系迅速获得全国的信息。那个时代谍报机关尚不发达，也没有专门培养外交官的机构，因此贵族自身作为一个现成的外交官，成为情报的熟练提供者。在这个层面上僧侣也一样。

主权者利用贵族的这种外交官性质，并非是由这个时代才开始的。诸葛亮被蜀国刘备重用，当然是因为他本身才华横溢，而我们也不可忘记一个重要原因，就是他贵族身份的外交官价值。在群雄割据的时代，天下闻名的贵族仅凭这一点就值得重视。五胡十六国混战时代，不仅对敌国丝毫不能大意，对国内豪族的动向也不可忽视。在这样的时代，接近交际广泛的贵族并笼络他们，一方面可以控制国内，另一方面让他们收买敌国的贵族，这是深谋远虑的君主首先应该采取的策略。然而既然已经把汉人当作贵族利用，就必须容许其意愿，做出妥协。为此，不得不允许他们在广大的范围内进行自治，承认他们在该地区的名族地位。结果是，胡族政权不得不或多或少地保有胡族自身的习惯与汉族自古以来的传统制度，形成双重体制。总而言之，可以认为中央组织中保留了较多的胡族形式，而地方制度中汉族形式表现得较突出。

五胡内迁以来，中原与江南长期政治上对立，虽然如此，文化上却是相互影响的。特别是南朝发达的新制度越过国境，影响了北方。这是无法忽视的事实。尤其是新制度常常通过南朝来的流亡者带来影响。

十四、北魏与南朝

每逢南方发生革命或内乱，就常有前朝的宗室或是失败者逃去北方政权寻求庇护。最早的例子是晋宋革命之际的司马休之、王慧龙。司马休之本为晋朝的王族，晋亡前逃到了北方，成为后秦姚兴的幕僚，然而并没有他受到后秦重用的迹象。转眼间后秦覆灭，他又转投北魏，并未建功立业，碌碌一生。当时的胡族政权不稳，尚未达到充分理解汉族文化的程度，且争霸中原战事紧急，因此似乎并未对南方显示出任何兴趣。

北方政权开始重视南朝的存在，要从在华北建立统一政权的北魏开始说起了。为何持续长久分裂的华北，经北魏之手再度得以统一？一言概之，可以说是分裂的因素被消除了。即相继兴起的胡族政权，在国家灭亡的同时，其固有的氏族性质的贵族制度也随之崩溃，人民离散，不知不觉间被汉族吸收同化。最后残留下来的胡族政权就是鲜卑拓跋氏的北魏，于是，令华北分裂的民族割据，被整合为只剩下鲜卑族与汉族两个民族。代表鲜卑族的北魏征服了汉族的居住地华北，为北魏带来了统一。在此很重要的一个问题是，北魏身为征服者该采取何种政策对待汉族。而且，如何对待汉族的问题，不仅关系华北领土境内的汉族，还必然关系到江南独立的汉人朝廷南朝。王慧龙的逃亡正是此时发生的。王慧龙出身的太原王氏，在东晋时代与琅邪王氏齐名，其家族被宋武帝诛灭，当时十四岁的王慧龙化装成僧侣逃往北方，投靠后秦，后秦灭亡后又仕北魏。彼时的北魏是太武帝的时代，随着中原的统一，北魏朝廷急需出台对待汉人的政策。此时，因出身于华北名族而备受朝廷重用、被委任司徒一职成为汉人官僚领袖、推行北魏汉化政策的是崔浩。王慧龙受到这个清河名族崔氏的欢迎，娶崔浩之弟崔恬的女儿为妻。但是在政治上，他没能获得参与朝廷中枢决策的待遇，仅被任命为对抗南方刘宋的边将。不过他被纳为北方名族崔氏的女婿一事，还是有着相当重要的意义的。

　　崔浩为汉人官僚的领袖，得到太武帝的重用，负责制定律令，这意味着要将汉人的制度纳进北魏朝廷。而崔浩所构想的汉族制度的实体，是在继承魏晋传统的同时，也要模仿其后在江南发展起来的贵族制度。可以说他既是民族主义者，同时又是江南文化的崇拜者。虽然我们无从考证王慧龙对崔浩的影响到底有多深，但崔浩确实十分赏识王慧龙，以致同僚鲜卑人长孙嵩大为光火，认为推崇南人即蔑视鲜卑。这样的情况使我们想到，王慧龙也许是被崔浩当作了象征江南文化的偶像，有时也有被利用的迹象。既然是偶像，且不说本质，其发挥的作用是不容轻视的。

　　崔浩所定律令中包含的官制，与之前是否一样尚不知详情。不过可以推测该制度其后一直沿用，直到孝文帝初期为止应无太大变化。

十五、孝文帝的改革

　　太武帝的玄孙孝文帝幼年即位，长大以后亲理国政，坚决推行了史上有名的汉化政策。当然这事出有因。北魏起于今内蒙古的盛乐，在艰难创业的征服时代中，国家即是鲜卑。北魏朝廷依靠同族英勇的鲜卑人，保卫自己，击溃强敌。待及太武帝一统华北，征服大业告一段落，军事国家就必须将性质转变为经济国家，即北魏朝廷必须通过和平统治汉族，维持共同的长期繁荣。然而此时，鲜卑与汉民族相异，互相对立，想让他们和平共处，事实上是很困难的。最理想的状态是能让二者合而为一，融合成一个民族。此时将拥有着先进文化的汉族，同化为文化落后的鲜卑族是几乎不可能的，反过来，将鲜卑族同化为汉族不仅存在可能性，而且现实中已经在进行了。纵观历史，可见北方民族与汉族接触，总是难逃不知不觉间被汉族同化的命运。如果称之为宿命的话，则与其在大势所趋下，丧失民族尊严地被同化，不如主动选择既保持本民族自豪感，又有意识地推动同化。保持民族自豪感的同化是指，他们自身在汉化的同时，转变为汉族式的贵族。尤其是皇室必须屹立于如此产生的新贵族群体的顶峰，通过贵族切实地统治汉族全体。孝文帝的改革立场，与南朝的军阀帝王主动贵族化是相通的。

出于这种要求，孝文帝坚定地推动鲜卑族的汉化。这时出现的是孝文帝的律令政治，其精神在官制上也有显著体现。《魏书》卷一一三《官氏志》中，记载了两种九品官制，第一种乃孝文帝于太和年间所制定的，具体年代不详，一般认为是太和十七年颁布，基本未加变更地承袭了崔浩时代的政令。

这个以孝文帝中期颁布的太和前令为依据的第一种官制，将百官分为九品，各品分正、从，正、从又分有上、中、下三等，总计五十四阶。观其内容，大致与魏晋之制相近。五十四阶包罗甚广，内容详尽，连微末的官吏都包含在内，也不排除勋品的官吏。不过要说这个官制并未受到江南一丝影响，我看也不尽然。六部中尤其重视吏部，又将秘书丞与秘书郎分开，置于很上等的品阶，此等在江南发展起来的观念原封不动地出现在孝文帝太和中期的官品制中，绝不是偶然巧合。也就是说，依据此时的律令，吏部尚书为从一品，其他列曹尚书定为正二品中；吏部郎中为从四品上，而其他尚书郎中却止于正五品上；秘书丞为正四品下，秘书郎则为从五品上。此后不久，太和十九年还颁布了新的官制，但今已佚失，不得一见。

孝文帝晚年对官品制又加以改革，颁布的时间大致是太和二十二年，不过第二年孝文帝驾崩，实际开始施行已经是下一代的宣武帝时了。这个根据太和后令的第三种官制，记载于《魏书·官氏志》与《通典》卷三十八中。此次制度改革似乎受到南朝逃亡而来的二人的影响。孝文帝即位初期，南朝发生宋齐易代革命，宋宗室的刘昶和琅邪王氏的王肃，相继逃往北魏。二人受到北魏的热烈欢迎，获得迎娶公主这样的优待，作为政治顾问参与朝政。如上所述，北魏孝文帝之前，就已经在无意中采用了汉化政策，最初强烈打出恢复魏晋制度的旗号，其后不免受到南朝发达制度的些微影响。然而孝文帝接触到了可谓南朝贵族最高级别的刘昶、王肃二人，知晓南朝存在着远超他想象的发达贵族制度，他对汉化的热情便愈演愈烈。

孝文帝晚年的太和二十二年颁布的九品官制规定，一品至三品仅分正、从，合为六阶；四品至九品分正、从，又分为上、下，共二十四阶；总计三十阶。此九品新官制，并非单纯精简以前的九品五十四阶，而是将以前的九品中七品以下的部分去除，将六品以上的三十六阶重新划分为九品三十阶。这种做法与稍后出现在南朝萧梁的新官制大致相同。之前去除的七品以下变为流外，这些流外官又划分七等，这也几乎符合梁朝的流外七班。那么，比较孝文帝的新九品官制与梁朝的九品官制的话，会发现孝文帝的新九品官制早了大概十年。而且，将七品以下划为流外之法，孝文帝的改革方式相对温和，而梁武帝则要严厉得多。然而这也不应视为是梁朝在模仿北魏，而应看作是南朝宋齐时发展起来的流品思想，一方面被孝文帝采纳为北魏的新制，另一方面直接被梁朝继承，成为南朝的新制。

十六、北魏的贵族制

北魏的九品官制，与魏晋时期及南朝的九品官制相同，不仅规定百官的序列高下，也规定了起家高下的标准。按照魏晋制度，由地方中正决定的乡品，与起家的官品之间有着密不可分的关系；南朝以后则变为由门阀决定乡品，因此中正一职也日渐形同虚设，中正逐渐沦为州郡的属官，仅对地方官僚的任命有发言权。至于北魏，很早就有关于任命中正的记载，如太武帝时崔浩担任冀州中正，被称为得人。不过北魏的中正到底是像魏晋时期的中正那样能决定乡品呢，还是如南朝后期一般仅限于单纯按照门阀左右地方人事呢，这一点我们不得而知。但在崔浩所处时代与孝文帝时代之间，还是能观察到某种程度的变化。崔浩之所以能掌握汉人官僚的人事进退大权，更多的其实是凭借他作为三公之一的司徒的身份，而非由于冀州中正的资格。司徒与地方中正紧密地结合在一起。那不妨可以认为，在崔浩的时代以前，北魏的选举制度很接近魏晋制度，中正通过司徒对中央地方的人事拥有很大的发言权。

然而崔浩被诛、进入孝文帝时期以后，选举大权移入尚书之手，开启了以吏部尚书为中心铨定人事进退的时代。这是在效仿南朝。在南朝，尚书掌握人事大权的同时，中正沦为州郡的属官；同样可以看到，北魏从这个时代开始，中正的职权范围也日渐缩小。

孝文帝的制度改革以后，出现了两个明显的新倾向。其一为根据资荫即门地确定起家的制度。不过这似乎并未彻底演变成纯粹的贵族制。具体而言，所谓门地，是只根据先祖在魏朝的官爵来重新判定家世高低，这种判定并非一定能与中原贵族的感情完全相符。围绕如何确定贵族地位的争论在北魏一代并无结果，一直持续到下一个时代——北齐时代。当时中正的职务就是专门参与门地的评定。

另一种倾向是孝文帝制定的对秀才、孝廉制度的奖励。将秀才、孝廉推举给中央，这原本是州郡长官的责任，但北魏的中正似乎也涉及推荐一事。孝文帝之后，在宣武帝、孝明帝的时代，各州均任命中正，而这些中正迅速贵族化，单按家世来左右人事。时逢冀州的大中正张彝之子张仲瑀因试图严格区分流品，结果招致武夫怨恨，羽林虎贲的军人发生暴乱，引起骚动。恐是受此影响，孝明帝正光元年（520年），北魏暂时废止了诸郡的中正。不难推知，这使吏部的权限增大，一手掌握了人事进退。

在北魏孝文帝死后不久，南朝就发生了齐梁革命，齐王室的萧宝夤等人逃往北魏，受到北魏朝廷的宠遇。可是此时北魏因之前孝文帝的改革，已经充分吸收了南朝的制度，因此这位萧宝夤似乎并未对北魏的制度有什么影响。不仅如此，北魏孝文帝颁布的汉化政策太过超前，早就引起了社会的动荡。以王室为首的鲜卑族上流社会过度贵族化，而在贵族化进程中被遗弃的下层军人阶级心生不满，矛盾爆发。之前的羽林军士之变也正是这一矛盾的体现。孝明帝晚期，发生了更大规模的北方六镇叛乱，华北中原再次陷入大混乱。

十七、北齐的贵族制

北魏王朝的贵族体制并不能镇压此次叛乱，结果是出现了新兴军阀，北魏朝廷反而落入该军阀首领尔朱荣的手中。而后尔朱荣被暗杀，接下来持续的军阀争霸导致西方长安的宇文泰与在东方占据邺城的高欢二分天下。这两个阵营各自率领强大的鲜卑军团，拥立北魏的天子。因此北方分裂为宇文氏拥立的西魏与高氏拥立的东魏两个国家（534年）。

将北魏分裂的原因分为两个问题来考察更加方便。第一个问题是，北魏的分裂虽然事实上意味着北魏朝廷的灭亡，但为何北魏的灭亡如此迅速？第二个问题是，北魏政权实际灭亡之后，为何发展成为两个独立的政权？如上所述，孝文帝率领鲜卑族，采取向汉民族同化的政策，但实际结果是只有少数上流阶层的鲜卑族得以汉化，转化为汉族式贵族；大多数鲜卑下层人士则被指派镇守北疆，无暇汉化，依然保留了鲜卑族的特性。其统治阶级迁往洛阳并且汉化以后，未被汉化的北边鲜卑族与包含已被汉化的鲜卑贵族在内的汉族之间，就产生了新的对立。历史倒退回了北魏勃兴时的形势。于是尚未失去野性的鲜卑族则再度以统治者身份，凌驾于汉族之上。

其次，五胡时代以来，在华北形成了两个政治中心。一个为三国时曹魏篡汉之前的魏都邺城，此后它也成为慕容氏前燕的都城。邺的发展与中国东北部的开发有关。另一中心为西汉的都城长安，后成为前秦、后秦两代的国都。此地的繁荣和与西域的贸易有关。在以邺为中心的东部，汉族占压倒性的多数，虽受到从北方来的鲜卑族南下入侵，但民族构成却比较简单，以汉族为中心的所谓山东文化甚是繁荣。与此相对，在以长安为中心的西部，自东汉以后，文化衰退，匈奴、氐、羌、鲜卑等各民族杂居，汉族人口少，因此北方民族的汉化及贵族化尚未充分进行。这同时意味着当地住民得以保持野性，勇敢的骑士兵源充足。率领强大的鲜卑军团的高欢与宇文泰这二位武将，分别占据邺与长安，各自拥立魏帝，历经数度决战都难分胜负，形成了相互对峙的局面。

华北中原形成东魏、西魏分裂局面之时，正值南朝梁武帝四十八年治世的末期。此时，东魏又爆发军阀间的内讧，侯景背叛掌握东魏实权的高氏，转投梁朝，梁武帝愚蠢地接受了侯景的投降，种下了日后的败亡之因。侯景随即又背叛梁朝，围建康，最后武帝饿死都城，其后即位的简文帝也被侯景杀害。此次内战使南朝国土荒芜，国都焚毁，贵族流亡，皇室及士大夫逃往东魏寻求庇佑者不在少数。东魏很快被高氏篡权，是为北齐。北齐的文化，从制度上来看，可以看出受梁朝逃亡者的影响很大。

北齐的王室高氏，自称是汉族名门渤海高氏，实为鲜卑人。短命的王朝中相继出现短命的君主，历代天子不修内德，却多长于文才武略。北齐初期重用汉人官僚的领袖杨愔，其地位俨然北魏时的崔浩。虽杨愔后为孝昭帝高演所杀，但北齐的汉化并未因此停滞，依然继续进行。孝昭帝时期，也许是受南朝刺激，扩充了国子学。当时南朝的梁因侯景之乱崩溃后，进入了由新军阀陈霸先建立的陈王朝时代。新的军阀王朝急速贵族化，在朝的士大夫大多是在梁朝的学馆中培养出来的。北齐与陈朝建立邦交，每年互有使节往来，这也给北齐文化带来不少刺激。北齐后主高纬时，于都城邺设立文林馆，这也无疑是模仿了南朝梁的士林馆。

北齐的官品基本继承北魏官品，九品以下有流外勋品，勋品情况尚不得其详。州、郡及县各设中正，掌管选举事宜，中正的权限亦不明确。人事进退大权似掌握在中央的尚书与地方的州郡长官手中，中正应该是专门负责贵族的谱牒，仅仅充当选举顾问。不仅如此，当时正值华北的贵族主义成长期，对北齐的贵族来说，门阀有着超越现实利益的魅力，因此对中正地位的争夺、门阀高下的争论反复出现。而北齐朝廷汉化的同时，其治下的汉人贵族在夸耀门地时，经常列举他们汉魏以来的古老家世。这一现象值得我们注意。

面对如此门阀化不断加深的贵族群体，北齐王朝也在试图努力扩张君权，出现了不考虑门阀、重视个人才能来录用官吏的倾向。此倾向顺势发展为考试制度，北齐设立秀才、孝廉、廉良科目，由中央政府进行严格的考试，天子亲自来到朝堂监考，可见其热心程度。这当然是从北魏继承而来的，不过应该也受到了梁朝学馆考试制度的直接刺激，可说是进一步走向后世的科举制度。

十八、北周政权下的新倾向

东魏被北齐篡权后，占据长安的西魏虽能保得数年命脉，但实权却掌握在宇文氏手中。西魏末年，丞相宇文泰遣兵征讨南朝，攻陷新都江陵杀害梁元帝，立后梁王萧詧，纳梁为西魏属国，并将附近地区并入自己的版图。第三年，实施了效仿古代周官而制定的新官制（556年）。同一年，宇文泰殁，其子宇文觉掌握实权，废除了早已有名无实的西魏朝廷，受禅成为天子，定国号为周。宇文觉就是北周的孝闵帝（557年）。

同样都是继承北魏，北齐沿着北魏孝文帝的政策，在汉化的路上大步迈进；与此相对，北周却朝着完全相反的方向发展，这是对当时贵族制的一种有意识的反抗。为北周确立这一新政策出谋划策的是汉人苏绰。根据他的想法，政治上必须排除魏晋以来堕落的贵族制度，应以周代的古制为规范。西魏末年实行的官制改革就是以此为宗旨的，奉天命实施古制的正是宇文氏，因此西魏之后，出现了宇文氏建立的周朝。

此时北周的官制是将以往的九品改为九命，正一品为正九命，从一品为九命，以此类推，直到从九品相当于一命；其下再有流外九秩，九秩也是第九秩为最上，往下直到第一秩。九命十八阶，再加上九秩九阶，共二十七阶。不过北周制度的特点在于，虽为流外，但并非贵族式的流外，而是官僚式的流外。即九命与九秩之间，并无门阀性质、贵族式流品的贵贱清浊之分，而仅仅是地位高低的区别。一命以上为士位，九秩则为庶人身份，其间并无很大的断层。不以门阀取人，而根据才能登用官吏，这是北周新制的宗旨。然而就实际情况来看，有人从上士起家，有人从中士起家，应是依据任子之制。如果这个制度长久持续的话，不久应该也会发展成为贵族制。

比较将华北一分为二、东西对立的北齐与北周，会发现二者在官制上的显著不同。北齐继承中国的传统，努力追随当时走在时代前端的南朝贵族制；然而北周则将汉魏以来中国发生的变化轻视为派生的、细枝末节的东西，试图重返中国文化的本源。二者看似背道而驰，但事实上在尊重中国文化这一基本态度上并无二致。无论是追随南朝还是无视南朝，其结果都无外乎是在努力超越南朝。将南朝作为试图超越的目标，说明二者均承认南朝的存在，这是不争的事实。只不过平心而论，北齐对南朝文化的追随乃大势所趋，顺应时代，容易实施，同时也存在将南朝贵族制的糟粕原封不动照搬引入的风险；而北周对南朝文化的无视虽与时代潮流逆行，难以实施，我们却必须承认，如果部分政策能实施，会起到预防被南朝贵族制同化的效果。比较二者会发现，北齐为文学型、时髦型，而北周为经学型、复古型。二者的利害得失最终都成为历史事实。

从人口和资源方面来看，北齐远胜北周。最初北齐对北周的压倒性形势，从北齐敢先于北周、冒大不韪实行篡位之举这一点上可见端倪。然而中期以后，变成北周占上风、对北齐采取攻势，并乘北齐内部发生权贵内讧的机会，一举攻破北齐。

华北再度统一的原因，仍然可归于作为统治阶级的鲜卑族的汉化。无论是北齐前进型的汉化，抑或北周复古型的汉化，其结果是同样的汉化。于是，由于贵族化发展缓慢而得以存续战斗力的北周，赢得了一统天下的荣耀。然而吞并了受南朝文化浸染的北齐，北周的复古型体制早晚也会分崩瓦解。这个变化要到下一个朝代——隋代时实现。

十九、隋的统一

北周吞并北齐，四年后被外戚杨坚篡权，隋朝建立（581年）。隋朝高祖文帝首先攻陷在江陵维持半独立状态的后梁，又出兵讨陈，俘虏陈后主。至此，五胡南迁以来南北分裂近三百年的中国，再次迎来强大的统一政权（589年）。

隋实现大一统的原因，可以说是北周完成的华北再统一的延长。如上所述，北周、北齐都向南方扩张领土，北周占有蜀地，北齐占有长江以北地区。北周将北齐吞并后，其整体实力要比南方陈朝强大得多。北魏之前不能完成的事业由隋达成，这并非不可思议。

进一步应该思考的是，华北的五胡扰乱状态得以平息，秩序恢复，商业自然就要日渐活跃起来。尤其是南朝的领土早已脱离汉时的那种殖民地状态，发展起独特的制造工业。南北的交易日益繁荣，边境贸易也呈现出生机勃勃的形势，商品的流通领先于政治，先从经济上将南北结合在一起。这加快了大国侵吞小国的步伐。隋朝一统天下以后，下令开凿纵贯南北、承担南北交流使命的大运河，这绝非偶然。

隋文帝即位初期，废北周的六官制度，恢复北魏旧制，因此九命制度又改为正、从九品，正四品以下的正、从又和北魏一样分为上、下阶，总计三十阶。不过，北周的流外九秩恐怕只是改其名而存其实，最高级别的第九秩称为流外勋品，最低级别的第一秩称为流外勋九品，共九阶，合前者共三十九阶。

在北周与隋朝的官制中不容忽视的一大特点就是产生了勋官。这个名称很容易与前面提到的勋品混淆，其实二者本质截然不同，不如说勋官与南朝梁的将军号有共通之处。如前所述，北周排斥贵族制度，但又并没有产生像后世官僚制那般完备的制度以取代它。其结果是北周实施了功绩主义的官僚制。虽说是论功绩，由于当时与北齐之间战乱不断、烽火连连，故而功绩主义直接变成推崇军功第一。只要建立军功，就会得到相应晋升，从而产生了另一系统的官员，且这些均为军队的长官，即大都督—帅都督—都督—别将—统军—军主—幢主这样一种体系。这些名称自然从北魏起即存在，不过当时只是职务名称，不是品官名称。从北周时期开始才成为品官名，例如大都督为八命，统军为正五命。别的品官多为无实职、空有虚名的散员，而这一系列的品官均为实职，因此实际地位的高低可以说是由此系列决定的。后世称此系列中的官为"勋官"，然而在北周时尚无确定名称，有时称之为"戎秩"等。一旦官至大都督以上，就会借用其他系统的官名，如柱国、大将军、开府仪同三司等。但隋时将这个系统称为散实官，柱国等也列入其中，结果形成了一个上柱国、柱国以下十数等的系统。最初因此等官职都有实职且数量稀少而备受重视，如柱国之位乃世所罕见的尊贵官职。然而后来，由于军功泛滥，勋官也不必一定带有实职，变得与过去的散官并无两样，其价值自然也渐渐滑落。隋的散官为唐继承，残存着柱国以下十一等的勋官，但已不能赢得世人的尊敬，查阅唐中期的敦煌户籍，甚至会发现一介贫民被委以柱国的事例。

此时摆在我们眼前的问题是，北魏的中正在北周、隋发生了何种变化。这两个时代有关中正的记载甚少，中正最终被废止了。如果把九品官人法理解为与九品官制对应，使官吏候补者从某一官品起家、根据其资格向上升迁的制度，那么中正就失去了存在的必要性。不过从历史的实际情况来说，九品官人法与中正制度相结合，二者同时发挥作用。然而随着贵族制的发达，谱牒掌握在尚书手中，故铨选的权力回到了尚书那里，中正逐渐从九品官人法中淡出。这种倾向在南朝已经显著，北魏名族的门地一旦固定下来，中正的存在感也会越来越弱。只是在北齐，对前代北魏制定家世等级的不满延续下来，纷扰颇多，而对这种纷扰拥有发言权的正是中正。因此在这层意义上，中正屡屡成为贵族争夺的目标。

然而在北周，当权者努力排斥贵族式的流品思想，试图以纯官僚制的方式运作官制。之所以更改前代的官名，恢复陌生的公卿、大夫、士这样的古名，是因为从前的官名沾染了流品思想，有清浊之意，现在想要一扫此色彩。此时吏部大夫相当于原本的吏部尚书，吏部士相当于原来的吏部郎，中央的人事任命基本由吏部掌握。地方各州，主管民事的州与主管军事的府相重复，州刺史同时兼任军府的都督诸军事，军府的僚属由中央任命，州的僚属由州刺史辟召。州中正此时不过作为刺史的顾问，拥有些许发言权罢了。

北周可以支配的领土，是以长安为中心的关中之地，秦汉时期这里的文化百花齐放。自五胡南迁以来，胡族割据横行，旧时风貌已难以循迹。与南朝相比自不必说，就算与山东的北齐相比，北周在文化上也逊色不少。北周于武帝时灭北齐，占其领土，山东先进的地域文化也开始逐步进入北周的旧有领土。

隋篡北周后，可以说将之前的六官古名悉数废除，恢复汉魏之旧。然而所谓复汉魏之旧，其实是采用了北齐时的官名。北齐时，中正的职务就已然有名无实。中正最后残留的职务——对任命地方州郡僚属的发言权也被剥夺，由中央进行人员甄选与任命。想要实行中央集权、天子专制的隋文帝一定会对这样的新倾向加以利用，绝不会错过。

隋文帝开皇三年，对地方制度进行了划时代的改革。改变了以往地方制度的州—郡—县三级管理方式，废除中间的郡，直接以州管辖县。自南北朝以来，州、郡的数量日益庞大，导致各州的面积被划分过细，自然要改革。在隋文帝初期，隋朝尚未灭掉南朝、只占有华北时，据说州的总数为三百一十，郡有五百零八，故而废除无用多余的郡的区划，进行人员整顿可谓符合时宜。

值得注意的是，由此产生的州的僚属，其官名并没有沿袭以往州郡官的官名，而是使用了军府僚属的官名。也就是说，自汉以来，虽历经几度变迁，但州官的名称一般为别驾从事史、治中从事史、西曹书佐等，可称为从事、书佐；郡官的名称一般为五官掾、功曹史，可称为掾、史。而按照隋朝的新制，州的刺史以下为长史、司马、录事参军、诸曹参军，均以过去都督军府的僚属官名来称呼。此等官名的确定，晚于开皇三年，是在隋朝讨平南朝、一统天下以后的开皇十二年。

如此将州官之名改为府官之名，是因为从一开始新的州官就不经刺史的辟召而由中央直接任命，一如军府官的任命。这种情况下，由中央任命新的州官，曾经由刺史辟召的旧州官就暂时失业了。可是政府并未立即将这些旧州官免职，而是给他们以品官待遇，加以优待，只是不让其负责实务，称之为乡官。随后乡官也于开皇十五年被废止。县的僚属与上述州郡的僚属一样遭遇了相同的命运，这一点无须再言。

置身于这样一场大变革中，中正亦不能独善其身。中央的人事大权已归还吏部，现如今地方州县官的人事也由中央定夺，中正的存在就失去了意义。隋废除自三国曹魏以来就一直延续的中正制度，此事史书中尽管多有着墨，但并无明确记载其具体年代，这当然发生在实行了州郡机构变革的开皇三年。如果成为乡官的中正名称在这之后还被保留，那估计也在开皇十五年与其他乡官一并走向了终结。

如此，隋文帝以其专制权力，断然进行了机构改革，使官制按中央集权的方式运作。可是就算他有权力，也不可能万事都称心如意。从某种角度来说，他的理想是成为北周政策的忠实继承者，官不分清浊是原来的宗旨，然而已经恢复了旧时的官名，又接收了北齐的官僚，最后从后梁和陈收容了大量投降者，这使贵族式的区分流品思想再度兴起。这一风潮的代表者据说有卢恺、薛道衡、陆彦师等人，但它与北周以来天子独裁的传统精神相悖。总而言之，天子并不希望看到官僚成长为官僚以上的贵族。天子赐予的官位是绝对的，官位的高低即为身份的高低，除此之外不应再有天子无法控制的官僚清浊、门地高下的区别。故而对于卢恺等人妄议门阀、甄别士庶之举，文帝勃然大怒，夺其官位，贬为庶人，以推进天子专制的官僚政治。

然而这里我们必须考虑的是，卢恺触怒天子，只是因其门阀思想与天子的门阀思想不相容，而不是天子完全没有门阀思想。北周以来，官场中重视武勋，武勋的效果不会一代就消亡，而是功荫子孙。在这层意义上，贵族可视为官僚制的延长，为国家立下汗马功劳的官僚，其子孙亦拥有贵族特权，这是国家承认的。北周存在八柱国、十二大将军等名门，形成军阀贵族。隋的杨氏即为十二大将军之一，后建立唐朝的李氏为八柱国之一。然而卢恺等人恐怕是想无视此等新兴贵族，试图将魏晋以来旧的门地评判标准带入朝廷人事之中。其实卢恺等人的思想，正代表了当时汉人一般贵族的感情。这是两种相异的门阀主义，即一方认为门阀的历史应仅限当朝，另一方认为应该无限久远地追溯到魏晋或是汉代。这个争论在北齐业已存在，一直延续到之后的唐代。

二十、科举的起源

想要承认当朝建立功勋的特权贵族的存在，认可其任官方面的优先权，这一点在现实中困难重重。因为专制君主的理想，就是政治归根结底应实现人民的利益；为了达成专制君主的这种理想，就必须实行纯官僚式的政治。为此在选任官僚方面，应依据个人的才德，不应包含论军功来行赏之意。为了彻底贯彻天子独裁，当然要限制由论功行赏产生的武勋贵族的既得权利，因此必须制定一个全新的解决方案。这个全新的方案，即恢复并强化屡经试验却未能永续的考试制度，唯此结论，别无他法。

早在汉代，就存在这样的制度：各州举荐秀才，各郡举荐孝廉，在中央考试后，如若及第，则授予及第者官位。魏晋以后的南北各朝也大致沿袭该制度。只不过，该制度受贵族制度的影响，上流阶级的子弟不屑于参加这种举荐，中央政府执行举荐也只是徒有形式，至于及第者何时授官则遥遥无期，被置之不理。

在北周，武帝死后宣帝即位时，下诏华北各州，命令由州举荐高才博学者为秀才，由郡举荐经明行修者为孝廉，均推荐至中央。其人数规定为：秀才，上州每年举荐一名，下州每三年举荐一名；孝廉，上郡每年举荐一名，下郡每三年举荐一名。隋朝篡夺北周政权之后，最初应是沿袭了该制度。

入隋后，发生了两件促进选举制度革新的事情。第一件为文帝开皇三年废郡，由州直接统辖县；第二件，与此相应，州县僚属不再由州县长官辟召，其任命权收归中央。这导致了两个结果。其一，既已废郡，则汉代以来的郡孝廉这个名目将不复存在；其二，州县的僚属由中央指派，中央吏部就必须不断将大量有任官资格的人掌握在自己手中。因此必然产生选举制度的改革。开皇七年，颁布新制，规定诸州每年推举三名贡士给中央。这个贡士，应该是包含秀才、明经与进士。其相互间的差异并不在于是来自州还是来自郡，而在于被举荐人是才能非常出众的人才，抑或是普通的学者，是名称上的不同。

"进士"这一名称出现于何时，这一点屡经争论，却依然没有明确结论。一般认为开始于隋炀帝大业年间，但事实上应该比这更早，有证据表明"进士"一词在文帝开皇年间就已经存在。明经主要考查经书，与此相对，进士主要考查文学。对于全国各处推举而来的贡士，存在不尽相同的考试内容，要设置各种科目，前朝已经有过这种倾向，待及隋朝终于确立，之后又被唐朝继承。根据这一点，认为后世的科举，即科目考试制度始于隋朝，是合理的。

然而这些不过是些细枝末节，要追溯隋朝科举的起源，应强调当时那种必须实施科举的时势。即上面所说的地方州县的僚属直接由中央吏部任命，导致中央必须掌握大量有资格为官者，因此不得不靠科举制度来发掘人才。开皇九年，隋灭陈，领有江南的土地，如此就更需要数量众多的下级官吏。因此，若按常规制度举荐贡士则数量不足，于是常常临时发诏，令各地推举人才。

这相当于后世的制举，但主要是命令五品以上官员举其所知，并不具备后世那种举荐特殊人才的重大意义。即便如此，常规贡举与临时制举的区别，实际是在隋朝才形成的，这一点值得我们注意。

二十一、隋的灭亡

大隋帝国不仅一统长久以来南北分裂的中国，而且北讨突厥，南征林邑，扬威国外。却因征战高丽失败而诱发内乱，天子被弑，以至亡国，的确十分奇怪。

从隋朝所处的历史位置来看，可以发现它与大约八百年前的秦朝的立场甚为相似。二者均以关中之地为根据地，属于文化发展明显滞后的地区。因为文化落后，故而人民淳朴，统治者得以用严酷的法制统治人民。正是利用了这一点，秦朝与隋朝才能完成一统天下的大业。然而一统天下之后，仍试图以这种落后的社会法制来统御文化先进的被征服地区的人民，这可说是秦朝与隋朝灭亡的共同要因。普遍适用于关中之地的法律，用于山东及江南地区时却被指成苛法暴政。

首先感到为隋朝政治所苦的是山东、江南的旧贵族。北齐、南朝治下，贵族可以通过合法或非法手段免除徭役。然而隋朝统一天下之后，这种特权被废止，只要不是隋王朝的官员，均必须被课以税役，无一例外。陈朝灭亡时几乎毫无抵抗便投降隋的这些江南贵族，待及了解隋朝的政治实况后，果断举起反叛大旗，不过这种贵族式的叛乱很快就被隋朝大将杨素镇压了。

隋朝政治被视为暴政还有别的原因，那就是奴婢制度。此乃对北周制度的继承。北周讨伐梁元帝，攻陷江陵之后，将城内百姓不问士庶，悉数作为奴隶带回，一举获得十多万奴隶。此外，每逢战争即获得数量众多的奴隶，部分会被赏与建立功勋的王公军士，剩余的则配属官衙，称为官户或杂户，视为贱民。重罪犯人被处以死刑，其家属也同样籍没为奴婢。这种做法被隋朝所继承。北周以来虽不时下诏命令解放奴婢贱民，但事实上并未实行。落后于时代的奴婢贱民大量存在，成为影响社会安定的一大重要原因。

隋炀帝第一次远征高丽之时，军队行经的山东地区苦于严苛的徭役征调，亡命纷起，盗贼啸集。此时掀起叛乱的是隋朝功臣杨素之子杨玄感。他身为运送军需的总督，以打倒暴君的名义起义，袭击东都洛阳，使远征高丽一事不得不以失败告终。虽然此次叛乱被迅速平定，但是其影响极深。可以想象，叛乱中大量的武器流入了民间。

山东的叛乱愈演愈烈，并以山东为中心向全国各地扩散。此次叛乱的特点是，叛乱不仅是由豪族指挥，且一般庶民、贱民都参与其中，最高指挥者中甚至还有北周八柱国之一李弼的曾孙李密这般人物。恰如六国对秦国的反叛，可以说是山东江南民族对关中民族的反抗，呈现出民族斗争之态。因此即使叛军一度受到打击，他们仍愈挫愈勇，越是失败，反抗者就越多，陷入了难以收拾的混乱场面。混乱中，隋炀帝企图逃往江都避难，却遭到部下军队背叛，被弑身亡。

二十二、唐帝国的特性

秦虽遭六国攻击而亡，但其留下的关中领土为汉继承，汉以此再度一统天下。与秦汉的情况相似，隋朝虽亡，占据关中之地的李渊、李世民父子建立唐朝，率领勇敢的关中民族讨平群雄，如大汉帝国一般实现了大唐帝国的霸业。如同汉为秦的后继者，唐实质上也是隋朝政策的继承者。

唐高祖李渊来自北周军阀，为北周八柱国之一李虎之孙。他的经历对继承、动员并利用北周以来关中的军事力量非常有利，更重要的是他借用了北方突厥的势力。被称为唐朝开国第一功臣的长孙无忌，就是隋朝对突厥的外交官长孙晟之子。关中自北周以来，历经隋、唐，即便主权者不断更换，其周围也环绕着北周以来的军阀，其中有人作为开国功臣形成了贵族群。

除此之外，唐朝治下还形成了两种贵族群。一为旧北齐领内的山东贵族群，在唐朝初期其代言人为出自北齐王室的高士廉。另一为旧南朝领内的江南贵族群，唐朝初期以萧瑀、陈叔达二人为代言人。此二人分别为梁、陈二朝的皇室子孙。以上三种贵族群各自构成自己的贵族金字塔，彼此难以融合。

政治上最有势力的当然要数以唐朝王室为顶点的关中贵族群了。然而，社会上最受人尊敬的却是以崔、卢二氏为首的山东贵族群。面对山东贵族群，关中贵族群自身难免抱有些许自卑感。

唐太宗为统一国内贵族的门地评价体系，命高士廉编纂《氏族志》。但作为山东贵族群代表的高士廉，推崇崔氏为天下第一名族，而身为帝室的陇西李氏却仅仅被排在了第四位。太宗龙颜大怒，命令以官爵为标准重新分类，崔氏被压制到第三位。这就是所谓的《贞观氏族志》。有唐一代，虽然贵族式的门地备受重视，但并未在全国形成以贵族为支撑的统一的贵族式金字塔，这一方面是因为贵族制失去发展动力，开始停滞，同时也说明贵族制度已渐渐落后于时代。取代了它的官僚制度，在皇权的保护下正逐步茁壮成长。

官僚制的强化，从科举的发展也可窥见一斑。进入唐代以来，进士科逐渐成为科举的代表。无论是隋朝最初设立该科之际，还是唐初继承该科之时，进士都属于下等科目，主要目的似乎是补充最低级的官僚。然而随着文学在贵族社会中的流行，以诗赋为主要考试科目的进士声价日益高涨，进士出身者取代贵族子弟获得世人尊敬，官位上的晋升也因此十分醒目。对这些进士出身的官僚群表示抵抗的不是旧贵族群，而是任子官僚。任子制对旧贵族群有破坏作用，而此时却作为保守势力对抗新兴势力。其争论的焦点，在于任子和进士到底哪个更有资格成为官僚。也就是说，认为官僚制是无可置疑的前提，这一点是两者共同的立场。在南朝全盛时曾将王权玩弄于股掌的贵族制已成为明日黄花，被时代抛弃。但现实中的贵族制完全消失不见，还需要相当长的一段时间。因此官僚制的完成，也必须等到经历了唐末大乱、将旧贵族一扫而空的宋代才行。伴随着官僚制的完成，宋代以后又出现了另一种贵族式的特权阶级。那与六朝贵族迥然不同，不过这些问题已经不在此研究的范围之内了。

　　我将大唐帝国与八百多年前的大汉帝国作了比较，结果发现，只能说它们建立经过相似，绝不能说它们拥有一样的性质。汉代贵族制与官僚制并存，但都尚未成熟。要说哪个更早，还是官僚制先成立，贵族制在官僚制下渐渐发展、逐步明确，之后才发展成为南朝贵族制那样成熟的形态。

　　另一方面，官僚制在北朝受到异民族强大君权的嘉奖，与华北汉族的贵族制相和相争，时而对抗时而妥协，一进一退的局面反反复复，直至大唐帝国成立。

　　唐朝在此基础上立国，不得不承认前代以来的贵族制。贵族制，换言之即为阶层社会。社会上层的贵族群分为若干等，社会下层的贱民中也分为官户、杂户、部曲、奴婢等数层。唐朝的官僚制，一言蔽之，是从以贵族制为基础的官僚制发展而来的。然而官僚制的强化使贵族制日渐没落。汉与唐最直接的区别，可以说是汉为贵族制的孕育期，而唐为贵族制的没落期。它们虽看起来相似，内里却有着截然不同的性质，一为生而一为死。夹在二者中间的贵族制时代，在中国历史上占据着特殊的位置，与其前后一起，有着足以被当成一个独立时代对待的价值。

第二编

本论

第一章

汉代制度一窥

一、汉代制度的特色

本书将就三国时期曹魏以后至隋朝实行的九品官人法这一贵族选官制度进行介绍，同时通过这项制度一窥当时的社会风貌，并试图从当时社会出发重新审视该制度，弥补笔者旧作《科举》的不足之处。因此汉代虽在此项研究范围之外，却有必要依照历史顺序，对汉代的社会，尤其是制度赘述一二。

汉代社会，一言蔽之，可说是发展中的社会。发展中的意思是，大汉帝国作为中国历史上第一个真正在全国范围内建立起统治权的王朝，统治者与官僚却都经验尚浅，关于如何统治这数量庞大的民众，并无清晰的头绪。民众也没有做好被这遽然建立的强大政权统治的准备。不过，汉代社会并非没有官僚机构或阶级制度的存在。关于阶级，汉代虽明确存在阶级，却又有极为平等的思想。从这一点来看，我不得不认为中国古代一定是有过都市国家时代的。在希腊和罗马，一方面是平等的市民权，另一方面存在着贵族和平民阶级，即使在制度上应该完全平等，贵族与公认的特权阶级却也一直存在。在大汉帝国的历史根基中，也有与此类似的中国式都市国家，而后几经波折才在政治上结合成了大汉这样一个帝国；此外，在这个大一统的过程中，古代都市国家的要素并未被清除，而是被保留下来。

在汉代，即使身为丞相之子，也不能免除每年驻守边防三天的徭役，这是经常被引用的例子。而认为肩负着拥有六千万人口的大汉帝国政治责任的丞相之子不应该承担徭役，这样的想法实为后世贵族主义、官僚主义式的考量。在汉代初期，明显还没形成后世意义上的贵族主义与官僚主义，无疑还残存着正因为是上流社会阶级，才应该率先拿起武器保卫都市国家这样一种以市民权为中心的平等思想。然而到了东汉时期，实际上已经没有几个人亲自履行徭役义务了，徭役可以通过支付金钱免除。不仅如此，正如后文所述，想要为官，都会在或是贫富、或是父亲的背景、或是学问方面，受到很大的区别待遇。

统一带来了和平，和平对正处于上升期的豪族名门来说益处多多，所以大汉帝国的统治出人意料地维持了很久。然而这片广袤领土的统治方法却尚未完善。为进行统治，官僚制度是必需的，因此不得已建立了官僚机构，却不像后世那般完备。汉代的官僚制度说到底其实是长官的政治，即无论在中央还是地方，所有责任都委于长官一人身上。因此称为"长"的人就对其部下、对其民众，拥有莫大的权力。就连地方上级别最小的县令也能实施死刑。[1]虽说长官与长官之间存在统属关系，但那也只是为了监督营私舞弊，并不是用来限制下级长官的权力的。所以汉代的官僚制度夸张点说，就是各个独立长官的集合体。举例来说，汉代官僚机构，就如大小各异的军舰集结在一起的舰队。根据各长官的重要性，以俸禄的多寡决定官位的高低。并且，中央官衙与地方官衙是一一相对的。三公恰似战舰，九卿和郡太守好比巡洋舰，各署与各县的令长就如驱逐舰一般。正因为有大小差别，每个单位才都有长官，且能独立行动。

除三公之外，最高级别的长官为二千石，在中央为九卿，在地方为郡太守。次一等为六百石以上的长官，在中央为九卿下诸署之令，在地方为郡太守下的大县之令。六百石以上，不分中央地方，统一称为令；如果中央某署不太重要，或者地方某县太小，则统一称为长，俸秩为五百石以下。最小的县长俸秩为三百石。县的令、长之下设作为次官的丞、尉，按县的大小不同，俸秩为四百石以下至二百石。二百石以上称为长吏，百石以下书记级别的称为少吏。如此，汉代的俸秩分为十数等，大致区分为二千石以上、六百石以上、二百石以上及百石以下四个等级。这大致与儒家的公卿大夫、上士、下士、庶民四个阶层相对应。

---

[1] 关于县处死刑，沈家本《沈寄簃遗书·刑官考》"汉代"条按语："三辅及令守长，皆有专杀之权。"引用长陵令何并之例，又列举《汉书》卷九〇《严延年传》中严延年为平陵令，杀害无辜之人的例子，及《后汉书》卷一〇七《黄昌传》中黄昌任宛令时杀贼曹一家等例。然至唐代，《唐律疏议》卷一《名例》规定："刑宪之司，执行殊异。大理当其死坐，刑部处以流刑，一州断以徒年，一县将为杖罚。"设立了刑罚的实施级别。如此可谓官僚制的发展。

　　此处需要注意的是，能被列入百石以下的少吏之中，县以下的自治团体——乡的领导，即三老、有秩、啬夫等的地位极为重要。这意味着重视"长"，将地方最末端的政治交给乡的领导者。魏承汉之后，其九品官制中三老、有秩被记载为八品官、九品官。晋以后，将它们从官品中除去，因为后世难以想象乡的领导能被列于品官之中。概言之，随着时代以降，乡官的地位日益滑落，这无疑是因为受到中央集权官僚制的压制。像这样，汉代在地方末端保留了自治的体制，中央政治因此简便，天子和宰相都工作清闲，被后世称赞为有特色的制度。所谓汉代乡制是汉代的根基，其实应该理解为古代都市国家的遗制。

　　因官僚制尚未发达，所有的责任均由长官个人承担，同时给予长官很大的权限，这样的方式意味着长官个人的行动将极度自由。其结果是，幸运的话长官成为循吏，立下或大或小的政绩；倒霉的话就会出酷吏，百姓就会面临权利与生命被一起抹杀的危险。比起多出循吏，人们宁可希望不出现一个酷吏，此乃社会大势。之后随着官僚制的逐渐发展，到宋代时，上下统属关系变得分明，小事被委派给地方末端，大事还是由中央掌握。各个官衙如同流水作业的工厂一般，只各自承担一部分工序，共同组成一个统一的整体。制度完善的话，则个人的活动受限，只能在被允许的范围内行动。即使从正史的列传中也可看出，《史记》《汉书》的人物都个性满满非常有趣，随着时代推移，人物就变得乏味，其理由大抵在此。

二、汉代的阶级及其起源

在汉代，这种空有形式的官僚制并未顺利地发展，反而在其下孕育出贵族制。一切出人意料地朝着贵族制方向发展，最终形成了官僚制以贵族式运行的结果。这是因为汉代社会自身就存在着贵族制的因素。

现如今，中文里描述贵族主义最合适的词是"流品"。"汉代并无流品思想"这种说法由来已久，其中最具代表性的是宋代的章如愚，他在《山堂考索后集》卷二十二中对此有以下议论：

> 汉之用人，不分流品。视其才能勋绩，等而上之，无有限格。周勃以引强，申屠以蹶张，薛宣以书佐，魏相以卒史，皆致位为丞相。然其入仕之始，等级次第，亦自有品节，存乎其间。其以明经文学进者，多除博士，或大夫侍中，如严助、朱买臣、疏广、平当之徒是也。其以材武勇猛进者，多除中郎将骖乘，如公孙贺、卫绾是也。张汤以法律进，则先以法官处之。故张汤为内史丞相掾，荐补侍御史，后为廷尉，皆法官也。黄霸以入粟补官，则以财赋处之。故霸始以卒史，领郡钱谷计，簿书正，以廉称，察补河东均输长，皆掌财也。虽其有所分别，而积功累勤，无不可任者，此汉官未免乎杂也。终汉之世，清浊混淆，上下无别。以宦者典领中书，以医术校书秘阁，尚书郎掌代王言，而以令史久次补之，宜乎丁邯耻以孝廉为郎也。

　　章如愚的意见中确有值得听取之处。首先，如他所说，汉初确实并无后世那种流品思想，即便有也不像后世那么强烈，这是事实。后世的那种贵贱观念此时也似乎并未形成。汉朝的侍中服侍天子，甚至掌虎子之类；孔安国为武帝侍中，以大儒身份特任其掌天子唾壶，朝廷上下无不羡慕（《宋书》卷三十九《百官志》）。诸如此般，以后世的思想来看着实难以理解。

　　在身处贵族主义极度发达的南朝的政论家看来，贵贱未分化实为一种幸福的状态。梁朝沈约在《宋书》卷九十四《恩倖传序》中就表达了这样的意见。然而章如愚身处贵族主义已经过渡到完备官僚制的宋代，在他看来，汉代那般不拘泥于贵贱的状态，未免有"杂"感，并指出了其不成熟的地方。在汉代，只要不断积累政绩，官位就能一直上升，这在宋人看来，是谓没有"止法"。在宋代的官僚制中，胥吏虽可以根据政绩晋升为品官，但有一定界限，到一定程度就不会再上升，这就是"止法"。①又，唐代已有像医生这样所谓的伎术官，他们仅能在其系统内部晋升，不可以迁转到别的体系。②章如愚所说的"限格"，指的就是这个。后世的官僚制度，比起官僚做出政绩，更注重去除弊害，为此在各方面都多加限制；而汉代并无此规定，及至汉末，以医

---

① 关于宋代止法，据《建炎以来朝野杂记》乙集卷十四"吏职补官至从政郎止"条，胥吏出身者，一般规定官至从政郎（从八品）为止。而据甲集卷十二"堂后官"条，作为三省胥吏的堂后官，可官至知州或通判。
② 唐代的伎术官，《唐六典》卷二"吏部尚书"条下有注："伎术之官，唯得本司迁转，不得外叙。"

术起家者也可担任校书之官，在章如愚看来，这给官僚体制带来了混乱。

不过要说汉代完全没有贵贱之别、不见流品思想，也是言过其实。汉代其实有汉代的贵族主义。只是那与后世的思想大相径庭，比如之前所举的孔安国的例子，就有后世难以理解之处。

上述汉代的官僚机构中，虽说并无后世意义上的流品之别，但并非所有为官者都是一样从最低级别的百石以下的少吏开始起步的。一种可说是特权阶级的群体，可以越过低级的若干等，直接以三百石的郎（郎官）为起点。所谓"郎"，即"士"的身份，他们不是由庶民之身升上来的，而是从一开始就拥有士的身份。那么我们来看看，能成为"郎"的人有哪几种呢？

（1）具备良家子的资格。即为六郡良家的子弟，详细来说是指从陇西、天水、安定、北地、上郡、西河这六郡上流阶层的子弟中择选武艺高强者为郎。

（2）根据父兄任职状况。即"任子"制度，若父兄为二千石，即相当于有公卿身份，在任期满三年后，父兄可以从子弟中选择一人，为他的才能担保，使其成为郎。

（3）根据入赀情况。相当于后世的捐纳，饥馑时捐纳谷物六百石或谷价三十万即可为郎。

（4）根据学问。这分多种情况，其中包含长期侍奉大儒的门人，及被举为孝廉考试合格者等。

以上四种制度中，要说哪个是出现时间最早的，应是第二个任子制度，可以认为公卿之子自出生之时就已经取得士的身份。其次是第三个入赀制度，由贫富产生的身份区别，在西方社会也是城邦时代末期出现的现象。最晚的是第四个根据学问，这是汉代儒学被朝廷认可之后才发生的，肯定不会出现在秦代。

需要重点思考的是第一个良家子制度。既可以认为它有非常古老的起源，又可认为它是相对较新的制度。用"良"这个字指代一种特权阶级，这在先秦的文献中就有记载，我认为这正是相当于欧洲古代的世袭贵族。我甚至认为"郎"一字是由"良"字假借而来。再往上追溯，我发现"公卿"的"卿"其实也是"良"的一种，即"卿"字中间的部分为"良"，我自己将"卿"解释为地方自治体，即乡（郷）的代表者。①

如果认为汉代六郡良家子制度在中国古代普遍实行，而仅在六郡被保留下来的话，那么它算得上非常古老；如果从中国国防角度考虑的话，认为鉴于六郡在对匈奴政策上的重要地位，因此需要特殊的制度，也可视为秦汉以后兴起的新制度。在我看来，即使是出于对匈奴政策的需要而产生的新制度，其实还是一种对旧制度的复活。

---

① 关于"郎"的起源，可参见发表于《史林》十八卷二、三、四号的《古代支那赋税制度》，以及《史林》三十三卷二号的《中国上代是封建制还是都市国家》两篇拙文（皆收录于《宫崎市定全集》第三卷）。深入想象的话，可以认为，在国家祭祀中列于门中两侧廊下、能够参与祭事的士即为郎，在外庭集合的就是庶。"卿"字中间应该是"良"，所以卿是良之特别者。

三、士与庶民

郎官的本职原为天子的宿卫。汉代时，事实上分为武官的郎与文官的郎。武官的郎又分为羽林中郎将之下的羽林郎和虎贲中郎将之下的虎贲郎。六郡良家子可任羽林郎，虎贲郎为世袭的武士。文官的郎即所谓的三署郎，具体被划到五官中郎将、左中郎将、右中郎将之下。三署郎实为官僚预备人员，故并无定额，根据需要被派往所需之处，因此后世将此位置称为储才地。

古人云"郎官上应列宿，出宰百里"，郎官大多赴任各县的令长。因郎官俸秩最低为三百石，因此出任地方时，如果是大县，则为丞尉；若非大县，则为令长。最小的县的县长也有三百石，因此郎官可以直接就任县长以上之职。

当然这样的郎官也并非人人可得，仅限于符合上述特定条件的人。而这个特定条件，总而言之，大概指富人阶级。因此，在汉代，作为市民权之一的就职权并不平等。社会上层的士阶级拥有成为郎的资格，必须与庶民区别对待。而庶民如想入仕，必须从庶民应就的少吏开始做起，再往上晋升。这种少吏出身、官至丞相的例子，在章如愚的《山堂考索后集》卷二十二中列举过。当然这种情况极为罕见，从少吏晋升到长吏，即从庶民上升为士的身份，其困难程度可想而知。到了东汉，一条从少吏上升为长吏的途径以制度的形式出现了。那就是尚书令史。

东汉时期，尚书取代西汉的三公，成为天下政治的中心。尚书可以说是天子的秘书，但担任尚书的官吏表面看来地位极低，因此任职满一定年限之后可以论功行赏。尚书中有尚书令一人、尚书仆射一人、尚书六人、左右丞各一人、侍郎三十六人。侍郎即所谓的尚书郎。俸秩分别为：令千石，仆射、尚书各六百石，丞、郎四百石。其下有令史十八人，后增为二十一人，俸秩为二百石。令史本来只有百石，即庶民身份，但只有尚书体系中的令史能获得二百石的特殊优待。不过我认为在这个郎与令史之间，存在着巨大的阶级断层。尚书郎是从三署郎中选拔的有才能者，尚书令史则从其他衙门、兰台及符节的令史中选拔。光武帝最初应该是沿袭西汉末年的做法，任命之前担任尚书令史者为尚书郎，因此才会有丁邯拒为尚书郎的著名故事（《后汉书》卷三十六《百官志》注）。其后，朝廷似乎也想明确郎与令史的界限。自那以来，尚书郎成为士阶级中有才能者步入仕途的出发点，令史则成为庶民出身的书记长期工作后能达到的官职最高峰。至于对郎和令史的报偿，《后汉书》卷三十三《郑弘传》中有以下记载：

> 建初为尚书令。旧制，尚书郎限满补县长，令史丞尉。弘奏以为台职虽尊，而酬赏甚薄，至于开选，多无乐者，请使郎补千石令，令史为长，帝从其议。

东汉可能是从光武帝时开始，开启了尚书令史晋升为长吏的途径，最初仅限丞尉，章帝时发展到可任命为县长。这使尚书的地位日益提高，因此尚书令史的地位也随之逐步上升，但与尚书郎之间依然有不可逾越的鸿沟。由此可以类推，士与庶民之间同样存在着难以跨越的断层。进入东汉之后，比起前代，这个断层间的距离越拉越大。这同时与孝廉制的发展有很大关系。

四、清流与浊流

西汉的文官郎，即三署郎，其出身各自不同；而进入东汉以来，似乎多以孝廉补三署郎。《后汉书》卷四《和帝纪》注引应劭《汉官仪》载：

> 三署谓五官署〔也〕，左、右署也，各置中郎将以司之。郡国举孝廉以补三署郎，年五十以上属五官，其次分在左、右署。凡有中郎、议郎、侍郎、郎中四等，无员。

《宋书》卷三十九《百官志》中似乎引用的是同一段文字，不过其后有"多至万人"一句。孝廉制度始于西汉并逐渐兴盛，至东汉时制度健全，每岁州举茂才（秀才）一人，郡根据人口举荐相应数量的孝廉，成为定制。和帝时期孝廉数量如下表所示：

表一　汉代孝廉数

郡人口（万）	120	100	80	60	40	20	20以下	10以下
每岁孝廉（人）	6	5	4	3	2	1	1/2	1/3

如上所示，人口十万以下的郡，每三年举孝廉一人，往上

逐渐递增，直到人口一百二十万以上的郡，每年举孝廉六人。据有人估算，每年全国共举孝廉两百人左右（《通典》卷十三）。此外中央政府的三公、九卿及相当于该级别的官员可举茂才、廉吏（相当于孝廉）。

那么，地方郡国推荐而来的孝廉来自哪里呢？他们大多来自郡的掾史。当时郡的政治构成是，由中央任命的太守和丞作为郡的长官与副官，作为僚属的五官掾、功曹史、诸曹史、主簿等，则是由太守从郡的居民中招聘任命的。这些僚属被称为"掾史"，或者"参佐"。由于郡太守是从外地独自一人赴任，因此在选任掾史统治该郡时，除考察掾史本人之外，自然要选拔势力强大的豪族的子弟，以备非常之时的倚赖。《宋书》卷九十四《恩倖传序》这样描述汉代：

> 郡县掾史，并出豪家。

所言极是。且原来那些土豪性质的，即仅有实力并无权力的当地豪族，开始被世袭地任用为郡的掾史（右职），逐渐变身为从事学问的知识阶级，形成中央官僚的预备军。这种官僚化的豪族被特别地称为"右族"。他们其中有人代代占据郡掾史的右翼，因此代代作为孝廉或茂才被举荐进入中央，作为右族固定下来，被称为"冠盖"或者"冠冕"。《世说新语·德行第一》注引晋代祖约为九世孝廉之家，《雅量第六》注中又称其为幽州冠族。

如此从地方豪族的右翼，即右族、冠族中推选孝廉，进入中央出任郎，确立了一条以郎为出发点驰骋官场的路线。这是光明正大的为官之道，在朝廷中享有盛誉的重要官职、有利于升迁的官位，都被此路线出身的名士所占。相对地，还有一条有别于此的暗度陈仓之道，即地方上尚未右族化的豪族，凭其财力通过贿赂和投机获得进入中央政界的机会。

频频产生地方郡国掾史的家族，原本仅为有实力的豪族，他们中的一些与政权结合，在某种程度上实现了贵族化，成为右族，这是历史积淀的结果，因此地位的高低与财富的多少并非一定准确地成正比。贵族主义本就如此，这点对理解中世历史是很重要的。此时，错失右族化时机，或财力急剧膨胀后却发现官场的入口早被既有右族占据的豪族，必然要试图抓牢另辟蹊径步入仕途的机会。这种情况下，如果中央政府正好由外戚、宦官当权，则很容易打点人脉，疏通关系。甚至有人趁此势头，由这种旁门左道挤进正途。由此开始明暗两道的对抗，前者称为清流，后者称为浊流，以示区分。这种斗争在东汉末年尤为严重，引发了著名的党锢事件。围绕官僚的地位及其仕途路线，于高下之外又产生了清浊思想，成为官僚制度贵族化的证据，是贵族主义发展的表现。

这种倾向在西汉末年就已存在，但直到东汉末年，似乎才完成了天下所有郡的名族排名。《三国志》卷十三《魏书·王肃传》注引的《魏略·薛夏传》有云：

天水旧有姜、阎、任、赵四姓，常推于郡中。

又《三国志》卷二十三《魏书·裴潜传》注引《魏略·严干传》云：

> 冯翊甲族，桓、田、吉、郭。

以上仅止于地方的名族，其中名族的名族，成为全国的名族，是被称为世代二千石的家族。从《后汉书》中列举一二进行说明：章帝之子济北惠王寿的母亲申贵人，乃颍川人氏，其家代代为二千石官吏（卷八十五）；敦煌盖勋家亦为世代二千石（卷八十八）。再往上追溯，袁绍家族四世出三公，杨彪家族为四世太尉。这种情况的产生，并不是因其家族每代都涌现了能力卓越的人才，说到底很大程度上还是其家庭背景在发挥作用。换言之，东汉时的官僚制，很大程度上是以贵族化形式运行的。

五、曹操政权的出现

自发生黄巾起义，军阀势力开始混战之时，东汉贵族化的官僚体制就变得无法收拾。此时取而代之出现的是曹操政权。曹操是宦官养子，所以本来是从浊流中涌现出的风云人物。然而世道已是战国般的乱世，只凭武力论高下，就顾不得清浊这些贵族主义了。万事皆遵循实力主义。曹操于群雄混战中胜出，从敌军中选拔有才能者加入自己的军队，组织了一支精锐无比的新军队伍。又为了供养军队，实施最切实可行的屯田政策。另一方面，他也不忘记利用地方豪族势力。他仅利用豪族的可用价值，其实用主义与东汉末年朝廷的贵族主义大相径庭。他多次杀害有声誉的名士，可能是由于他本来就不喜欢贵族主义。后世历史学家常称他为权术主义者。

曹操本为汉朝的大臣，同时被封为魏公，不久进爵为魏王，作为诸侯，却被允许拥有自己的政府和领土。对于自己的直属政府，曹操极为重视文官的选拔。他麾下负责人事铨选的是崔琰、毛玠二人。《三国志》卷十二《魏书·毛玠传》中记载：

> 玠尝为东曹掾，与崔琰并典选举。其所举用，皆清正之士，虽于时有盛名而行不由本者，终莫得进。务以俭率人，由是天下之士莫不以廉节自励，虽贵宠之臣，舆服不敢过度。

同传中又注引《先贤行状》：

> 其典选举，拔贞实，斥华伪，进逊行，抑阿党。诸宰官治民功绩不著而私财丰足者，皆免黜停废，久不选用。于时四海翕然，莫不励行。至乃长吏还者，垢面赢衣，常乘柴车。军吏入府，朝服徒行。（中略）吏洁于上，俗移于下，民到于今称之。

由此，在曹操独裁下形成了效率第一的官僚制国家。当时，汉政府之下有魏国政府，但实际上汉政府的人事，也是按照魏政府的意志而变动。所以崔琰、毛玠等人掌握了魏的人事，就相当于能够左右汉朝整体的人事。然而汉朝毕竟也是持续了四百年的王朝，想要将魏的意志贯彻到方方面面也是不可能的。这就是魏政府行动的边界。如果想万事都按魏政府的心意进行，那就只能一举消灭位于其上的汉政府。

所谓九品中正制，也就是我所说的九品官人法，正是在这种时代背景下产生的。

第二章

魏晋的九品官人法

一、是九品中正还是九品官人法

关于九品中正制度，已经有不少优秀的研究成果。早期有已故冈崎文夫博士的著作《南北朝社会经济制度》中的《九品中正考》及其他论文，中国的杨筠如先生所著的《九品中正与六朝门阀》；近来有宫川尚志氏在《东方学报·京都》第十八册发表的《魏、西晋的中正制度》、在《冈山大学法文学部学术纪要》第二发表的《东晋南北朝的中正制度》等极为翔实的论文。还有其他前辈所做的令我受益良多的研究，本书中时有疏于引用之处，烦请参考本书末尾的一览表。这些论文对于订正以往那些误解和俗传大有裨益。例如，九品的区分无疑来自《汉书》的人物表，但是认为魏晋中正对人物所作的点评，也是从上上到下下分为九等的想法，可能始于元朝胡三省《资治通鉴》注（卷六十九"黄初元年"条）的误解。我曾撰写《科举》一书，在略述科举以前的官吏录用法时，未经深思就沿用了胡注的说法，如今宫川先生在论文中阐明，之所以称为九品是由于第一品到第九品的数字顺序，这让我无比欣喜。然而这并不能展现中正制度的全貌。原来延续下来的"九品中正"的叫法，恐怕也是从宋代开始才普及的叫法。在更早的《三国志》卷二十二《魏书·陈群传》、《通典》卷十四等文献中，均称之为"九品官人之法"。因此在《资治通鉴》卷六十九《魏文帝纪》正文中正确写作"九品官人之法"，胡注特别指出：

> 九品中正自此始。①

其实名称为何都无伤大雅，称之为"九品官人法"，如其字面意思，是根据九品录用人员为官；而过去称为"九品中正"，使以往研究的中心过于偏向"中正"。真正的官人法难道不存在了吗？因此我主张回返原本的九品官人法，揭开其先前被隐匿的一面，重新审视该制度的本质及其实际运用情况。

东汉末年，发生了黄巾起义，其后，军阀董卓、吕布先后专横跋扈，进而天下群雄四起割据，中央政府完全失去了对地方的统治。此时，魏王曹操拥立汉朝天子、恢复社会秩序，平定了全国十三州中九个州的叛乱。他卒于建安二十五年正月，其子曹丕嗣位魏王，二月改年号为延康，十月逼迫汉献帝禅位，建立了魏

---

① 关于九品中正的用法，据《子史精华》卷四十八"铨除"条，举出了"九品中正"一词，其下引用《三国志》卷二十三《魏书·常林传》注："国家始制九品，各使诸郡选置中正。"中国人即使将"九品""中正"二词连用，也不过是一起举出，仍然是把它们当作两个不同的制度看待。且《通典》卷十四注中也可以看到："九品及中正，至开皇中方罢。"

朝，改年号为黄初。因此，这一年（220年）内，先后经历了建安二十五年、延康元年、黄初元年三个年号，为历史罕见。

所谓的九品中正制度，即我所说的九品官人法，的确是在延康元年，即二月到九月期间颁布的。该制度的大致内容是，在地方郡国各设中正一职，中正参考乡里的评判，将管辖区域内的人物定为一品至九品的等级，上报政府，政府再按照这个上报的品级任命官员。提出此建议的正是魏王的尚书陈群。

九品中正，抑或称为九品官人法中的九品，大致可以认为指的是中正所下达的点评，即乡品的九品[1]。然而曹魏一代，出现了与之性质稍异的官品九品。汉代的官僚等级体现在秩（俸禄）的数量上，秩的多寡就意味着等级上下。上层即通称万石的三公，月俸三百五十斛；二千石次之，月俸一百八十斛；最后到底层月俸八斛的佐史，共分为十七级。而曹魏时，俸秩的等级之外又附加了从一品到九品的官品等级。三公自然列为第一品；九卿约为秩中二千石，为第三品；依次往下，至县尉为秩二百石，第九品。这种官品制度始于曹魏，之后几经变革，持续了一千七百多年，直至清朝末期。这实为中国历史上的重大事件。中正所定的乡品九品，与中正本身一起，最晚至隋朝已消失殆尽。相比起来，官

---

[1] 乡品一词，我所使用的"乡品"，似乎史籍中未有记载。然因并未找到其他恰当词汇，故取《晋书》卷六十四《会稽王道子传》中"乡邑品第"一词，略称为"乡品"。（增补：此后蒙《史林》四十卷一号发表书评的森鹿三教授赐教，知《世说新语·尤悔篇》中有"迄于崇贵，犹乡品不过也"的记载。又近期看到发表于《历史研究》1990年第6期的陈长琦的《魏晋南朝的资品与官品》中称之为"资品"，然而这种叫法源于中正本来的职务不复存在之后的旧习，是与原本九品官人法的理想相差甚远的产物。）

品的九品则延续到遥远的后世，留下深远的影响。然而根据以往的解释，在中国历史上并没有关于官品九品制始于何时的记载。曹魏记录各官职为何品的官品表，虽然幸运地被遥远的后世编纂进《通典》卷三十六《职官》中，但因并未记载开始年代及设立目的，后世的学者考证起来也并无头绪，只好不了了之。

那么官品的九品，与中正品评人物时所定的乡品九品之间，有何种联系呢？以往都太过拘泥于"九品中正"之名，将"九品"与"中正"太过紧密结合，凡历史上出现"九品"二字都解释为中正的乡品，与官品的九品几乎没有关系。或者倾向认为乡品的九品不久后推广到官职里，因此官品的九品就不知不觉产生了。

可是仔细想来，现如今所说的九品中正制度，如上所述本来应该称为九品官人法。顾名思义，是按照九品来录用官员的一种方法。因此，毋庸置疑，中正所评的乡品九品在其中占有很重要的地位。与此同时，官品的九品也在人事铨选方面起着重要作用。不能认为官品的九品与九品官人法没有关系。倒不如说，九品官人法中的九品，应既包含乡品的九品，又包含官品的九品，二者同时成立。这样一来，为何九品官制的开始时间不见于历史记载这个疑虑可一举打消。我想进一步将其解释为，在官职分为九品的前提下，与之相应地，中正乡品也采取了九品这样的形式。但正如诸家所言，中正所评定的乡品九品，并不一定原封不动地表现为官职的九品，即乡品获得二品的人，并不会直接被任命为二品官员，历史上也并未看到过这般实例。这种差异在之后会做进一步说明，从顺序上来讲，我们有一个首先必须要解决的问题，那就是这种划时代的崭新制度，为何特意选在汉魏交替之前的延康元年这样动荡的时期来实施呢？

二、九品官人法的起源

曹操尚未去世时，汉魏两朝的更迭似乎就在策划中，并且也是可预见的。可以认为以曹操的死为契机，此事一度表面化。因为曹操自比周文王，他死后，其子曹丕作为第二代魏王，当然为武王。然而当时的汉朝并非丧失了全部实权，它毕竟是经过西汉东汉、前后绵延四百多年的历史悠久的王朝。这种时候的改朝换代，不能与后世的禅让一概而论。除王莽之外，这是中国历史上第一次禅让，对于要夺取帝位的魏国来说，无疑是一个大冒险。事实上，在曹操死后不久，汉魏之间似乎就面临过剑拔弩张的紧张局面。[①]仔细想来，这难道不是改元的问题吗？即曹操死时的建安二十五年，从中途的三月开始被改为延康元年。曹操名义上不过是汉朝的丞相，因丞相之死而更改年号实属异常。我们以为改元应为魏国提出，而似乎事实上却并非如此。因为"延康"二字意为延续小康的状态，这毋宁说是体现了汉朝廷的希望。魏国倒

---

① 关于曹操死后的状况，《三国志》卷十五《魏书·贾逵传》记载，曹操死于洛阳，而太子曹丕在邺，因此首先到达曹操身边的是曹丕之弟曹彰，曹彰曾向主簿贾逵询问魏王的玺绶所在。贾逵拒绝将玺绶交与曹彰，将曹操灵柩运往邺。又据《三国志》卷二十二《陈矫传》，曹丕即魏王之位时，不待天子诏命，根据魏太后之令即位，自行大赦天下。《资治通鉴》卷六十九记载，曹丕自行即位大赦天下之后，天子的策诏才到。

是更愿意将建安二十五年作为汉朝最后一年，之后迅速实施革命，革命后再理所当然地改为相应的年号。因此曹操死后立即改元，对魏国来说反而是自找麻烦。汉朝先下手为强，改元延康，旨在打压魏国气焰。因为改元可以看成是一场小型革命，汉试图通过改元这样的小革命，来阻止即将席卷而来的大革命；同时向天下宣告，改元的权力当然属于汉朝，意在恢复缺失的主权与领地。另一方面，这件事更加刺激了魏国，魏国试图在汉帝与新魏王之间的个人君臣关系还未确定时实现禅让，于是更加强力地推进革命的准备。划时代的九品官人法，就是在如此动荡不安的气氛中设计的新制度，乍一看不可思议，仔细想来会发现，正因为是在汉魏禅让前夕，才更需要对官吏选举法进行某种修正，而这种修正，以九品官人法的形式体现了出来。

　　之所以这么说，是因为汉魏的禅让带来的最大问题，其实是如何对待汉朝的官僚。当时汉朝廷位于洛阳，虽说规模已经缩小，但是百官俱全。与此相对，曹氏身为汉朝丞相，又被封为魏王，另以邺为都，也是一个百官俱全的小朝廷。如此说来当时的中国恰似日本的幕府时期，拥有双重政府。参考附表一（460页）可更加明了这种状态。一旦汉帝禅让于魏王，形式上本应魏王进入汉朝廷，而实际上却是魏国的官僚占据中央朝廷，此前汉朝的官僚自然就失业了。如果他们知道自己要失业，必定极力反对汉魏禅让；如果魏国强行实施禅让，不一定会发生什么大乱。因此为了使禅让顺利进行，就必须将汉朝的官僚尽可能多地吸收进新的魏朝政府，保证他们不失业，让他们安心。可是既然目的是消解双重政府、将其统合为一，就必然不可能将汉朝官僚保持原状地直接并入魏的官僚体系中。暂且废除汉朝官僚体系，恢复官员个人身份，再根据个人才能在新政府中为其安排合适的官职，此为最现实的解决方法。

然而，就算即将成立的魏朝政府欢迎汉的官员以个人身份加入，也并非全然没有附加条件。原因之一即汉朝官僚的素质问题。汉末的选官，在曹操之前都极度腐败。灵帝时宦官专权，开西园公然卖官，这也并非久远之事。可是在曹操的魏国，毛玠等人掌选举，极为严格地选拔官员。因此魏朝虽小，官僚却都是精心挑选，组织有方，断然不能大手一挥，让腐败的汉朝官吏趁机而入，所以有必要按照魏国的标准来进行一次资格审查。九品官人法的献计者陈群，如此叙述其目的：

天朝选用，不尽人才。(《通典》卷十四)

所指正是此事。且称汉朝为天朝，用以区别魏国，这一点我们当注意。[1]魏国很难将汉朝官僚全部无条件纳入的另一个原因，在于魏国担心汉朝的官吏中还根深蒂固地残留着反魏情感，毕竟是前后绵延四百年的汉朝，不可能旦夕间一败涂地。况且曹操曾经杀

---

[1] "天朝选用"一词，《通典》卷十四记载："延康元年，吏部尚书陈群，以天朝选用，不尽人才，乃立九品官人之法。"文中的"以"字，是引用上疏语句表达其大意时使用的字。《太平御览》卷二六五中载有"司空陈群"，司空乃他之后所就官职。同时此处又作"天台选用"，"天朝""天台"均指代汉朝。

害了汉朝皇后伏氏及其一族，曹操去世前两年时，东汉的开国名臣耿况的子孙——时为少府卿的耿纪曾起兵反对曹操。由此可见，接收汉朝官僚个人的魏国，确实有必要进行一遍人物资格审查。九品官人法事实上正是为了响应这一需求而创立的。

三、九品官制与九品官人法

这种资格审查从结果上来说必须要体现魏国的意志，而如果政府来做的话，必然会被指责缺乏公平。于是将资格审查委任于原籍地，由此就产生了郡国的中正。中国自古以来在选官方面就有"乡举里选"的理想，即应按照当地的舆论、乡评等来录用官吏，汉代的孝廉制度也有这种意图。本来孝廉的推荐是地方官即郡太守基于乡评进行的，而此时郡太守自身都不得不接受资格审查，因此才在郡国中另选一位本地人作为中正，将资格审查的工作委任给他。此时产生的问题是，本次资格审查是针对汉朝官僚的，那魏国的官僚也必须同时接受审查吗？答案可能是，九品官人法建立之初意在公平，设特殊的中正职位，并作为一般法律发布，魏国的现任官僚恐怕也不能避免审查。当时的情况，《三国志》卷二十三《魏书·常林传》注引《魏略·吉茂传》中有记载：

先时国家始制九品，各使诸郡选置中正。差叙自公卿以下，至于郎吏。功德材行所任。

应注意的是，从公卿之下直至郎吏的现任官的审查，均为中正的任务。此乃中正最初的目的，也是九品官人法的用意。

如上所述，中正对人物的点评，分为一品到九品九个等级。那么这九品又有何种含义呢？《汉书·古今人表》的九品虽同样为九品，但是将中中作为普通，往上直到上上，往下直到下下。很难想象在中正的九品体系中，下下的人物会被定为第九品。那么中正九品到底是以什么为标准划分的呢？其标准，就是与官品之九品相应的九品，即中正若判断某人拥有将来可担任二品官的才德，则将他评为第二品。换言之，乡品九品的存在是以官品九品的存在为前提的。

那么魏朝官品的九品又是怎样的性质呢？其性质大致根据汉朝的秩数而定。我将二者相比较，找出共同点制作了表二。由此可大概了解官秩变为官品的标准。

从表二中可看出，按照新制，以往二千石以上的公卿大夫被分为从第一品到第五品；以往的千石以下六百石以上，即上士，相当于第六品或第七品；四百石以下二百石以上的长吏，即大概相当于下士阶层的人，为第八品、第九品。百石以下的庶民基本省略，但有两种例外。一为中央政府的令史、书令史，被包含在第八品、第九品之中。这是中央集权发展的结果，此职位因其重要性，故不得不相应提升其地位。另一为乡的有秩、三老，如上所述，可视为对汉朝以前尊老制度的保留。

表二　汉朝俸秩和魏朝官品的比较

东汉		魏		
秩	官	官	品	
万石	三公	三公	一	公卿大夫
	大将军	大将军	二	
中二千石	九卿	九卿	三	
二千石	州牧	州领兵刺史	四	
	郡太守	郡太守	五	
千石	京兆大县令	诸县、署令秩千石者	六	上士
六百石	诸署令、京兆次县令	诸县令相秩六百石以上者	七	
四百石	少府黄门署长等	诸县、署长	八	下士
三百石	京兆小县长	诸县、署丞	九	
二百石	太史丞等			

　　再者，重新审视表二会发现，上层的两千石以上在新制中严格地区分了官品的等级，而与此相对，下层的四百石以下却有将已有的级别合并混同之感。换言之，我们据此足以推测，重新确立官品的目的，并非针对下层，而是主要着眼于上层。而此事与中正的乡品并非毫无关系。这一点请容后叙。

　　最后必须表明，表二不过是一个大概的标准。从汉初制定了与官职相应的俸秩以来，到汉末这期间，社会状态发生了巨大改变，因此官职的职务与重要性也随之发生变化。魏的官品直接反映了这种时势的变迁，尤其是尚书地位的显著变化。

　　可以说，汉代官制与曹魏以后官制的最根本区别在于，汉代的政治是三公政治，而魏以后的政治为尚书政治。尚书本为天子的直属秘书官，虽说从东汉光武帝以后尚书渐渐开始掌握权力，但在汉代尚为幕后之人。到魏以后，尚书开始登上时代舞台，大放异彩。汉代的三公拥有庞大的幕僚阵容，身为幕僚长的长史俸秩千石，而作为天子秘书官的尚书秩六百石，只有尚书令是千石。及至曹魏，三公的长史为第六品，包含令、仆射在内的尚书却变为第三品，上下完全颠倒，表明当时三公工作清闲，尚书则实为中央官厅。那么新设立的官品，想必主要是按照实际职务的重要程度来确定的。

　　中正判定的乡品为九等，不外乎是以此官品为前提附上的点评。之后汉帝退位，汉朝政府瓦解，其官僚大多各自按照乡品，于魏政府中获得相应的一席之地。《后汉书》卷八十四《杨彪传》中云，他本为东汉末的太尉，当时已隐居，文帝征召他为第一品官的太尉，他应该也与别人一起接受了资格审查，并被定为乡品一品。至此，九品官人法算是暂时达成目的，又因作为一般法律被颁布，其后也继续存在；后来目的稍有变动，主要作为选录新任官员时的参考，中正的乡品也得以存续。

四、乡品与起家官的关系

　　汉魏禅让前夕，作为权宜之计而实施的九品官人法，要成为恒久的制度长期存续，其性质也必须有所改变。这么说是因为最初以现任官为主要考查对象的资格审查，现在变为以新任官员为主要对象。此时必然会遇到中正下达的乡品与实际任官时的九品不能立即对应一致的现实状况。特别是在最初，在乡品中获得二品的话，也不能立即委任其官品二品的职位，中间必定有些许差别。尤其是对于年轻官僚，中正预测其将来而下达的乡品评价，差别应该更大。此时需要审查的几乎均是即将出仕的青年，乡品与官品之间的差距就格外明显，有时甚至毫无关系。

那么掌握评定乡品资格的中正判定一个人将来有成为二品官的资格，是否同时意味着这个人能直接出任二品官呢？答案是否定的。尤其对新进青年来说更是如此。虽说中正的评价本应反映乡品，可当时的乡品大多以预言的形式呈现。从东汉末年的民间士人中就流传一种人物品藻，也大多采用预言的形式。比如有名的人物鉴定家郭林宗就如此评价同郡的王允：

　　王生一日千里，王佐才也。(《后汉书》卷九十六《王允传》)

就是一例。所谓"王佐之才"指的是将来要成为三公的人物。这样的人物评价方法在东汉以后的社会上广为流传，进入魏晋后也在贵族社会中盛行一时。擅长预言的人还会被称赞为"人伦之鉴"。中正根据乡评来判定九品，其九品并非考虑眼下的状况，更要着眼于预测遥远的未来。当时的乡评大多不可靠，常有预测偏离之虞，这可谓是九品官人法的一个本质上的弱点。这一点必须了解清楚。

从实际上录用新任官员的政府当局者来看，对得到中正二品乡品评价的青年，当然不可能即刻委任他为二品官。放眼望去，即使在全国范围内，二品官也至多不过数人或十几人。然而因为任命官员时又必须参考乡品，故而必须按照乡品的高低设立一定标准来安排官员。此时采取的措施就是，根据乡品的等级，按比例调整初任官的官品。

青年首次任官称为"起家"。①《三国志》中记载的人物大多成长于汉朝，因此履历不是特别详细，也没有太注意起家官。而《晋书》列传中的人物大多成长于魏朝，仕途经历记载相当详细。我主要根据《晋书》去了解从魏至晋的九品官人法的实施，尽量多地收集实例探讨中正品评的乡品与起家官品之间的关系。前述宫川先生的论文在此派上很大用场，特此感谢。

（1）霍原：迁尚书吏部郎。（中略）拔用北海西郭汤、琅邪刘珩、燕国霍原、冯翊吉谋等为秘书郎（六品）及诸王文学（七品），故海内莫不归心。时燕国中正刘沈举霍原为寒素，司徒府不从，沈又抗诣中书奏原。（中略）重奏曰："（中略）且应二品，非所求备。但原定志穷山，修述儒道，义在

---

① 起家一词，如字面所示，是自家而起为官的意思。最初并不特别指初任官。《三国志》卷十六《魏书·杜恕传》记载"以疾去官，起家为河东太守"，即为一例。然而，自晋以后，"起家"专用于指初任官。"起家"一般是指任九品流内官，不过也有像《梁书》卷二十五《徐勉传》"起家国子生"那样的用法，还有《世说新语·赏誉第八》注"许劭释褐郡功曹"的用法。郡功曹不是品官，但就此职时，也使用"起家"的同义词"释褐"。

可嘉。若遂抑替，将负幽邦之望，伤敦德之教。如诏书所求之旨，应为二品。"诏从之。(《晋书》卷四十六《李重传》)

（2）张轨：中书监张华与轨论经义及政事损益，甚器之，谓安定中正为蔽善抑才，乃美为之谈，以为二品之精。卫将军杨珧辟为掾（七品），除太子舍人（七品）。(《晋书》卷八十六《张轨传》)

（3）邓攸：尝诣镇军贾混，（中略）混奇之，以女妻焉。举灼然二品，为吴王文学（七品）。(《晋书》卷九十《良吏传》)

（4）温峤：后举秀才，灼然二品[①]。司徒辟东阁祭酒（七品）。(《晋书》卷六十七《温峤传》)

（5）山简：从事中郎缺，用第三品。中散大夫河内山简，清精履正，才识通济，品仪第三也。(《北堂书钞》卷六十八引《镇东大将军司马伷表》)

与谯国嵇绍、沛郡刘谟、弘农杨准齐名，初为太子舍人

---

① 增补："灼然二品"一词，是当时常用套话，语出《温峤传》，据记载，他被举为秀才，因成绩优秀，故按规定授予乡品二品。其乡品二品没有仰赖父祖余光，全靠自己，因此是闪闪发光的乡品二品，故作"灼然二品"。然而在中国，自古存在忌讳用数字表示品级、官阶、勋位等的风气，认为不雅，故省略"二品"，只存"灼然"二字，同"二品"意思相通。根据《温峤传》不同版本，有的只作"举秀才灼然"五字，后面没有"二品"。这种情况，秀才是考试科目的名称，灼然二品是成绩优秀而授予的乡品，二者性质不同，只是背后存在着紧密的联系。《邓攸传》也记载"举灼然二品"，没有明确表示此乡品是何奖赏，恐是秀才或者同类考试科目吧。又郝懿行《晋宋书故》里引用《阮瞻传》的"举止灼然"一句，认为第二个字"止"为衍字，应为"举灼然"。阮瞻因为某种原因而被授予灼然乡品二品，其后拜谒司徒王戎，因满意他的应对，即刻辟召为司徒府掾（七品），如此才合乎情理。但该书将灼然拟作考试科目名称，实难苟同。"灼然"本来是形容词，很难成为独立的名词，尤其是成为制度名称。以上所注根据砺波护教授的建议增补。

（七品）。(《晋书》卷四十三《山简传》)

（6）李含：举秀才，荐之公府，自太保掾（七品）转秦国郎中令（六品）。(中略) 中正庞腾便割含品。(中略) 含遂被贬，退割为五品。归长安，岁余，光禄差含为寿城邸阁督（九品）。(《晋书》卷六十《李含传》)

中正庞腾无所据仗，贬含品三等。(《通典》卷八十八)

我以上述六人的实例，将乡品与其对应的起家（初任官）之间的关系归纳为表三。

表三　乡品与起家官品比较表之一

	霍原	温峤	张轨	邓攸	李含	山简	李含
乡品	2	2	2	2	2	3	5
起家官品	6（7？）	7	7	7	7	7	9

如果想从此表中得出一个大概结论的话，可以与之前的汉魏俸秩官品对照表比较，得出以下结果。即乡品得二、三品者，可从六、七品的上士身份起家；其次乡品得四、五品者，从八、九品的下士身份起家。如果我们进一步假设原则与实施之间存在一些变化的话，就可以将这种原则表达得更为精密。如表四所示，原则大致是，起家之官比乡品低四个等级，也就是说，从起家官开始升迁四等之后，官品与乡品等级变得一致。但实际实施时，应该会允许在上下一品的范围内浮动。

表四　乡品与起家官品比较表之二

乡品	1	2	3	4	5
起家官品	5	6	7	8	9

若上述关系对应正确，则我们如果从某位人物传记中得知其起家之官品，应该可以反过来对其乡品等级进行某种程度上的推测。《晋书》列传中记载的西晋时代以前的人物大概都是从七品官起家，少有从五、六品或者八、九品起家者，接下来我将尝试探讨这些事例，如果能说明上表并无太大破绽的话，那么也可以成为此表真实性的旁证。

五、起家官与乡品的关系

首先，五品起家的例子不多，魏晋时代倒是有数例可举，现略举二三例。一个是魏的最高职位——司徒华歆之子华表。华表年二十，任散骑黄门郎（五品）（《晋书》卷四十四）。时值魏朝建立第四年的黄初四年，因为华表家族权倾一时，中正对其评点也相当宽松，推测当时或被评定为一品。第二个例子是后来成为晋武帝的司马炎。司马炎从给事中（五品）起家，《晋书·郑默传》记载，当时他也是无人可比的贵公子，十二郡的中正集合在一起为他评定乡品，轰动一时。不过他是实际上的皇太子（孙？），应该是乡品一品。

晋朝以来，这样的人物有王济，他是灭吴有功的王浑之子，

《晋书》卷四十二《王济传》中记载：

> 尚常山公主。年二十，起家拜中书郎，以母忧去官。起
> 为骁骑将军，累迁侍中。（中略）仕进虽速，论者不以主婿之
> 故，咸谓才能致之。

一般公主夫婿要从驸马都尉（六品）起家，王济因是功臣之子，又被评为有逸才、风姿英爽，故可以认为被特举为乡品一品。

中正到底会不会给出乡品一品这个最高级的评价，是由来已久的一个疑问。既然有五品官起家的实例，又《晋书》卷四十五《刘毅传》记载刘毅七十岁告老后，被委任为青州大中正：

> 于是青州自二品已上，凭毅取正。

既然写有"二品已上"，那不妨认为，偶尔也会有一品的评价出现。

其次，从六品起家的情况比较多。首先是与晋武帝同时获得乡品的郑默，《晋书》卷四十四《郑默传》云：

> 默字思元。起家秘书郎。（中略）初，帝以贵公子当品，乡里莫敢与为辈，求之州内，于是十二郡中正佥共举默。

中正在评定乡品时为示公平，必须举出与之类似的一人进行比较

（伦辈）。评价武帝时，用来类比的就是郑默。郑默因比武帝年长大约二十三岁，所以应该不是同时获得乡品的。如果武帝为乡品一品，那么能与之比肩的郑默的乡品应该不下二品。

还有，著名的竹林七贤之一的嵇康之子嵇绍，当权者山涛意图任命他为秘书郎时，晋武帝说道，嵇绍若真是如你所说的优秀人才的话，岂止是秘书郎，该当秘书丞。遂立即任命嵇绍为秘书丞（六品）。他的乡品应当是二品。（《晋书》卷八十九《忠义传》）

下面这个例子与上述六例中（6）李含的例子相似。阎缵因受到继母的阻挠，长久以来未能得到中正评定的乡品。后来继母悔过，向中正坦白，阎缵获得乡品，被辟召为杨骏太傅府的舍人（九品）。恐怕因为这样的缘由，他被评为五品的乡品。尤其还提到他家本为寒门（《晋书》卷四十八）。

一旦上述乡品与起家官之间的关系能够确定，我们就可以进一步探讨在九品官人法中是否存在汉代的任子制度。汉代的任子制度，指的是吏二千石者奉职若满三年，便可使其同胞兄弟或者儿子中的一人为郎的制度。进入魏以后，比起俸秩，官品更可以显示等级的高低，那么高官父亲的官品，与其子的乡品之间是否有关呢？如果有的话，应该是会表现在父亲的官品与其子的起家官品之间的关系上。前面我从魏朝名门子弟的起家官入手，推定其乡品，仅引用了华表、郑默和司马炎三个例子。事实上如果进一步收集，还可以找到十多个同样的例子。现在把它们用简单的表格展示出来，即表五（见98—99页）。

表五中，能明确起家官的有高光、荀颐、贾充、杜预和陈骞

五例；年二十（弱冠）以下者，有华表、卫瓘、钟毓和司马骏四例，推断此四例为起家当不会错，因为当时二十岁大体被视为初仕的年龄。但是，华表的年龄据《晋书》记载为二十岁，而《三国志》卷十三《华歆传》注引《华峤谱序》中则记为年二十余。前者的记载应当是正确的。本表的缺陷是，将其他人最初出现的官名直接视为初任官，即起家官。不过即便如此，这般排列观察，所做出的推断应无太大不妥。

表五中首先应注意到的是，一品官的儿子都从五品起家。这显然具有任子制度的意味。这样的事例较少，是因为这种情况本就罕见。要在儿子二十岁之前就成为一品官，父亲必须特别早地出人头地，或者特别晚地生养儿子。可以说正因为是处于战国一般的曹魏时代，所以才有出现五例的可能。司马骏是司马懿五十五岁所生，父亲考虑到自己的年迈，所以儿子年仅八岁就让他起家了。

如若父亲并非一品官，儿子还能从五品起家，各自都有特别的理由。曹爽与夏侯玄对于魏王室来说，一个是宗族，一个是姻亲，有着无法切断的情分。魏王室对近亲敬而远之，依靠远亲，因此二人相当于其他王朝中宗室的作用。

杜恕因故出仕较晚，为明帝特旨提拔，所以和一般的起家不同。恐怕是越过了乡品一、二级。司马炎的起家年代不明，但是，因为司马懿的长子司马师（景帝）没有儿子，次子司马昭的长子司马炎就是司马家的嫡孙，因此可以认为他的起家与其父当时的官职没有关系。总而言之，五品官起家的人，或是王室，或是代

表五　魏朝起家官与其父官职的比较

姓名	初任官推定（官品）	初任年代	父名
1 曹爽	散骑侍郎（五）	文帝即位后	曹真
2 华表	散骑黄门侍郎（五）	黄初四年，年二十	华歆
3 王肃	散骑黄门侍郎（五）	黄初中	王朗
4 高光	太子舍人（七）	黄初中？	高柔
5 钟毓	散骑侍郎（五）	太和以前，年十四	钟繇
6 夏侯玄	散骑黄门侍郎（五）	太和二年，弱冠	夏侯尚
7 杜恕	散骑黄门侍郎（五）	太和中	杜畿
8 陈骞	尚书郎（六）	明帝太和中？	（养）陈矫
9 陈泰	散骑侍郎（五）	明帝青龙中	陈群
10 贾充	尚书郎（六）	青龙中？	贾逵
11 卫瓘	尚书郎（六）	明帝中，弱冠	卫觊
12 荀颉	中郎（八）	魏时	荀彧
13 司马骏	散骑侍郎（五）	正始初年，八岁	司马懿
14 王浑	大将军曹爽掾（七）	齐王正始中	王昶
15 杜预	尚书郎（六）	正元、甘露时期	杜恕
16 郑默	秘书郎（六）	嘉平中？	郑袤
17 司马炎（武帝）	给事中（五）	嘉平末？	司马昭（文帝）

当时父官名 （官品）	备考
黄初三年上军大将军（二）	魏宗室，《三国志》卷九
司徒（一）	《三国志》卷十三、《晋书》卷四十四
文帝初司空（一）	《三国志》卷十三
黄初四年廷尉（三）、后任太尉	《三国志》卷二十四、《晋书》卷四十一
明帝时太傅（一）	《三国志》卷十三
征南大将军（二）	魏姻族，《三国志》卷九
殉职，尚书仆射（三）	《三国志》卷十六
明帝初任尚书令（三）	《三国志》卷二十二、《晋书》卷三十五
明帝初年开府司空（一）	《三国志》卷二十二
身故，豫州刺史（五）	魏功臣，《三国志》卷十五、《晋书》卷四十、《世说》上下注
身故，明帝尚书（三）	《三国志》卷二十一、《晋书》卷三十六
身故，曹操功臣，后赠太尉	《三国志》卷十、《晋书》卷三十九
太傅（一）	《晋书》卷三十八、《世说》卷上上
征南将军（三），后任司空	《三国志》卷二十七、《晋书》卷四十二
身故，幽州刺史（五）	娶司马昭妹高陆公主，《晋书》卷三十四
嘉平中侍中、少府（三）	司马氏谋臣，《晋书》卷四十四
持节都督将军（三）	《晋书》卷三

王室掌握实权的一族，或是一品官之子，每个都是郡国中正所无法触摸的云端之人，故中正只能按照指令合乎上意地行事。

若是果真如此，那说明乡品二品以下才是中正实际操作中可以自由裁夺的范围。乡品二品的起家是六品官，在魏的实例中以尚书郎居多。这显示出魏代官分清浊的流品思想尚不发达。在之后的晋代，世人不喜欢被实务烦扰的尚书郎，六品起家都以秘书郎或者佐著作郎等贵族式的清官为目标。

六品起家者，若被中正授予乡品二品，则可知此二品不单是个人的才德，其背景也起了相当大的作用。卫觊是明帝时的尚书，陈矫为同一时期的尚书令，虽说官品是三品，但尚书是实际的中央政府，实质上相当于二品以上。杜预不但是名家之子，还是当时掌权的司马氏之婿。贾逵是曹操、曹丕两代的丞相主簿，特别是曹操死后曹丕兄弟争权，他也是拥立曹丕的有功谋臣。他辗转担任邺城令或豫州刺史这些位低权重的职务，为曹氏殚精竭虑。[①]同样的还有郑袤，是司马氏的大总管。如果没有这样的背景，似乎不会轻易获得二品。

接下来，关于七品起家者，其父在当时都是三品官。七品起家者为乡品三品，此乡品是来自其父官职的任子，还是偶然的巧

---

① 关于贾氏，贾氏自贾逵出任曹操、曹丕两代的丞相主簿而成为开国功臣以来，就成为魏晋名门。其家系似乎出自商人。《晋书》卷五十《庾纯传》记载，庾纯与贾逵之子贾充相争时说："且有小市井事不了，是以来后。"这是讥诮贾充祖先为市魁。贾逵在明帝时代担任豫州刺史，死于任上。根据《晋书》卷一《宣帝纪》记载："帝寝疾，梦贾逵、王凌为祟，甚恶之。"王凌为宣帝所杀，或许贾逵之死也有什么隐情，不过这就不得而知了。

合，难以下定论。当时一般名家子弟的优秀者基本上都可以获得乡品三品，通常从公府掾属起家。

最后必须注意的是荀颢。其父乃曹操的开国功臣、举世闻名的荀彧。据说他宁愿以汉臣自居，晚年被曹操猜疑而不遇。即便如此，其子荀颢出类拔萃，后为晋的佐命功臣，官至太尉。他在魏代几乎不受重视，好不容易当上八品的散职中郎，而这似乎也是其姐夫陈群运作的结果。由此可见，魏代的人事极为功利，只巴结当时的权势家族，对过去的人物不屑一顾。赏识并拔擢荀颢的是司马懿，因此他才对司马氏忠心耿耿。

晋代以来留下不少起家官的记载，方便于研究。现从《晋书》中选取自五、六品官起家的不同事例，总结成表六（见下页）。不过秘书丞郎和佐著作郎将另做考察，此处概不涉及。

根据表六可看出，在晋代，父亲为一品官则其子从五品官起家的规则没有变化。然而这样的例子渐渐变少，因为随着社会安定下来，很难建立官至三公的功绩，进入东晋以后三公的任命变得很少。结果，谢绝从五品官起家这个理所当然的权利的风气流行开来。郗愔就是这样一个例子。

五品起家的王济、虞胤，及六品起家的羊玄之、缪胤，这几例中王室外戚的姻属关系发挥了很大作用。刘弘是因少时与还未登基的武帝私交甚厚这种个人关系被提拔，不过太子门大夫这一官职并非清官，因此贵族社会不以为意。王浚倒是看起来有任子的属性，但也并无实据。

此表中，除中书郎之外，其他官职都渐渐被世人所不屑。比

表六　晋代起家官与其父官之比较

姓名	起家官（官品）	起家年代	父名	起家时父官（官品）	摘要
1 何遵	散骑黄门郎（五）	晋初	何曾	武帝践祚拜太尉（一）	《晋书》卷三十三
2 刘弘	太子门大夫（六）	武帝初			武帝旧恩《晋书》卷六十六
3 王浚	驸马都尉（六）	武帝泰始中	王沈	身故骠骑将军（二）	《晋书》卷三十九
4 羊玄之	尚书郎（六）	泰始中？	羊瑾	右仆射（三）	瑾，景帝羊皇后从父弟《晋书》卷九十三
5 王济	中书郎（五）	泰始中二十岁	王浑	泰始九年征虏将军（三）	尚武帝公主《晋书》卷四十二
6 裴頠	太子中庶子（五）	太康二年	裴秀	身故司空（一）	《晋书》卷三十五
7 缪胤	尚书郎（六）	惠帝初？			安平献王司马孚外孙《晋书》卷六十
8 虞胤	散骑侍郎（五）	元帝初	虞豫	早卒	元帝琅邪王妃弟《晋书》卷九十三
9 郗愔	散骑侍郎（五）不拜	成帝咸和七年弱冠	郗鉴	咸和四年司空（一）	《晋书》卷七《晋书》卷六十七

如散骑侍郎在魏代最为世人看重，《三国志》卷十六《魏书·杜恕传》注引《魏略·孟康传》：

> 康字公休，安平人。黄初中，以于郭后有外属，并受九亲赐拜，遂转为散骑侍郎。是时，散骑皆以高才英儒充其选，而康独缘妃嫱杂在其间，故于时皆共轻之，号为阿九。康既无才敏[1]，因在冗官，博读书传。

可知此职既是清官，又是闲职。然而官职之所以尊贵，在于其数量稀少。例如像散骑这样的员外官，由于人数的增多，价值也随之下降。此时取而代之、日渐声名显赫的是秘书郎。秘书郎比散骑侍郎官品低一级，却被认为更加优渥。此容后述。

如果说父亲获得的地位以某种形式传给儿子是任子精神的话，那么九品官人法恐怕从成立伊始，就践行了这种任子精神。换言之，九品官人法之中留存着汉代的任子制度。但是，汉制是以二千石以上为分界，而九品官人法则如上所述，是将二千石以上者细分为五品，主要着眼于第三品以上的官员子弟，第四、五品的官员之子在任子上则不大被重视。任子制如此反复的话，与贵族制度就别无二致了。从这点来讲，可以说九品官人法从一开始就隐藏着贵族化的风险。

---

[1] 引文中的"无"，中华书局本《三国志》作衍文处理。——编者注

六、乡品与官吏生活

由此看来，可知中正所授乡品与人物的官场生活有重大关系。首先，初任官的起家条件差别甚大。乡品一品姑且不论，乡品二品从六品官起家，与乡品五品从九品官起家，出发点就已有三等差距。而且在以后的官位晋升中，似乎还会有不少差别对待。从起家官开始的仕途晋升，已经被所获得的乡品等级大致决定了。如前面所引用的山简一例，根据规定，六品官的公府从事中郎须用乡品三品者。此外与之相似的是东晋以后，《晋书》卷七十六《王彪之传》载：

> 秣陵令三品县耳，殿下昔用安远，谈者纷然。句容近畿，三品佳邑，岂可处卜术之人无才用者邪！

秣陵与句容二县都应任用乡品三品者，然而对照前后文来看，似乎秣陵为小县，句容为大县。可能秣陵县令是七品官，应为乡品三品者的起家官；句容令恐怕是六品官，因而应该是乡品三品者任七品官后、晋升六品时就任的官职。同样的事例见于《晋书》卷五十四《陆云传》，是西晋末陆云任大将军成都王颖司马时的记事：

> 孟玖欲用其父为邯郸令。（中略）云固执不许，曰："此县皆公府掾资，岂有黄门父居之邪！"

因邯郸自古以来是大县，故县令无疑是秩千石的六品官。惠帝初
期，在仆射王戎献计下，规定官吏必须先任地方县令（长），之后
才能到中央任职。所以，乡品三品者首先被公府辟召为掾属，去
地方上出任一次县令，然后才可以被授予中央的官职。《晋书》卷
四十三《王戎传》记载：

> 迁尚书左仆射，领吏部。戎始为甲午制，凡选举皆先治
> 百姓，然后授用。

不过东晋以后，这种制度渐渐废止了。

　　上述公府从事中郎是乡品三品者应就任的职位，根据《晋书》
所见实例，几乎所有都是由公府掾属或者参军等七品官起家者担
任，但并非没有例外。《晋书》卷六十九的刘隗是秘书郎（六品）
起家，任元帝的从事中郎；《晋书》卷四十三的山涛、卷五十八的
周札都是孝廉出身，郎中（八品）起家出任从事中郎。这表明从
事中郎不必只限于乡品三品者才能担任，同时还要了解乡品并非
评定后就不能再做改动。

　　从事中郎既用乡品三品者，但成为从事中郎的并非不可以被
提拔到三品以上。《晋书》卷七十六载张闿为金紫光禄大夫（二
品），卷七十七的蔡谟为开府仪同三司（一品）。但是这种情况下，
中正恐怕有更改乡品的必要。

　　郡国的中正原本隶属于中央的司徒，与尚书分属不同的系统。
即司徒、中正授予官吏任官资格，而尚书负责官吏实际的任免。

司徒为正一品的高官，实际工作交由其属官司徒左长史、左西曹的掾属处理。郡国的中正似乎采用先由郡国推荐，再由司徒府任命的形式，又分专官与领官。所谓领官，是指在中央政府供职的所谓"内官"，除本职工作之外兼领中正。

中正下属有清定、访问等，负责不停地查访任官者、未仕者的评价，并有权根据评价的好坏随时改订先前评定的乡品。据《通典》卷十四夹注：

> 魏氏革命，州郡县俱置大小中正，各以本处人任诸府公卿及台省郎吏，有德充才盛者为之，区别所管人物，定为九等。其有言行修著，则升进之，或以五升四，以六升五。傥或道义亏阙，则降下之，或自五退六，自六退七矣。

像这样按照需要进行升降。《通典》卷十四中也记载了实例：

> 邰诜笃孝，以假葬违常，降品一等。

但是《晋书》卷五十二《邰诜传》里并无此事。《通典》卷六十还有一例，南阳中正张辅向司徒府告同郡韩预在服丧期间成婚一事：

> 伤化败俗，非冠带所行。下本品二等，第二人，[①] 今为

---

① 中华书局本《通典》第1696页据北宋本、傅校本、明抄本等改作"下品二等，本品第二人"，详见《通典》第1708页校勘记。——编者注

第四。

反过来也有提高乡品的事例，如上述张闿、蔡谟，他们最初的乡品是三品，在晋升二品、一品官之前，乡品一定已经做了修改。

七、官僚金字塔的内部构造

官僚制越往上层人数越少，越往下层人数越多，呈现为金字塔形。这个金字塔不是简单的往上堆积，而是从上到下存在统属关系、晋升关系等若干渠道。官僚制度越是完善，这个渠道就越宽阔强固。因当下研究的是九品官人法，故在此沿着魏晋时代官僚金字塔的晋升渠道，一窥其内部究竟。

起家的官品既由乡品决定，且其后大致的升迁途径也已确定，如此则可在该金字塔的内部勾勒出脉络来。当然受政治和人事等无法预料的情况影响，并非所有官吏都机械地按此路径活动，不过也并非毫无规则可循。下图只是将最典型的人事变动形式以图表展示，事实上一定会有所变化。其实我们在正史列传中能见到的人物经历，更多的反而是属于打破标准形式的特殊情况。虽说每个人的情况各不相同，但是不可以就此完全否定原则的存在。

看一下后面这幅完成的图，从中可以发现一些新的事实。首先，同级的官品也可以因其与乡品的关系被分成几类。例如六品官，是乡品二品者的起家官，也是乡品三品者从七品官晋升就任的官职，以此类推，最后是乡品六品者从底层一步步晋升的顶端，共有五种类型。不过对于每一官员，所任的官职属于哪种类型，如今已经不得而知。只能知道从事中郎为乡品三品者所任之官，以及由公府掾晋升为县令是最普通的途径，此外更多信息就无法准确说明了。如果认真统计《三国志·魏书》《晋书》的列传，可能会在各官品中找到像从事中郎那样能够表示乡品特点的官职，但眼下时间并不充裕。不过值得注意的是，如秘书郎和尚书郎（六品），可以作为乡品二品的起家官，同时也可以通过自下而上的晋升担任。因此要精确划分五种类型是非常困难的。

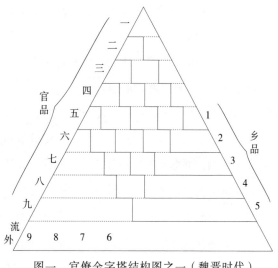

图一　官僚金字塔结构图之一（魏晋时代）

以六品官为例，如果六品官与乡品的关系大致可以分为五种类型，则在同一官品中难免出现优劣之分。例如，同样是六品官，秘书郎一般由最优秀的青年官吏、乡品二品者就任；从事中郎由次一级的乡品三品者担任；其下的侍御史通常是由那些年老的乡品六品者在即将退职前担任。可见个人经历一定会影响官职的优劣。优秀者所任官职称为清官，低劣者所任官职称为寒官（浊官）。根据上图，官职越往右越清，越往左越浊。且从整体来看，以折线为界，从右上到左下，根据清浊程度形成若干层级。九品官人制恐怕也与当初的预期相反，在上下之外又形成了清浊的区别。官职的变动，不是只有向上才算升迁，由浊入清也是成功。

关于官位的评价，除上下清浊之外还有一个标准，那就是要职与闲职。区别要职、闲职，根据看重原则还是现实，会出现不同的观点。太学博士、助教等学官因为是掌管教育的官职，有认为它是至高要职的看法；但如果政府对教育不热心，它就成了毫无用处的闲职。《晋书》卷九十一《儒林传》云：

自魏晋以来，多使微人教授，号为博士。

可见太学博士不仅是闲职，而且接近于浊官。

御史中丞、侍御史等整肃官规的职务，地位重要，却因肩负弹劾他人之职而遭到厌恶，虽然是要职，却不是清官。相反，司徒左长史在司徒之下，为实际总揽中正乡品之职，吏部郎负责下级官吏的任免，因此他们既是要职，又是清官。

地方官一般在清浊之外①，根据地点的重要性决定是要职还是

① 甲午之制。《通典》卷三十三"县令"条讲晋制："不经宰县，不得入为台郎。"

闲职。地方官的俸禄收入比中央官吏多，但基本在中央有出人头地希望的人不愿意出任外官。《世说新语·品藻第九》注引《中兴书》记载：

> 王述从骠骑功曹出为宛陵令。述之为宛陵，多修为家之具，初有劳苦之声。丞相王导使人谓之曰："名父之子，屈临小县，甚不宜尔！"述答曰："足自当止。"时人未之达也。后屡临州郡，无所造作，世始叹服之。

通过这段逸话可以看出，名族对出任地方官感到痛苦。这是东晋初期的事情，稍后《南齐书》卷五十二这样记载丘巨源：

> 除武昌太守，拜竟，不乐江外行。

不过因为外官的收入多，所以也有贫穷者自请外任，被称为请"外禄"，或只称请"禄"。外任归来时常常腰缠万贯，这被称为"还资""归赀"。有人把"还资"的一部分献给天子，此为"献奉"。

至于人事的进退，不仅有官位上下之别，还出现了清浊、要闲之分，因此既要满足本人的愿望，又要晋升其官位就非常困难。即使特意为某人升官，却升到了浊官上，如果此人之前一直都处于下层的清官，就会不领情，甚至予以拒绝。为了调和这种不满，于是产生了加官制度。即如果某人必须担任某一算不上是清官的实职时，就会在此实职上加上同品或是高一级的清官之名。常被用来加官的多是散骑常侍、散骑侍郎等员外所设之官。然而麻烦的是，清官受人欢迎是因为稀少，后逐渐滥加，不少庸俗鄙薄之人也拥有清官头衔，令从前的清官失去了作为清官受人尊崇的地位。《唐六典》卷八"左散骑常侍"条注记载：

> 自宋以来，用人杂，故其官渐替。梁天同虽革选比侍中，而人终不见重。

这些清官的价值滑落。与此相反，像司徒左长史、尚书令、仆射、吏部郎，这些不置员外的清要官日益受人重视，有人不惜降低官品也要得到这些官位，从而引发了升迁顺序与官品表不一致的情况。

所谓官职的清浊，其实是非常相近贵族主义的思想，具有直接转化为贵族主义的性质。实际上，历史的事实也能证明官职清浊思想与贵族主义的发展是并行的。为了记述方便，我在前面的论述中尽量不过多涉及魏晋间贵族制的发展，在此我们有必要回头考察一下魏晋的中正与九品官人法的变迁，尤其是贵族化方面。

八、九品官人法与秀才、孝廉

魏的九品官人法本为纯粹的官僚性质，在于摆脱门阀而根据个人才德将合适的人才选拔至合适的官位上。然而汉代以来社会基础雄厚的贵族主义刹那间就将该制度改变为贵族性质，或者说九品官人法从实施当初开始就以相当贵族化的方式进行运作，步履维艰。

前面提到的华表，是曹魏功臣华歆之子。他二十岁就官拜第五品的散骑黄门侍郎，时值魏黄初四年（223年），是九品官人法实施的第四年。若他确实被举为乡品一品，那么不得不说此评价过于宽容。华表活到七十二岁高寿，殁于晋咸宁元年（275年），仕魏晋两朝，历任侍中、太子少傅、光禄勋、太常卿等职，最终止于三品官，没能升上二品。据说他是个老好人，同时也可以认为他很无能。

由此可见，他被评为上品，不得不说是看在其父华歆是魏朝司徒的面子上。更何况司徒是中正的总领导，中正当然会对其阿谀奉承。可能就是以此为先例，前述的任子制度才会被引入九品官人法中。权势子弟享受特殊待遇是贵族主义的开始，这样的事例积累起来就会形成贵族制。

也可从其他方面一窥九品官人法的贵族化运作，即与汉代以来其他的选举法如秀才、孝廉、贤良、太学试经等进行比较。作为东汉的常用举荐制度，秀才孝廉制度几乎被魏朝全盘继承，不过是在人数方面略有变化。《三国志》卷二《魏书·文帝纪》"黄初二年"条记：

　　　初令郡国口满十万者，岁察孝廉一人；其有秀异，无拘户口。

规定各郡国举荐孝廉一人，看似比东汉时代少，但其实是人口减少且郡更加细分的结果。《宋书》卷十一《志序》记载：

> 魏晋以来，迁徙百计，一郡分为四五，一县割成两三。

这里虽并没有提到秀才，但秀才大概与前代一样，每州举一人。东汉时为避光武帝讳而改称茂才，后恢复旧名，《通典》卷十三夹注曰：

> 汉曰秀才，后汉避光武讳，故曰茂才。魏曰秀才。

秀才孝廉及第者，同汉代一样任命为郎，不过监督郎的三署似乎已废。《唐六典》卷十五"光禄寺"条记载：

> 魏晋以来，无三署郎。

虽说如此，但其实并非废止三署郎，而只是废止了三署，[①]郎则按其官阶分别被称作议郎（七品）、中郎和郎中（皆为八品）等名称。州郡举荐的秀才和孝廉在中央参加考试，根据成绩定等第，但此等第须与中正所下的乡品对应。由于魏代实例甚少，以下主

---

① 关于三署，《晋书》卷三《武帝纪》"泰始九年七月"条记载："罢五官左右中郎将、弘训太仆、卫尉、大长秋等官。"因此正式废三署应该也是此时。

要论述晋代之制。

秀才的成绩似乎分为三等，不妨暂且称之为甲、乙、丙。甲相当于乡品二品。前述《晋书》卷六十七《温峤传》记载：

> 后举秀才，灼然二品。

此乃最高级别。前述李含亦为秀才，乡品二品，所以他的秀才成绩应为甲。另有《晋书》卷五十五《潘尼传》记载：

> 太康中举秀才，为太常博士。

同书卷七十一《高崧传》记载：

> 举州秀才，除太学博士。

可以认为他们是凭借秀才成绩才赢得乡品二品。此外《晋书》卷六十九记载，刘绥从秀才除驸马都尉（六品）。

其次，乙第对应乡品三品。《晋书》卷七十一《熊远传》记载：

> 举秀才，除监军华轶司马。

熊远后出任丞相府从事中郎，故其乡品无疑应是三品，秀才成绩大概比温峤等人低一等，应该是乙第。又，《晋书》卷四十三的乐广和卷四十四的卢谌均为太尉掾（七品），《晋书》卷六十八的贺循与卷七十六的顾众都是县令（七品），卷五十八的周玘除议郎（七品）。

可是以上所述均为特例，一般人大多只能及第丙等。秀才丙等相当于乡品四品，自八品官起家。而丙等又分上下，同为八品官但上可除为中郎，下则除为郎中，似乎是有这样的差异。《晋书》卷七十《甘卓传》记载，甘卓为湘州刺史时，举桂阳谷俭为秀才，当时几乎没有秀才进入中央，朝廷意图取消秀才策试，谷俭特请求策试：

> 俭耻其州少士，乃表求试，以高第除中郎。

由此可见，丙之上者一般称为高第。不及此等的普通秀才几乎都是除官为同属八品的郎中，应属于丙之下者。也有如《晋书》卷八十八李密那样的特例，李密被荐为秀才而不应举，后以特诏授予郎中职位。

孝廉的资格比秀才稍低，秀才是由州举荐，孝廉由郡举荐。中央的考试，秀才问策，孝廉问经义。即使是庸才，书读百遍也能在经义上取得成就，而文学性的对策则要求才思敏捷。不过根据其成绩获得的乡品似乎与秀才并无区别。即从孝廉的起家官来看，同样分为甲乙丙三等，与秀才的三等完全对应。首先来看甲第的例子。《晋书》卷八十二《陈寿传》对他在蜀国灭亡之后的情况是这样记载的：

举为孝廉，除佐著作郎。

佐著作郎在晋代是六品官，如据孝廉的成绩而被授予乡品二品的话，则当属孝廉的甲等，其价值可等同于秀才的甲等。同样的例子还有东晋的张凭。关于他的记载，见于《世说新语·文学第四》。方便起见，依据其注文所引宋明帝的《文章志》：

凭字长宗，吴郡人。（中略）选举孝廉，试策高第，为愀所举，补太常博士，累迁吏部郎、御史中丞。

如果是按孝廉的成绩评乡品的话，乡品为二品，则反推成绩应属甲等。不过吴郡张氏乃江南名门，又是在东晋，因此也许是考虑其门地给予了宽松评价。

其次是孝廉乙第。《晋书》卷九十《范广传》：

举孝廉，除灵寿令。

《晋书》卷一百《祖约传》记祖约从秀才被任命为成皋令（七品）；又《晋书》卷五十二《阮种传》记载：

察孝廉，为公府掾。

如果以上各例皆是根据孝廉的成绩自七品起家的话，那么他们的孝廉成绩应该都是乙等，应同秀才乙等一样，对应乡品三品。可是上述各例均属极为少见的情况，孝廉通常从郎中（八品）起家。又根据《晋书》卷九十《窦允传》，窦允先为孝廉后为浩亹县长，县长为八品，但因县长是实官，地位多少高于郎中，故应属丙之上。若以上推测准确无误的话，则孝廉就同秀才一样也分为三等，甲乙丙等各自对应。但孝廉从最初就逊色于秀才，因此若非特殊人才，应一概归于丙之下。

九、九品官人法与制科、试经

自汉代以来，就存在着与常设的举秀才孝廉对应的、用以临时寻求人才的选举途径，相当于后世的制科，并且为魏晋所继承。《三国志》卷三《魏书·明帝纪》中"太和四年"条记载：

> 诏公卿，举贤良。

自此开始，魏晋多次设贤良科，此外还有方正、直言等科。[1] 贤良科同样分为甲、乙、丙三等。首先来看应属甲第的情况。《晋书》卷六十《索靖传》记载：

---

[1] 关于方正、直言等科，《晋书》卷五十六《江统传》记载："举高平郗鉴为贤良，陈留阮修为直言，济北程收为方正。"可见方正、直言是不同的科目。此外《晋书》卷七十钟雅被举为四行，《晋书》卷九十一孔衍被举为异行直言。

> 郡举贤良方正，对策高第。傅玄、张华与靖一面，皆厚
> 与之相结。拜驸马都尉。

魏晋时代，贤良与方正通常为两科，索靖得到双方举荐，应该也
参加了两次考试。驸马都尉在后世成为公主夫婿专享的起家官，
可驸马并没有婿的意思。驸马都尉与奉车都尉、骑都尉一起被称
为三都尉，仅是谒见天子（朝见请召）的奉朝请官。

其次来看当属乙第的情况。据《晋书》卷五十二《郤诜传》，
郤诜泰始中举贤良，对策天下第一，不过仅被拜为议郎（七品），
相当于乡品三品。不仅制科，大凡需要考试的场合，虽设有甲第，
但事实上不会有及第者，大多取乙第。所谓对策第一，也只是因
为没有人在他之上，成绩依然为乙第。后来他成为车骑府从事中
郎，因此其乡品三品似乎更成了不可动摇的事实。与他同时举为
贤良的阮种也是成绩上第，立即被除为尚书郎（六品），若郤诜已
为第一，那么阮种就不应在其上。或许因为他曾是公府掾属（七
品），所以晋升了官品。当时初任尚书郎的人还要接受策试（例如
《晋书》卷七十八《孔坦传》），阮种获得第一等的成绩而被任命为
中书郎（五品）。

低于此一等的事例，见于《晋书》卷五十一《挚虞传》：

> 举贤良，与夏侯湛等十七人策，为下第，拜中郎。

这里提到的下第并非成绩最低的意思。一起对策的夏侯湛，《晋书》

卷五十五本传云：

> 泰始中，举贤良，对策中第，拜郎中，累年不调。

与挚虞相比，夏侯湛的成绩当不算好。中第，虽也有中等及第的意思，但此处应理解为考中。中郎与郎中在魏晋均为八品官，但其秩自汉代以来却相差甚远。据《三国职官表》，魏朝中郎比六百石，而郎中比三百石。晋代的秩数虽不甚明确，但无疑中郎位于郎中之上。故贤良的第三等丙等虽均对应于乡品四品，但丙之上自中郎起家，而丙之下则自郎中起家。

　　寒素科与贤良同属于制科。前面提过的霍原就是举此科而获得乡品二品的。据《晋书》卷四十六《李重传》记载，寒素为甲第，故其乡品似限为二品。《霍原传》[①]中还记载了霍原在担任秘书郎或诸王文学之后举寒素科，而他实际上是因寒素科被定为二品以后，才需面对任官问题的。

　　其次，在太学中还存在着学生试经的制度。《宋书》卷十四《礼志》记：

> 晋武帝泰始八年，有司奏："太学生七千余人，才任四

---

① 实际并非《霍原传》，而是见于卷四十六《李重传》："辄参以经典处决，多皆施行。迁尚书吏部郎，务抑华竞，不通私谒，特留心隐逸，由是群才毕举，拔用北海西郭汤、琅邪刘珩、燕国霍原、冯翊吉谋等为秘书郎及诸王文学，故海内莫不归心。时燕国中正刘沈举霍原为寒素，司徒府不从，沈又抗诣中书奏原，而中书复下司徒参论。"——译者注

品，听留。"诏："已试经者留之，其余遣还郡国。"

太学举行学生经义考试时，及第者中最下等相当于乡品四品，参照其他贡举事例，应该相当于丙等。《晋书》卷三十六《刘卞传》记载：

> 卞从令至洛，得入太学试经，为台四品吏。

他因丙等成绩而及第，取得乡品四品资格，出任台吏，相当于一般的八品官。台一般指御史台或尚书省，有时也从广义上将中央政府的官衙都称为台，因此不清楚这里具体指的是哪个官职。通过试经取得更好成绩、获得乡品四品以上的例子则尚未看到。

综上所述，秀才、孝廉、贤良和试经，似乎皆分为甲、乙、丙三等，丙等又有上、下之分。且这些分别与乡品的二品、三品和四品一一对应。现用表七来展示。

表中左侧成绩一列我暂时称之为甲、乙、丙，当时的名称现已无法考证。随着时代发展，《南齐书》卷三十六《谢超宗传》这样记录了之后宋明帝泰始年间的情况：

> 三年，都令史骆宰议策秀才考格，五问并得为上，四、三为中，二为下，一不合与第。（中略）诏从宰议。

表七　秀孝贤良等品级表

成绩	乡品	起家官品	秀才	孝廉	贤良	寒素	试经
甲（上）	二	六	驸马都尉 太学博士 太常博士	佐著作郎 太常博士	驸马都尉	（灼然二品）	
乙（中）	三	七	公府掾 县令 议郎	公府掾 县令	议郎		
丙上（下）	四	八	中郎	县长	中郎		
丙下（下）	四	八	郎中	郎中	郎中		四品吏 （八品官）

五个问题中，如答对两问就可以及第，其成绩分为上、中、下三
等，中第之中又细分为二等，故加起来应共有四等。秀才策试出
五问一事应始于晋代，据《晋书》卷五十二《华谭传》，华谭被举
为秀才来到洛阳时，特为武帝亲策，策问即为五道题目。同卷的
《阮种传》记载，阮种被举为贤良，策问也是五道题目。由此可
见，无论秀孝还是制科，都是五问，五题全部通过，则为我所说
的甲，通过四题为乙，三题为丙上，二题为丙下。也有可能以前
甲称为上第，乙称为中第，丙称为下第。根据前面所举实例可知，
个人传记中出现的高第，不一定就是规则里的上第。宋时又有骆
宰之议，似乎想把以往的丙上提升为乙等。

十、秀孝制度的衰颓

　　关于举秀才孝廉时中正的职务，虽然这是州郡长官刺史、太守的责任，但实际上中正无疑充当了顾问的角色。而具体主持考试的是尚书，天子有时候也会亲自进行策问。根据《晋书》卷六十八《纪瞻传》，纪瞻举秀才时，对他进行策问的是尚书郎陆机，陆机当时可能是尚书殿中郎。这次考试中，不论是策问和对策（答案），都是堂皇典丽的文章。打分可能由尚书进行。而像贤良那样的制举，保举人则不限于中正。举邵诜为贤良的是郡太守文立，举阮种为贤良的是太保何曾，举霍原为寒素的是燕国大中正刘沈。制举的策问采取天子下诏的形式。但是，实际提出策问、审查对策的依旧是尚书。

　　鉴于中正必须根据所得成绩进行乡品评定，因此他们可能被给予了审查答案的权限。中正决定乡品之后，需要获得司徒府的认可，司徒府有时也会行使否决权。比如司徒府曾认为霍原不应举寒素而进行干涉。由此可见，司徒府与尚书分属不同的系统，在乡品确定之前，司徒府是不参与此过程的。霍原被司徒府否决后，中正刘沈上奏天子说明自己并无过失，天子命中书同司徒进行协商，结果中正的主张得以通过，霍原被确认为乡品二品。

　　由此可见，在秀才、孝廉及贤良等制科中，按规定，根据成绩要授予二品至四品的乡品，然而实际似乎极少授予二、三品，一般都控制在四品。而且不利的是，当时贵族主义逐渐抬头，吏部似乎越来越吝啬于给通过个人才能获得上品者授予官位。前面虽然屡屡出现"灼然二品"一词，但其实这就是身份不相称的二品。对于这样的灼然二品，吏部并不立即授予六品官，这一点从前面第93页的表三中可以看出来。换个角度来看，这种现实也可以说体现了司徒府与尚书之间的差异。司徒仅负责审查、授予官吏资格，实际的任命则是吏部的工作。由于司徒府不能干涉吏部的人事，最后仅能发放任官资格，结果掌握人事实权的吏部自然强势。人事权由吏部掌握，而司徒、中正逐渐有名无实，在魏晋之交就已初现端倪。

参加考试不见得会受益，有时反而招损。《晋书》卷五十五《夏侯湛传》记载：

> 幼有盛才，文章宏富，善构新词而美容观，与潘岳友善，每行止同舆接茵，京都谓之"连璧"。少为太尉掾。泰始中，举贤良，对策中第，拜郎中，累年不调。

夏侯湛一度为七品的太尉掾，故乡品无疑在三品以上。然而被举贤良，成绩却一般，可能被列为丙等。因此只被授予乡品四品，改任郎中（八品），且长年淹滞不见升迁。此考试本以选拔贤才为宗旨，结果反而变成抑制贤才的制度。尤其对于权势之家的子弟，他们已然获得或者有可能获得很高的乡品，但此时若再去参加考试，就相当于冒很大的风险。因此举秀孝贤良，变成没有背景的贫寒子弟才会参加，而势家子弟中则流行起即使被举荐也会推辞的风气。如此一来，秀孝的地位就愈发低下，考试渐渐徒有形式，评分也多定为丙等。这样的话，有时甚至停止考试。据《晋书》卷五十一《王接传》，王接于永宁元年（301年）举秀才，然而朝廷却为了庆祝平定赵王伦之乱，免去了秀才的考试：

> 是岁，三王义举，惠帝复阼，以国有大庆，天下秀孝一皆不试，接以为恨。除中郎。

王接被免于考试，授予相当于丙上的乡品八品，除中郎。从此事可以看出秀才考试已完全有名无实。之后相继发生"五胡之乱"、西晋灭亡等大事件，东晋朝廷从一开始就取消了秀孝的所有考试。《晋书》卷七十八《孔坦传》云：

> 先是，以兵乱之后，务存慰悦远方，秀孝到，不策试，普皆除署。至是，帝申明旧制，皆令试经，有不中科，刺史、太守免官。太兴三年，秀孝多不敢行，其有到者，并托疾。

据后面的记载，朝廷自己也深感对学校制度衰落的责任，决定给试经的孝廉七年的延期，准许他们勤加勉学后再次参加考试；因秀才的考试是策问，故直接按旧制进行。然而根据《晋书》卷七十《甘卓传》记载，应该就是这个时期，甘卓举荐的秀才谷俭上京，却发现并无旁人前来参加考试。朝廷无法，想取消秀才考试（谷俭会被授予官职），但谷俭自愿要求而参加了考试。大概自此之后，秀孝的考试从未认真举行，即使举行有时也是有名无实，这件事使秀孝地位更加低下。

　　那么，东汉时代堪称官场登龙门第一途径的秀才孝廉制度，为什么在晋代却被去其精华、徒留其形呢？其实是因为当时的形势已经不再需要秀孝制度。东汉将地方的郡作为一个自治单位，豪族拥有势力，其中与中央有接触者右族化，这一点前文已有叙述。在地方上各郡都大体完成了豪族的排名，从上层的右族到下层的土豪，形成金字塔的形状。然而当时中央尚未形成这样的金字塔，即地方上的贵族已形成阶层秩序，而全国性的贵族制尚未成型。因此中央政府就必须不断与地方右族联络，从地方获得补给，努力在中央也建立一个和地方相同的贵族金字塔。

　　然而魏朝建立后，以强有力的军队为后盾建立起中央集权政府，地方势力则相应地衰弱了。且中央有意识地压制地方，为了方便中央统治而将郡进行细分。那些一度占据了中央政府显贵地位的权势家族，越来越倾向于维持现有地位并将现有地位传给子孙后代。这同时意味着中央也将地方的金字塔作为垫脚石，在此基础上搭建全国性的贵族金字塔。相应地，九品官人法从最初就以贵族式运作，也是形成这种结果的一大原因。魏朝末期对中正制度进行了修改，在郡中正上加设州中正，使得这种倾向更加确定。

十一、州大中正的设置

　　曹魏为实行九品官人法而在地方设置的中正，一般认为最初仅设郡中正。宫川尚志先生在论文《魏、西晋的中正制度》中也提到了这一点。《三国志》卷二十三《魏书·常林传》注引《魏略·吉茂传》云：

> 先时国家始制九品，各使诸郡选置中正。（中略）嘉时还
> 为散骑郎，冯翊郡移嘉为中正。

这里只见到郡中正。但是既然郡有中正，相应地国应该也设有
中正。郡国中正又称为邑中正。燕国大中正刘沈在《晋书》卷
九十四《霍原传》中被称作国大中正，在卷八十九《刘沈传》中
则被称为本邑大中正。"邑"在后世专指县，六朝时则指郡。《周书》
卷三十二《柳敏传》中云：

> 累迁河东郡丞。朝议以敏之本邑，故有此授。

看来并不是在提到中正时才把郡称为邑。中正分为大中正和小中
正，因其资格相异。

　　既然"邑"这个字被用作"郡"的意思，这里便出现了一个
问题，即县中正的存在，因为过去屡屡将"邑中正"用作"县中
正"之意。杨筠如先生的《九品中正与六朝门阀》第18页列举了
晋、宋、北周三代的三种邑中正，以此认为他们对应县邑的大小
中正。可是从人物本身的实际任官经历来看，无疑均为郡中正。
只有在《通典》卷十四的夹注里，出现了之前引用过的记载：

> 魏氏革命，州郡县俱置大小中正。

同书卷三十三"总论·县佐"条中却并无任何关于县中正的记载。虽说是微职，但记录中没有留下一个实例，想来应该是魏晋南朝没有设置县中正一职的缘故。因此《通典》中的"县"字恐怕是类推北朝制度而产生的讹误。

　　州中正是魏朝末期根据魏大臣司马懿的建议设置的。《太平御览》卷二六五引干宝《晋纪》①：

　　　　晋宣帝除九品，州置大中正，议曰：案九品之状，诸中正既未能料究人才，以为可除九品制，州置大中正。

此奏议年代不明，一般认为是在魏明帝死后、其子齐王芳即位的正始初年。当时司马懿任太尉（后为太傅），与宗室大将军曹爽共同辅佐天子。其时双方争雄暗流涌动，司马懿提出这个新方案应是有所图谋。他可能是想趁宗室不能担任中正的机会，让自己的心腹尽可能多地出任各地的州中正，以培植自身势力，并有可能谋求提前秘密联络地方豪族。曹爽之弟中领军曹羲对此加以阻拦。《太平御览》卷二六五引用《曹羲集》：

　　　　伏见明论，欲除九品而置州中正，以检虚实。一州阔远，略不相识，访不得知会，复转访本郡先达者耳。此为问

———————————

① 此条出自《傅子》，作者或是为上文"又曰：干宝称晋宣帝除九品，置大中正"所误。——编者注

州中正，而实决于郡人。

此乃对司马懿之前奏议的回答，无疑也代表其兄曹爽的态度。既然曹爽反对，大概此方案在当时未能实行。大约同一时期，太傅司马懿问时事于夏侯玄，夏侯玄的回复见《三国志》卷九本传：

自州郡中正，品度官才之来，有年载矣。

按照字面意思，无论是州还是郡都早就设置了中正。然而这里的州郡，单纯只是地方的意思。

太尉司马懿被捧上太傅高位，兵权被夺，又受曹爽的压制，最后隐退。嘉平元年（249年），他发动政变，诛杀大将军曹爽及其弟中领军曹羲等党羽，自任丞相，掌握实权。大概州大中正就是在此前后设置的。

州大中正也被称为州都，是州之都大中正的简称。中国常常将位于“大”之上者称为“都大”。尤其是北魏时代，在与州并列的镇设立都大将。根据《资治通鉴》卷一二二“宋元嘉十年正月”条胡注“北魏长安镇都大将”：

都大将，又在镇大将之上。

在后来的赵宋时代，还出现了都大提举、都大发运等号。这些大多是授予地方的临时官职名称，因此在中央任官经历中看不到。

都大中正的用例，可见《南齐书》卷三十四《王谌传》：

> 明帝好围棋，置围棋州邑，以建安王休仁为围棋州都大
> 中正；谌与太子右率沈勃、尚书水部郎庾珪之、彭城丞王抗
> 四人为小中正；朝请褚思庄、傅楚之为清定访问。

这里只有建安王一人，自然应理解作州（之）都大中正；因其简
称"州都"，所以《隋书》卷十一《礼志》所记的梁陈之制：

> 州都大中正、郡中正，单衣介帻。

就难以判定是州（之）都大中正，还是州都与大中正两种。正如
大小中正可以仅称作中正，州都大中正也可以只称为大中正。

　　州大中正的设置与郡中正的性质略有不同。这是因为直到汉
代，地方自治的单位都是郡，而州不过是对郡进行监察的区域划
分，绝非郡之上的行政区。因此郡太守秩二千石，而州刺史不过
秩六百石。州刺史并非驻留一地，而是要不停地巡察各地，检察
非法行为。及至东汉，刺史渐渐演变成为行政官，成为将军，拥
有治所，是统治郡的长官。进入魏晋以来，郡虽然是行政单位，
但其自治色彩浓重；州同样也是行政单位，却有着浓重的中央驻
外机构的色彩。因此比起整合郡的舆论，新设置的州大中正更多
的是下达中央的方针，自然是站在监督郡中正的立场。

　　设置州中正以后，裁定乡品的权力越来越向中央集中，同时

也更加贵族化。首先，州中正的任命是由司徒推荐的。据《晋书》
卷四十五《刘毅传》：

> 司徒举毅为青州大中正，尚书以毅悬车致仕，不宜劳以
> 碎务。

虽然州中正的实际人选由司徒推荐，但任命的文书大概是由尚书
出具，因此尚书有时也会提出异议。又根据后文，司徒在选人的
时候，下符命光禄勋石鉴等人也参加举荐。石鉴与刘毅同州，据
《晋书》卷四十四本传记载，由于他出自身份低微的寒素，应该没
能成为中正。因此司徒在举荐州中正之际，会征求该州出身的高
官意见，却不见继续寻访当地人舆论的努力。总之，中央高官们
的意见成为司徒的意见。

　　州中正得到任命之后，就可以参与郡国中正的任免。《晋书》
卷四十七《傅咸传》云：

> 豫州大中正夏侯骏上言，鲁国小中正、司空司马孔毓，四
> 移病所，不能接宾，求以尚书郎曹馥代毓。旬日复上毓为中正。
> 司徒三却，骏故据正。咸以骏与夺惟意，乃奏免骏大中正。司
> 徒魏舒，骏之姻属，屡却不署，咸据正甚苦。舒终不从。

据此我们可以知道，州大中正可以随意更改郡国中正，而司徒府
又可以任意决定州大中正。而且在郡国，大中正更会参与决定小

中正的人选。《晋书》卷八十八《盛彦传》记载：

> 彦仕吴至中书侍郎。吴平，陆云荐之于刺史周浚，本邑
> 大中正刘颂又举彦为小中正。太康中卒。

又《世说新语·贤媛第十九》注引王隐《晋书》：

> 后晫为十郡中正，举侃为鄱阳小中正，始得上品也。

《太平御览》卷二六五的引文"羊晫"作"杨晫"，且为大中正。
如此，大中正的推荐对小中正的就任很有力。且中正大多由中
央政府的品官兼领，《通典》卷三十二"总论·州佐"条夹注引
《晋令》：

> 大小中正为内官者，听月三会议上东门外，设幔陈席。

可见大小中正需要相互协商而开会，会场设帷幔应是出于保密的需
要。前面提到的陶侃，他任小中正的情况见《晋书》卷六十六本传：

> 补武冈令。与太守吕岳有嫌，弃官归，为郡小中正。

可见陶侃是专任。郡国小中正身为小官，大概多为专任。

魏朝最初设立郡中正的目的在于承认郡中正的独立地位，无

疑非常重视郡的推荐。这种例子晋代以后依然可见。如《晋书》卷
九十四《任旭传》：

> 州郡仍举为郡中正，固辞归家。

但既已新设置州中正，州中正就会插手郡中正的人事。因此产生
了司徒—州大中正—郡大中正—郡小中正这样的统属关系，即把
中正纳入一种可称为官僚组织的系统中，至少形成了上下级的个
人关系，中正于是日渐丧失了其独立性。并且，因上司施压而产
生的愤懑会不时地发泄给下级。

　　如此任命的中正，又会恣意评鉴地方上的官吏候选人的乡品。
晋惠帝时期，傅宣任并州的州都。此事虽并未见于《晋书》卷
四十七本传，但保留在《太平御览》卷二六五所引的其弟傅畅自
序中：

> 兄宣年三十五，立为州都。令〔今？〕余以少年，复为
> 此任。

关于傅宣所定乡品，《文选》卷四十六收录的任彦升（昉）《王文
宪（俭）集序》李善注中，为解释"奔竞"二字说道：

> 晋诸公赞曰：傅宣定九品未讫，刘畴代之，悉改宣法。
> 于是人人望品，求者奔竞。

可见前任评定的乡品可以被继任随意推翻。从第三者的立场公平来看，要么前者对后者错，要么后者对前者错，再或者二者都错，但是绝不可能二者都对。

当然并不是说中正所评定的乡品全都是恣意妄为，其背后实际有着一定的倾向。那就是原本应该以个人的才德为评判标准，却不知何时被贵族主义代替了。中正的本职应该是收集下面的舆论向上传达，但自从中央的司徒开始决定州中正人事、州中正开始决定邑中正人事，上控制下的道路大大拓宽了。中正评定乡品时的原则也由下情上达，转而陷入为迎合上意而捏造下层舆论的泥潭。卫瓘在《晋书》卷三十六本传中有一段著名的议论，指出了这种倾向。方便起见，将《通典》卷十四的引文录下：

> 于时虽风教颓失而无典制，然时有清议，尚能劝俗。陈寿居丧，使女奴丸药，积年沉废；邻诶笃孝，以假葬违常，降品一等。其为劝惩也如是。其后中正任久，爱憎由己，而九品之法渐弊。遂计官资以定品格，天下惟以居位者为贵。

中正制度最初作为清议的维护者有一定的功绩，但不久就彻底堕落为贵族性质的制度。最后一句"计官资以定品格"，是指按照父祖的官位，给予其子弟相应的乡品。因此落得一个既得权利固化、一味尊重在位者的结果。但是如上所述，九品官人法从建立之初，就是按照任子制的方式运行的，只不过随着时代发展愈演愈烈罢了。

十二、对九品官人法的批评

关于九品中正法的缺陷，其实早在魏朝时责难之声就不绝于耳。应该是在司马懿任太傅要新设州中正时，中护军夏侯玄答司马懿所问撰写了一篇议论时政的文章，见于《三国志》卷九《夏侯玄传》，其中心思想是中正的存在侵犯了长官的权限。其意见归纳如下：

> 人事进退的权力应掌握在中央台阁手中。在地方上、民间努力推行孝道方为基层秩序的保证。二者虽非毫无关系，但不可混为一谈。台阁将其权力委任于下级主管官吏，由其考察地方实情并向台阁推荐人才，此为本职工作。然而此外另设中正一职，不只将地方情况向上汇报，还参与评判乡品的等级，中央根据这个等级安排人事，相当于给人事铨选开了后门。后门既开，求官者纷至沓来，与其在家中修德，猎取乡党评价更为方便；而比起获得乡党好评，又不如直接贿赂中正。因故应统一人事权，使主管官吏负起职责，将属下的能力汇报给台阁，台阁则以主管官吏附上的等级为根据，参照个人才德进行人事任命。中正仅评价事实，免去乡品评定权力，而台阁也只参考其汇报，这样就可内外相参，得失有所，可获中庸。

根据夏侯玄的意见，应该维护具有汉代官僚制度特色的长官权限，即是一种出于法理立场的主张，颇为有趣。其次，到了晋代以后，比起理论的阐述，更多的是指出现实中不断出现的弊端。值得注意的是，实际的弊端均是伴随着贵族制度发展而产生的。其中最具代表性的是《晋书》卷四十五《刘毅传》中关于中正八损的评议。刘毅认为，设置中正除了八损之外毫无益处，故应全部废除。应说明的是，这是他任尚书左仆射时的上疏，是代表负责实际人事黜陟的尚书发出的批评。现逐一介绍并说明这八损的要点：

（1）贵族主义之弊。自古以来选拔人才有三难：人物难知，一也；爱憎难防，二也；情伪难明，三也。如今中正亦不能摆脱此三难，评定九品时，高下任意，爱憎随心。结果是上品无寒门，下品无势族。

（2）州都之弊端。在郡中正之上设置州都大中正、任命朝廷的大臣，是为了协调不同意见。然而州都越权干涉下级事务，结果将地方党争带到中央，有损大臣的威严。

（3）无视实材之弊。设立中正本欲判定才德优劣，给予恰当的品第，令高低一目了然。但实际上中正徇私舞弊，将真才实学者置于下品，不肖之徒反列于榜首。

（4）不负责任之弊。中正虽肩负着一州一郡的重大责任，但对其并无奖惩之法，任其恣意妄为，肆无忌惮。诸多蒙冤者投诉无门，招致怨恨朝廷之后果，有损天子无私之德。

（5）超越能力界限之弊。现一州之士多至千数，且并非都住在本籍地。而中正不管是否了解，都进行评级下状（调查书）。结果是中正或听信其在官场的名声，或被恶意的流言迷惑。若中正依靠自己的意见，则失于狭隘；若尊重他人的意见，则流于偏颇。有所了解的随己之爱憎行事，不了解的则听凭贿赂。进官之人抛弃退而修德之古道，一味投身于猎官运动。

（6）虚名之弊。原本设立中正是为了追求政事之实效，个人才德未必有益于政治。然而现在将二者混为一谈，导致政治无能之辈却凭借德行虚名飞黄腾达，能干之人却受到道德中伤而被降品。士人于是陷于追求虚名之弊。

（7）品状不当之弊。向中正谋求品、状，是为了获得担任实际官职的资格。根据实情调查状取人时若与其品高低不符，则不能取。若与品高低相符，或因其状而受到影响。品、状相妨，人事任免变得困难。品状与实际相符尚且如此，更何况现在的中正上报的品状，疏远者匿其长处，亲近者掩其短处，当局难以据此安排人事。

（8）事实不符之弊。以前定九品的诏书要求中正善恶必书，以为褒贬。现在的中正对降品者不彰其罪，对升品者不列其善，放任自我的爱憎，培植个人势力，驱使众人谄媚自己。故升品者不以为荣，降品者不以为耻。失却惩恶劝善之义，污染社会风气，天下人自然抛弃德行而奔走人事。

由此论之，选中正而所得非人，授其权势而无赏罚，欠缺公正而无制裁，所以邪党得肆，枉滥纵横。虽职名中正，实为奸府；事名九品，而有八损。因此宜罢免中正、除九品，摒弃魏氏弊法，重立一代美制。

这道上疏乃刘毅在晋武帝平定吴国的太康元年之后上奏的，

但武帝终未采纳其建议。刘毅被任命为青州都大中正，虽然推辞却未被批准，也是造化弄人。

上文中有品状一词，品即乡品，状可以认为是对品的说明。状中除有本人的情况，还必须列出父亲和祖父的状。《通典》卷十四记载：

> 晋依魏氏九品之制，内官吏部尚书、司徒左长史，外官州有大中正，郡国有〔大？〕小中正，皆掌选举。若吏部选用，必下中正，征其人居及父祖官名。

本人和父亲、祖父之状合称"三状"。在本人状中应对其性行才德进行具体调查、记载，但实际上均为一些些泛泛之谈。《晋书》卷五十六《孙楚传》中记载了这样一件有名的事：

> 初，楚与同郡王济友善，济为本州大中正，访问铨邑人品状，至楚，济曰："此人非卿所能目，吾自为之。"乃状楚曰："天才英博，亮拔不群。"

应注意到此处"状"与"目"的相互换用。"目"在《世说新语》中频频出现，亦称为"题目"。用简炼的语言，捕捉人物最本质的特长并进行评论，是自东汉以来就非常流行的做法。这作为贵族社交界的话题尚可，但吏部任官需要参考时，面对诸如"天才英博"这样文学性的表达，想必难以判断该给予何等官职比较合适。

这正是刘毅诘难的第七条弊端。

那么，刘毅条分缕析叙述的中正八损，一言蔽之，是对中正的报告只会妨碍吏部的人事、一向毫无助益的不满。那么，汉代的人事在设置中正以前是如何进行的呢？实际上是由长官裁量的；而长官又是通过考课而被提拔任命的。中央、地方的长官对于其属官的人员组成具有很大的权限，大部分都可以辟召，并能检查自己所辟召的属官成绩，做成功过（考课）表。尤其是在地方，郡太守会推举属官中成绩优秀者为孝廉，送往中央。若能通过中央设立的考试，即可成为郎官，变成天子的直属官员，这就拥有成为长官次官的资格，可在中央、地方担任重要职务。他们在任职处也要接受统属长官的监督，通过考课评定殿最（优劣）。根据评分的结果进行级别上的黜陟，成绩优秀者继续获得晋升。考课就是这样一种制度。

魏晋以来，即使设置中正，考课之法依然持续，这是尚书权限内的事务。据《三国志》卷十六《魏书·杜恕传》、同书卷二十一《刘劭传》、《通典》卷十五"考绩"条等记载，魏明帝时期，散骑侍郎刘劭制定了都官考课法七十二条，但未能取得预期的成绩。①不过，这是因为刘劭之法没能很好实施，而考课法本身

---

① 关于刘劭的都官考课法，《三国志》卷二十一《魏书·刘劭传》记载了他制定都官考课法一事，同书卷十六《杜恕传》里，记载了大约同时期的情况："时又大议考课之制，以考内外众官。恕以为用不尽其人，（中略）后考课竟不行。"《通典》卷十五"考绩"条将这两条连续记载，看似刘劭的方法被扼杀了。但又根据《刘劭传》记载，未及施行的是《乐论》十四篇，考课之法实际是实施了的。《杜恕传》所说应该是指其没有取得良好的成效。

是存在过的。例如《晋书》卷六十《解系传》有记：

> 父脩，魏琅邪太守、梁州刺史，考绩为天下第一。

晋代的事例，如《晋书》卷六十八《贺循传》记载：

> 举秀才，除阳羡令，以宽惠为本，不求课最。

这些事例说明考课法确实存在过。但是对于同一个官员，一方面有尚书根据考课定其成绩优劣，另一方面又有中正根据乡评定其品级高低。二者是如何协调的，我们不得而知。好在虽然乡品对于起家之时有一定限制，但是在实际官品赶上乡品之前，只要遵守既定路线的话，中正是不能干预升迁速度的。总之，中正规定了某种框架，限制了尚书的行动，尚书只能在这个范围内活动。结果是，掌握实权的是尚书，中正渐渐被尚书视为眼中钉，最终步入衰退没落之途。

　　如此，司徒中正的系统与尚书系统在某些时候存在对立关系，这正是九品官人法的目的之一，因此应该尽量避免一人身兼二职。《晋书》卷七十七《诸葛恢传》记载：

> 吏部尚书。累迁尚书右仆射，加散骑常侍、银青光禄大

　　夫。领选。本州大中正。尚书令，常侍、吏部如故。^①

诸葛恢暂时兼任了州大中正和右仆射，但《通典》卷三十二"总论·州佐"条引用《晋起居注》云：

　　　　仆射诸葛恢启称：州都大中正、为〔衍？〕吏部尚书及郎、司徒左长史掾属，皆为中正。臣今领吏部，请解大中正。以为都中正职局同，理不宜兼也。^②

上文中第一个"为"字恐为衍字，下面的"为中正"三个字中"为"应读作阳平，解为公正地处理人事。又"领选"指在吏部之上管理人事进退，有时也称为"参掌大选"，亦可简称为"参掌"。诸葛恢的话概括来说，司徒系统与尚书系统皆为处理人事的机构，不应兼任。其所请应是被采纳了。

　　西晋时代，除上述刘毅之外，卫瓘、李重、段灼、潘岳等人也对九品官人法进行了严厉批判与议论。由于九品官人法已经成为维护当时的贵族上流阶层利益的制度，结果他们的批判不足以撼动整个社会。随着贵族社会不再需要九品中正，它就随之衰落了，最后当专制君主试图建立官僚体制时，中正制度就唯有牺牲，

---

① 本段句读依宫崎原文，与中华书局本《晋书》稍有不同。中华书局本作："吏部尚书。累迁尚书右仆射，加散骑常侍、银青光禄大夫、领选本州大中正、尚书令，常侍、吏部如故。"——编者注
② 中华书局本《通典》作："以为都中正，职局司理，不宜兼也。"——编者注

等待灭亡。

十三、九品官人法的贵族化

如上所述，九品官人法是由司徒府和尚书合作进行的选举法。根据刘毅之论，中正的贵族化是不能公正处理人事的重要原因，事实上尚书的贵族化也不亚于中正。在此之前，我仅指出包含在九品官人法自身中的贵族化倾向。现在我将对其进行综合归纳，来考察西晋时代这种贵族主义倾向的发展，以此作为本章的终结，并作为过渡到东晋南朝的导论。

如前所述，西晋篡魏的革命是承认原有特权型的革命，所以魏的政治形态几乎全盘为晋继承。原本在高层有若干变动，但贵族式的官僚金字塔结构几乎没有受到动摇。正如《晋书》卷四十六《刘颂传》中刘颂对武帝所言：

> 泰始之初，陛下践祚，其所服乘皆先代功臣之胤，非其子孙，则其曾玄。古人有言，膏粱之性难正。

在这样的时代背景下，中正评定乡品，逐渐发展到以门阀为主要根据，刘毅还有这句名言：

> 上品无寒门，下品无势族。

又《晋书》卷四十八《段灼传》记载段灼的意见：

> 九品访人，唯问中正。故据上品者，非公侯之子孙，则当涂之昆弟也。

九品官人法的贵族化，指的就是这种状态。居于上层者，获得上品和美差；没有背景的人，则终日疲于奔走却不得官职，怀才不遇沉沦下僚，怨天尤人。我们首先从上流阶级开始研究。

九品官人法中，有中正所无法触及的高层人事。曹魏时，宗室不参与政治，所以尚不造成问题；入晋后，方针发生变化。晋天子认为魏朝虐待近亲宗室才落得自身陷入孤立无援而早亡的下场，所以尽量优待宗室。首先给他们分封领土，让他们做封建君主，又允许他们拥有武装，支配官吏，还让他们获得官僚地位。这些宗室的官僚生活享有特殊待遇，有别于一般贵族，可能不属于中正的管辖范围，由宗正卿掌管，称为"宗室选"。《晋书》卷三十七《司马虓传》记载：

> 以宗室选，拜散骑常侍。

这无疑是起家官。宗室的起家官职多为散骑常侍（三品），或者是诸校尉（四品），其判断标准尚不清楚。无论如何，一般臣下绝对不可能获得四品以上的起家官，可见宗室是享受着特殊待遇的。宗室原本拥有封国，本应回国治理人民，他们还拥有任免国内令长的特殊权力，但他们却希望以官僚的身份留在国都。[①]他们所受之官多为员外散官，但这些散官有时可以直接平移为实际官职，因此他们就有机会摇身一变成为手握兵权的将军或者都督。宗室身为官僚却没有积累实际经验，又居于政治圈内的高级官位，这成为晋失败的原因，也是后来爆发八王之乱而陷西晋政权于灭亡的一个原因。

其次，半脱离中正权限的，还有非宗室的封建诸侯。在魏代，只有近亲宗室才可以封王食邑，除此之外都不过是一些名义上的散侯。但魏晋革命前夕，为了防止革命带来的动荡，在司马氏的指示下大行分封，这就是历史上的建五等爵制度，即在王与散侯之间设立五等开国爵，把司马氏的同僚都立为封建诸侯。所谓五等，即开国（郡、县）公、开国（郡、县）侯、开国伯、开国子和开国男，分别赐给他们封邑，确定官品。其下散侯分为县侯、乡侯、亭侯、关内名号侯和关外侯，这些人只享有与其官品相当的礼遇。现将晋代的封建制以下表展示：

---

① 关于晋的封国令长自辟。汉代起郡太守直属的僚佐就由太守辟召，下辖县的令长则由中央任命。这是因为令长为长官，而非太守的僚属。无论官职多小，只要称为"长"，为带印者，地位都很重要。然而在晋的封建制中，被封为国王，就不只是代理郡太守，还允许自行任命下辖的县令。《晋书》卷三十八《琅邪王伷传》有记载："特诏诸王，自选令长，伷表让不许。"

表八　晋代封建表

		官品	邑户	军	兵
王	大国		10000—20000	三	5000
	次国		5000—10000	二	3000
	小国		5000	一	1500
公	郡	一	5000		
	县	一	1800		
侯	郡	二	1600		
	县	二	1400		
伯		二	1000—1200		
子		二	600—800		
男		二	400		
县侯		三			
乡侯		四			
亭侯		五			
关内侯		六			
关外侯		七			

　　表中值得注意的是宗室诸王掌握直属军队一事。晋武帝灭吴一统天下后，解散了附属于州郡的士兵，许大郡可保留武吏百人、小郡五十人，但似乎未涉及诸王的武装。因此失业军人争相投奔诸王，导致诸王军队膨胀，超过定额。只要掌握了军队，在政治上就有了发言权；而为了供养军队，就必须掌握权力。这是造成诸王鲁莽地加入内乱混战的原因，也最终招致了西晋的灭亡。

　　从《晋书》卷四十八《段灼传》所载的段灼所言，可推知晋朝曾经大规模地实行封建：

> 大晋诸王二十余人，而公侯伯子男，五百余国。

这等封建诸侯，在任官方面也获得特殊待遇。《宋书》卷五十八《谢弘微传》记载：

> 晋世名家身有国封者，起家多拜员外散骑侍郎，弘微亦拜员外散骑。

本人为开国侯，起家时遵循特殊的惯例。当然这是在本人有爵位的情况下，并不常见。而且有别于宗室，此乃臣下的爵位，所以如果中正想要无视的话应该也是可以的。东晋中兴的名臣王导，其父仅为镇军司马（七品），甚不得志，郁郁而终，而王导继承了祖父光禄大夫王览的即丘子爵位（二品）。他起家时，最初被辟为司空东阁祭酒（七品），未就任，后出任东海王越的参军事（七品），因此其乡品应为三品。想到后来王氏的名族地位，不免会觉得三品出人意料地低下。可是整体来看，三品属于上品。

以上为本人有爵位的情况。那么其子孙是什么情况呢？本人即使有爵位，也必须接受中正评定的乡品，那子孙自然也会受到中正乡品的左右。不过中正对他们的评分一定极为宽松，正如之前段灼所说的，所谓"据上品者乃公侯子孙"。

晋朝采用封建制，从前朝魏的角度来看，完全是逆时代而行，该制度虽在形式上有所变化，但一直持续到南朝灭亡。它虽并未重要到将晋朝称为封建时代的程度，但不可否认的是，对于有着接近封建性质的中世贵族制度来说，它形成了一大强有力的背景。

再次，实质上超出了中正的职务范围，而又必须由中正评定乡品的是一品官三公的子弟。如上所述，三公的子弟一般应从五品官起家。

中正实际上可以操纵的范围是乡品二品以下，乡品二品则起家官为六品，而六品以下官员的任命由吏部尚书掌握。从求官者角度而言，他首先必须被中正认可、尽量获得高乡品，再到吏部活动，尽量争取到有利职位。原本吏部掌握六品以下官员的人事，但是因为公府的僚属由府主辟召，其任免的实权掌握在公府手中。获得乡品三品者意欲应公府辟召成为掾属（七品），竞相奔走于其门下。在中国无论哪个时代，身为官吏总是地位尊贵且收入丰厚，因此万人追随一官难求。尤其是在顶层受到封建既成势力压制的西晋官场，若非擅长上下打点，则难以踏入仕途。

然而同样是猎官活动，富裕从容的上流阶级与贫穷困窘的下层阶级，其活动手段截然不同。简而言之，对于上流阶级而言，他们留有后手，可采取的战术绰绰有余。其手段之一就是清谈。清谈自魏时起就流行于贵族社会，虽一度受到明帝弹压，但到齐王芳时期，清谈势头再起，出现了所谓"正始之音"的黄金时代。此风气一直延续至晋代，擅长清谈者为社交界称赞，而社交界的评价又直接体现为中正的乡品。武帝时山涛先后担任吏部尚书和尚书仆射，掌人事铨选，他身为"竹林七贤"之一，于人事方面极为慎重，适才所用，广受好评。然而在其后的惠帝时期，同为"竹林七贤"之一的王戎及其堂弟王衍掌选，使贵族趣味迅速渗透人事。接着爆发的"永嘉之乱",古来就有意见认为责任应归咎于当时贵族性质的人事。《晋书》卷七十一《陈頵传》中记陈頵写给东晋宰相王导的信:

> 中华所以倾弊,四海所以土崩者,正以取才失所,先白望而后实事,浮竞驱驰,互相贡荐。

暗指王戎、王衍等人。又据《新唐书》卷一八二《刘璟传》的记载:

> 王夷甫相晋,崇尚浮虚,以述流品,卒致沦夷。

更为明确地指向王衍的贵族主义。

清谈乃社交工具,而奢侈也为当时社交界最有效的手段之一。在《晋书》列传、《世说新语·汰侈》中记载有无数的实例。奢侈需要花销,因此一方面浪费,另一方面拼命敛财,甚至到了吝啬的地步。王戎为清谈高士,同时以吝啬闻名,据称是庄园遍布全国的巨富。其中不乏石崇一样依靠掠夺起家的人。财产虽争来夺去,但不可思议的是并未听说因奢侈而倾家荡产的事情。因此可见当时的奢侈亦为一种投资。

需要注意的是,这个贵族社会恐怕也是一个早熟的世界。此为中正制度的影响之一。当时一般出仕年龄为二十岁,为获得乡品的高品,就必须在评定品级之前成为社交界的佼佼者。为此若按部就班地积累学问恐怕来不及，以文章自成一家同样需要时日，最快捷的方法就是可凭机敏成事的沙龙艺术——清谈。据《晋书》卷三十六《卫玠传》记载，卫玠乃功臣卫瓘之孙，五岁时被赞为风神秀异。待及长大，好谈玄理，当时谚语称"卫玠谈道，平子（王澄）绝倒"。然而他年仅二十七岁而亡，死后还被人当作谈资，实属少见。

　　面对不到二十岁的青少年，要预见其未来并给予乡品，可见中正一职也实属不易。但是东汉末以来，带有预言性质的人物藻鉴的可能性为大众所相信，其偶像就是郭林宗。人们认为如果有郭林宗之明，就可一眼识别人才。如果做不到这一点，那便是没有鉴识人才能力的愚者。因此中正若想不被当作愚者，就要像周易高人一样煞有介事地来预言未来，判定乡品。一旦乡品判高了，此人万一不得出人头地就有伤自己识人之明；反之若所判乡品较低的人却加官晋爵，也很是头疼。由此还会引起本不应发生的党同伐异的弊端。因此慎重起见，中正不会给予二品以上的乡品，大多控制在三品。据《晋书》卷七十一《陈颀传》记载，豫州刺史解结初临州府时，询问僚佐：

> 河北白壤膏粱，何故少人士，每以三品为中正。

"为中正"三字其实应理解为动词，即公平地给予乡品的意思。看来当时的冀州大中正甚是合理地评判乡品，不过这样的例子反倒很罕见。

下层阶级的活动就不是如此不温不火了。根据《晋书》卷四十三《山涛传》记载：

> 初，陈郡袁毅尝为鬲令，贪浊而赂遗公卿，以求虚誉，亦遗涛丝百斤。

他们沽名钓誉的方法，并非清谈、奢侈等间接手段，而是直接采取实物贿赂，并为了获得资金而不得不向下贪污。在当时的都城洛阳，此般猎官者络绎不绝。在地方上的县里进行猎官不比在郡里有利，而在郡里又不如赶赴都城更有效。《世说新语·赏誉第八》中引用王隐《晋书》道：

> 董养字仲道，泰始初到洛下，干禄求荣。

这种现象并不止董养一人。王沈曾作《释时论》讥讽这种情况，《晋书》卷九十二本传引用其一节：

> 京邑翼翼，群士千亿，奔集势门，求官买职，童仆窥其车乘，阍寺相其服饰，亲客阴参于靖室，疏宾徙倚于门侧。

又《通典》卷十四引用李重之言，云"豪右聚于都邑"，对此需要稍做解释。

汉代地方郡国的右族出仕中央时也会得到相当的优待。然而魏晋以来，中央逐渐形成了一个独特的贵族金字塔。《世说新语·品藻第九》记载：

> 正始中，人士比论，以五荀方五陈。（中略）又以八裴方八王。

颍川荀氏、陈氏，河东裴氏，琅邪王氏等名门人才辈出，这些贵族占据中央要职，迟到而来的地方右族被这些上层贵族称为寒门。如上所述，祖逖、祖纳兄弟为九世孝廉之家，被称为当郡之冠族，而在《太平御览》卷二四三所引《晋中兴书》却这样记载祖纳：

> 少持操行，以门寒品能，清言名理。

此题目可能是中正给他的状里的语句。他被视为寒门，并被当作寒士对待。

晋平定吴国以后，进入中央的江南贵族也被当作寒士对待。吴国名门子弟陆机、陆云兄弟入洛后，极受太常卿张华的赞赏，还说过"伐吴之役，利获二俊"，他们看似受到极大优待，但其实不然。《晋书》卷六十八《顾荣传》记载：

> 吴平，与陆机兄弟同入洛，时人号为"三俊"，例拜为郎中。

由此可见，顾荣与陆机兄弟三人均先就任郎中（八品），相当于孝廉丙下、乡品四品的级别。不久，他们因才华出众开始在洛阳的贵族社会崭露头角。然而从整体来看，都城洛阳对江南贵族的态度是冷淡的。

不过他们尚且有故乡的有力支持，待遇还算安乐。那些没有地方势力可依凭的寒士，感受到的目光就更加冷冰冰了。东晋初期的名将陶侃即为一例。据《晋书》卷六十六本传记载，陶侃之父虽为吴国将军，但陶侃早年孤贫，只能担任家乡浔阳的县吏，想要出人头地但苦于乡下地方无人引荐。后来在其身为孝廉的朋友的介绍下，出任庐江郡掾史，后升至主簿。经郡举荐为孝廉，除郎中（八品），但吏部似无处调任（任命）。此时吴国孙氏一族中有一个早早降晋被任命为伏波将军（五品）的孙秀，因为吴人的身份而遭华北人士轻蔑，无人愿意在他手下任职，陶侃于是应召，或者说是毛遂自荐，到其府上任舍人（九品）。此前他的官职虽徒有虚名，但已是八品的郎中，现在为了获得实职，不得不委曲求全地自降一级。舍人是侍奉府主个人的管事，乃最卑贱的职务，但寒士往往迫不得已屈就舍人之位。除陶侃外，这种事例还可见于《晋书》卷九十一《崔游传》：

> 魏末，察孝廉，除相府舍人，出为氏池长。

崔游大约也是郎中（八品），甚至是尚书令史。令史的官品为八品、九品，地位比舍人更卑下。据《晋书》卷八十二记载，虞溥举孝廉后成为郎中，补尚书都令史。据同书卷八十一记载，王逊举孝廉，出任吏部令史。

如果这种状态自古以来即是如此，应该也不会引起太多不满。但豪族右族对汉代前一直受到中央优待一事念念不忘，且亲眼目睹在三国的战乱中地方豪族崛起一跃成为天下名士，因此他们就会认为魏晋中央贵族对官场的垄断极不合理。恰如后世落第的秀才们屡屡成为叛乱的领导者那样，西晋末年内乱之际，一名下层的寒士孙秀（非前面提到的孙秀）发现了大显身手的机会，令昏庸愚昧的晋朝诸王同室操戈。这不仅让晋朝社会陷入混乱，还招致异民族纷起，使事态发展到无法收拾的地步。

第三章

南朝流品的发展

一、江南政权的特征

西晋一统长期分裂的三国，却因内部的八王之乱，及随之发生的五胡之乱，于混乱中走向崩溃。晋室的一支——琅邪王司马睿（元帝）奔赴南方，踞吴国旧都建康再兴东晋，中国历史于是进入了一个新局面。江南的东晋政权大约维持了一百年，后为宋所篡。此后宋朝约六十年，南齐二十三年，梁五十五年，陈三十二年，先后共经历了四个王朝。

东晋元帝的江南政权，是以他的安东将军都督府为核心建立的。当北方的政局渐渐陷入无法收拾的混乱局面时，司马懿的曾孙司马睿即东晋元帝被任命为安东将军、都督扬州诸军事。他按照王导之计于建康开府，招募全国的名士集中到其幕府，当时在其幕府任僚佐的有王导、王敦、周颚、刁协、顾荣、贺循等。不久随着司马睿晋升为晋王、丞相，安东将军府也升格为丞相府。当时在北方，愍帝奔逃长安，已是无力回天，而江南地区相对平静，因此中原士族相继聚集建康，丞相的幕僚队伍突然膨胀。《晋书》卷八十九《虞悝传》记载：

> 元帝为丞相，招延四方之士，多辟府掾。时人谓之
> "百六掾"。

公府中除长史、司马、从事中郎（皆为六品）之外，还设有众多的
参军、掾、属（皆为七品）等官，然而晋朝官制中并无丞相一职，
因而也就没有规定掾属的人数。司马睿就是在这种情况下招揽了众
多幕僚。不久愍帝在长安被俘，司马睿即位为元帝。丞相府因此原
样地升格为晋的中央政府，同时幕僚也就成为朝廷大臣，担任长官。
　　这样建立的东晋朝廷，其官僚内部分成两大派系，一派为来
自北方的流寓贵族，另一派为南方的土著贵族。且因王室属于流
寓王朝，故亲近的流寓贵族比土著贵族地位更高。流寓贵族中著
名的有琅邪王氏、太原王氏、颍川荀氏、鄢陵庾氏、饶安刁氏、
阳夏谢氏、高平郗氏、冤句卞氏等。他们虽已完全脱离原籍地，
但依然以出身的郡名自称，并继续担任各自州郡的中正。他们流
落于异乡，除一味依附政权，死守身为官僚性贵族、贵族性官僚
的地位之外，别无他法。不过，他们的特权地位，为其重新获得
土地和财产提供了方便。他们靠此势力购置庄园，招徕流民和贫
民进行耕作或者开垦荒地，设立邸店经营商业，转眼间就创造出
巨大财产。刁氏的刁协是最初跟随元帝南渡、任尚书令而发家的，
他住在京口，将山泽据为私有，至孙辈刁逵时，其族坐拥田地万
顷、奴婢数千人。据说东晋末刁氏一族被宋武帝刘裕诛杀后，没

收的财产多到能赈济一方饥馑。可是这种急遽兴起的势力一旦遭到镇压，便顷刻瓦解，其脆弱性暴露无遗。因此流寓贵族若不随着政局的演变而机警地改变的话，就无法自处。其中最善于巧妙游走于各政权之间的是以王导为祖先的琅邪王氏。从东晋到陈的四朝革命中，其族虽时而精明时而愚钝，但总之跨越五个朝代都一如既往地维持着贵族中的高位。

卷入政治斗争的漩涡又惨遭失败的流寓贵族则大多逃亡去投奔了北方政权。他们留在北方的同族有时会热情地给予欢迎与支援，若他们有利用价值，北方政权也会提供优遇。刁逵弟弟之子刁雍投奔了北魏，以后数代都在北魏朝廷中声名显赫。然而在流寓贵族南渡之后才来到南方的北方贵族，则一定不受南方欢迎。来自北方的新人不过被当作武人对待，晋末宋初南渡的华阴大族杨佺期、太原望族王懿、京兆名门杜骥，都是典型的例子。

南方土著贵族中，吴郡张氏、陆氏、顾氏，义兴周氏，广陵戴氏，吴兴沈氏等都很有名。元帝最初培植势力期间，为其提供地盘、奔走效力的也是这些土著贵族。然而等元帝的江南政权确立之后，他们反而被置于二流地位。此中似乎有语言差异的原因。建康朝廷使用北方语言，南方的吴语被斥为方言，因此讲话带有吴语口音的南方贵族可能被流寓贵族蔑视为乡巴佬。[①]对此心怀不满的义

---

① 关于吴语。在南朝的国都，以北方中原的语言为标准，成为官僚后，一般情况当地土著也使用北方官话，而吴人使用吴语反而被认为更为风雅。《宋书》卷八十一《顾琛传》记载："宋世江东贵达者，会稽孔季恭，季恭子灵符，吴兴丘渊之及（顾）琛，吴音不变。"《南齐书》卷二十六《王敬则传》记载："接士庶皆吴语，而殷勤周悉。"

兴大族周玘及其子周勰两代图谋发动政变，但都未成大器，反被
镇压。朝廷到底还是畏惧当地豪族的实力，未敢彻底揭露此阴谋。
《晋书》卷五十八《周勰传》记载：

> 元帝以周氏奕世豪望，吴人所宗，故不穷治，抚之
> 如旧。

大多土著豪族之所以没有蜂起追随周氏的阴谋，是害怕最坏的事
态发生。当时北方中原陷入五胡扰乱的混乱中，如果被此形势波
及南方则难以承受。不仅如此，南方在建康政权建立之前，曾发
生过张昌、陈敏两次小规模叛乱。与此相比，建康政权尚算成功。
要在动荡不安的社会中维持秩序，尊奉东晋朝廷、树立大义名分
最为有效。

　建康朝廷外有北方五胡异族政权虎视眈眈，内有立场摇摆的
土著贵族，更有疲于税役的百姓，步履维艰。为严守北方的边境，
必须源源不断地输送军用物资。而调配运送军需，就必须向百姓
课以过重的税役。特别是确保税役，让朝廷很是头疼。战局一动，
就必须调动庞大的物资，征发的众多劳役却因为待遇苛酷而中途
逃亡。因此政府发布了更加严厉的法令来禁止役人逃亡，即把百
姓编为保伍，实行连坐。据《晋书》卷八十《王羲之传》记载，
大概在孝武帝时期，王羲之曾致书尚书仆射谢安：

> 上命所差，上道多叛，则吏及叛者席卷同去。又有常

制，辄令其家及同伍课捕。课捕不擒，家及同伍寻复亡叛。百姓流亡，户口日减，其源在此。

宋代以来，此法也持续实行。《宋书》卷九十一《孙棘传》记载：

> 世祖大明五年，发三五丁。弟萨应充行，坐违期不至。依制，军法，人身付狱。（中略）自应依法受戮。

对军役也动用军法。明帝泰始中又征发猎人，使用了更为苛酷的法律。《南齐书》卷四十一《张融传》记载：

> 泰始五年，明帝取荆、郢、湘、雍四州射手，叛者斩亡身及家长者，家口没奚官。

当时军户被当作贱民对待，这是将用于军户的制裁之法，直接适用于人民。部分方法同样在宋代各地推行。《宋书》卷五四《羊玄保传》记述了宋初的情形：

> 先是，刘式之为宣城，立吏民亡叛制，一人不禽，符伍里吏送州作部，若获者赏位二阶。

上文所引《王羲之传》虽未提到对连坐者的刑罚，但想来应与此相同。

宋末，军阀沈攸之占据郢州，他所立"将吏亡叛制"尤其有名，各处均有记载。《宋书》卷七十四本传记载：

> 将吏一人亡叛，同籍符伍充代者十余人。

又有刘裕撰文攻击其野心：

> 全用虏法，一人逃亡，阖宗补代。

《南齐书》卷二十四《柳世隆传》引用几乎相同的句子：

> 全用虏法，一人逃亡，阖宗捕逮。

其意思相通。《南齐书》卷一《太祖纪》有文：

> 将吏逃亡，辄讨质邻伍。

这样的记载屡见不鲜。首先本家及其邻伍要负起逮捕的责任，若捕获不得，就必须提供十倍人数的劳役。值得注意的是，这被称为"虏法"。若果真为"虏法"，则东晋王羲之所批判的国法，及宋初刘式之的宣城之法，都应属于虏法。在南方实行如此野蛮的法律，在当时是有必要的，明显是模仿了当时北方胡族的野蛮制度。即使并非如此，也是在北方的压力下，强迫人民牺牲的结果，

因此不能说与北方毫无关系。我想这一点对于研究南朝政治十分
重要。

　　建康政府率领流寓贵族在南方建立政权，如同征服者般君
临于南方土著贵族，但并不能像对待一般民众那样任意驱使他
们。不如将他们视为二等贵族，通过承认保护其特权，缓和他们
的不平情绪。其最大的特权是任官权及免除徭役权。拥有这两种
特权的贵族在当时被称为士族，与一般的庶族区别开来。士族的
"士"，无疑来自古代的"士"，但在当时的语义中似乎与"仕官"
的"仕"更接近，相当于任官权。庶民原本没有服兵役的义务，
"兵"是直属于政府的特殊阶层——贱民的一种，但是一旦朝廷有
事，庶民也必须服兵役，或提供其客户、奴仆代服兵役。而士族
这时就可享受特别豁免权。《南齐书》卷二十三《褚渊传》记载了
南齐初期的情况：

　　　　是年虏动，上欲发王公已下无官者为军，渊谏以为无益
　　实用，空致扰动，上乃止。

当时的共识是，士族即使本人并未为官，也可免除所有的劳役。
《南齐书》卷四十六《顾宪之传》对此有所记载：

　　　　凡有赀者，多是士人复除。其贫极者，悉皆露户役民。

由此可知，江南土著贵族以此特权为背景，似乎将对上的不满转

移，满足于向下榨取庶民。《晋书》卷四十三《山遐传》记载了东晋初期的状态：

> 江左初基，法禁宽弛，豪族多挟藏户口，以为私附。

由此可知，东晋不仅以军法统治无力的民众，又对有势力的豪族相当宽容。《宋书》卷二《武帝纪》记载了东晋末义熙九年之事：

> 先是山湖川泽，皆为豪强所专，小民薪采渔钓皆责税直，至是禁断之。

此禁令似乎并未怎么执行，因为梁代以后，《梁书》卷三《武帝纪》记大同七年诏：

> 如闻顷者，豪家富室，多占取公田，责价僦税，以与贫民，伤时害政，为蠹已甚。自今公田悉不得假与豪家，已假者特听不追；其若富室给贫民种粮共营作者，不在禁例。

豪强占有了官田的使用权，令贫民租种，然后征收高额佃租。这些记载使用"豪族"或者"富室"等称呼，让人以为与朝廷人士无涉，其实非也。上至王公大臣，下至地方官僚，越是有权势，侵占公有土地的机会就越多。朝廷下敕诏即使要求王公大臣反省，也会故意使用"豪族"之类的名称。"豪"以"土豪"之意为人们熟知，一般理解为与朝廷官位毫无关系的武断乡曲的地主之意。然而，事实上侵占公田一事，竟连齐宗室中赫赫有名的竟陵王萧子良也不能免于其外。《梁书》卷五十二《顾宪之传》记载：

> 时司徒竟陵王，于宣城、临成、定陵三县界立屯，封山泽数百里，禁民樵采。宪之固陈不可，言甚切直。

"屯"字在当时多为"屯封"之意，规模比普通庄园更大，其中似乎包含"冶"，即矿山。王公与来自北方的流寓贵族已是这般侵占公田公地，那数量上占绝大多数的南方土著贵族到处兼并土地更无须多言。朝廷为收揽人心，对这样的不法行为只好视若无睹。如此，这些地方基层土著贵族积累起足够实力，成为导致中央贵族金字塔走向崩溃的一个重要原因。

贵族势力的扩张同时对东南地区的开发多有贡献。对此，恩师桑原骘藏博士很早就发表了《晋室的南渡与南方的开发》（收于《东洋史说苑》）和《历史上所见之南北中国》（收入《东洋文明史论丛》）两篇有名的论文。当时为躲避北方五胡战乱，难民相继南下，所幸南方地区有大量可以开垦的处女地。问题反而在于需要劳动力，以及将劳动力集中起来加以有效利用的资本。据《梁书》卷三十八《贺琛传》记载：

> 百姓不能堪命，各事流移，或依于大姓，或聚于屯封，盖不获已而窜亡。

由此可知，不仅是北方来的流民，南方土著人民也渐被纳入豪族的统治下。新土地的开垦，必须依靠这些豪族把资本与劳动力结合起来。

自东晋以来，南朝政治常感受到来自北方的压力，处于如同戒严一般的状态中，不得不役使人民。然而越是实行强权，就越容易产生特权阶级，他们扩张势力，为自己追逐私欲大行方便。南朝灿烂的贵族文明就是在这样的社会背景下出现的。

二、尚书掌握人事权

西晋末年的永嘉大乱，使曹魏以来形成的贵族金字塔一度坍塌。东晋元帝在建康建立中兴政权，自北方前来避难的流寓贵族与南方土著贵族作为成员又按照从前的模式迅速建立起新的贵族金字塔。虽然具体成员有所改变，但金字塔结构几乎并无大变。既有先例与经验，所以新的金字塔立刻就建成了。然而这个贵族金字塔同时也是官僚金字塔，将它视为官僚体系，并与西晋的旧体制进行比较的话，则可看出发生了相当大的变化。

首先，官僚金字塔的实际支柱，已经完全从三公转移到尚书。这种以尚书为中心的政治方式的确立，缘于东晋第一功臣王导的策划。在东晋初代皇帝元帝统治期间，政府中级别最高的大臣是司徒荀组，但他不过仅为元老，真正大权在握的是录尚书事王导。所谓录尚书事，是在尚书令之上总揽尚书事务，地位仅次于丞相。荀组死后，从下一代的明帝起直到之后成帝时代的长达十数年间，王导代替他担任司徒，并以司徒兼任录尚书事。王导不单是司徒，还必须兼任录尚书事，可见尚书的重要性。从那时起，朝廷政治便以尚书为中心运作着。《宋书》卷六《孝武帝纪》中"孝建元年诏"记载：

> 尚书，百官之元本，庶绩之枢机。

又《南齐书》卷三《武帝纪》中记载有武帝遗诏：

> 尚书中是职务根本，悉委王晏、徐孝嗣。

始于魏代的以尚书为中心的政治模式于东晋被确定下来，并为南朝所继承。

与以尚书为中心的政治模式相对的，是三公、尤其是司徒的失势。汉代之前，司徒掌握着最高的人事权，其形式一直保留到魏代。《三国志》卷十三《魏书·王朗传》注引《魏略》记载：

> 司徒领吏二万余人，虽复分布，见在京师者，尚且万人。

司徒领吏，要言之，是指直属于中央政府的官吏。州郡中正一职，实际也是为了协助司徒处理人事而设置的。

进入东晋以后，元帝时的荀组以前朝元老身份被委任为司徒，但并无实权。王导死后，司徒多因缺员而空置。这说明此时的司徒已然变得可有可无。原本司徒为统领州郡中正、裁定乡品的重要职务，然而这一职务并非必须一品官司徒不可，只要有其幕僚长即六品官司徒左长史已足够。《宋书》卷三十九《百官志》记载：

> 司徒若无公，唯省舍人，其府常置，其职僚异于余府。有左右长史、左西曹掾、属各一人，余则同矣。余府有公则置，无则省。

即三公不必常置，如有任命则置府。但不论是否有司徒公，均常置司徒府；若无司徒，则不设为司徒个人服务的舍人。为了处理中正向上级申报乡品的事务，显然一定要设置司徒府，此时由身为一品官的司徒裁定，还是由六品官的左长史代理，其重要性应大相径庭。司徒府的重要性降低，表明同时中正、乡品的意义也相应大大降低了。

西晋时代的中正以贵族方式评定乡品，造成了上品无寒门、下品无势族的形势，此为不需要中正的真正前提。因为这意味着无论如何个人的才德可以用门阀替换。正是为了评价个人才德才设置了中正，若乡品据门阀而定，那就没有设置中正的必要了。门阀不外乎是历史的积淀，而历史是客观的事实，所以只要有史料任何人都可以裁定。再加上中正并无固有的官衙，无法保管好资料悉数交接给继任者，而中央的尚书则存档官僚的履历。

根据《南史》卷五十九《王僧孺传》记载，当时曾编纂官僚履历以制作姓谱。晋太元中，散骑侍郎贾弼曾撰七百一十二卷的庞大系谱藏于秘阁，其副本保存于尚书左民曹处。另外，尚书存有各个官员的履历，但于东晋咸和初年的苏峻叛乱中一度被烧毁，咸和二年以后的资料，直到宋代都堆积在尚书左民曹前厢的东西两库中。据说王僧孺以这些资料为基础，撰写了《十八州谱》和《百家谱集抄》等书。百官履历存放在尚书左民曹处，可能与徭役的免除有关，因为是否能登入士籍，关系到是否需要服徭役的问题。这些资料由尚书管理，成为决定门阀高低的确实证据，所以中正就失去了大部分工作。中正在贵族制度形成的过程中起了非常重要的作用，然而一旦贵族制度确立了，中正的存在就变得多余了。东晋以后的中正一职作为用以装饰门阀的头衔，在列传中多有记载，而关于中正活跃的记录和批评中正的记录却变得少见。

随着中正渐渐有名无实，西晋时代那种尚书与司徒中正的抗争也画上了终止符。人们最关心的不是从中正那里获得上等的乡品，而是如何以这种似乎命定的乡品，从尚书尤其是吏部手中获得有利的地位和实职。这种注定的门地从西晋末年开始似乎也在不断贬值。门地二品，即得到乡品二品、可以从六品官起家的门地，早已是稀松平常，只是其中出现了上下之别。东晋初所谓的"百六掾"的子孙，一律升格为门地二品。这样一来，从六品官起家不再是问题，竞争的重点转移到以何种六品官起家。对此拥有决定权的是尚书、吏部。决定一个人从什么样的官职起家，比起个人才德，更要考虑作为其背景的门地。二者并称为才地、人地。也就是说，吏部的工作实际上包含了以往中正的事务。据《陈书》卷二十六《徐陵传》记载：

> 自古吏部尚书者，品藻人伦，简其才能，寻其门胄，逐
> 其大小，量其官爵。

如此，人事大权统一归于吏部手中。

三、九品官制与九班选制

尚书、吏部掌握人事大权，并非是进入东晋以来一蹴而就，在魏晋之际，就已渐露端倪。尤其是西晋末期，九品官制的运作出现了值得注意的现象，即升迁的顺序并不一定总与官品的上下相一致，原本毫无门地、背景可言的寒士，经常要不得已降低官品出任低级的实职。在另一些特殊情况下，或是由于官命，或是情谊上无法推辞，当然也会有临时担任低级官职的情况。然而与之不同的是，西晋末年在九品官制之外似乎还出现了另一种人事进退的标准。据我大胆推测，这应该是刘颂的九班制。

刘颂建立九班制，在《晋书》卷四十六本传中有记载：

> 久之，转吏部尚书，建九班之制，欲令百官居职希迁，
> 考课能否，明其赏罚。贾、郭专朝，仕者欲速，竟不施行。

《通典》卷十四引用这段文字，最后一句作"故皆不行"。粗略来看，他的九班之制似乎完全没有实施，但其实不然。《晋书》卷一〇六《石季龙载记》有言：

　　吏部选举，可依晋氏九班选制，永为揆法。选毕，经中
书、门下宣示三省，然后行之。

此处所说"晋氏九班选制"，无疑为先前提到的刘颂九班之制。由
此想来，刘颂的九班制有各种目的，其中之一即是使百官安于本
职，长期停留在同一职位，在此期间考课其政绩，但似乎受当时
的权臣贾、郭阻挠而未能实行。若刘颂的九班制完全没有施行，
石季龙就不可能以此为范本。既然如此，刘颂的九班制到底是什
么呢？不幸的是我并没有能进行明确阐释的材料证据，但是我推
测后来出现的梁武帝十八班制度无疑是在刘颂九班制的基础上产
生的。下面我想据此进行考察。

　　所谓的班，即一般意义上的班位、班列，为百官在宫中的序
列、席次。《唐六典》卷二十六"太子左庶子"条记载：

　　晋太子詹事有中庶子、庶子各四人，局拟散骑常侍；品
第五；班同三令、四率，次中书侍郎下。

又"太子洗马"一条记载：

　　晋太子詹事属官太子洗马八人，（中略）职如谒者，局准
秘书郎；品第七；班同舍人，次中舍人下。

将其与《通典》卷三十七《晋官品表》进行比较，会发现略有差

异。下面是《通典·晋官品表》第五品的顺序：

　　　　中书侍郎—谒者仆射—虎贲中郎将[①]—冗从仆射—羽林
监—太子中庶子—庶子—家令—率更令—仆—卫率

而《六典》的班次中，中书侍郎之后紧接着为太子中庶子。且中书侍郎与太子中庶子均为清官，其间的四种官却皆为品评下等的冗散官。其次，《晋官品表》第七品的顺序为：

　　　　门下中书通事舍人—尚书曹典事—太子洗马

而《唐六典》的班次中，舍人之后紧接着为太子洗马，其间的尚书曹典事即尚书都令史，为所谓的浊官。《六典》似乎是按照不同于《通典·官品表》的理念，将品位重组为班次。

　　《通典》的《晋官品表》与前代《魏官品表》的内容几乎毫无二致，由此看来，《晋官品表》可能是晋初大致沿袭魏官品制成。不过其中出现了"黄沙御史"，据《晋书》卷三《武帝纪》记载，太康五年置黄沙狱，此表无疑作于太康五年之后。

　　再次，在《唐六典》所记的班次中，出现了太子的四卫率，根据《通典》卷三十"太子左右卫率府"条记载，晋初，仅有左右二卫；元康元年，惠帝立愍怀为太子时，增加了前后卫成为四

_____

① 宫崎原文作"虎贲中郎射"，误，据中华书局本《通典》径改。——编者注

卫；其后的元康九年太子被废，永兴元年立成都王司马颖为皇太弟，此时增加中卫，共为五率。可见西晋时代，太子有四卫的时间很长，即从惠帝元康元年到永兴元年（291—304年）的十四年。上述刘颂的九班制制定于其出任吏部尚书期间，亦即太傅杨骏被杀的元康元年到司空张华被杀的永康元年（291—300年）这十年间。二者的年代基本一致，由此不妨可以认为，《唐六典》中记录的班次，即为刘颂九班制所定的班次片断。

如上所述，班，意为宫中的席次，但不单是指座次的问题。从规定了新班次的是吏部尚书刘颂本人，和《石季龙载记》把九班制改称为九班选制这两点来看，我们只能如此解释：即刘颂在重新确定宫中座次的同时，也重新规定了官僚晋升的顺序。

那么，既然已经有了九品官制，为何还有制定九班选制的必要呢？首先，如前所述，九品官制的上层，即五品以上的部分有细致的层次划分，而六品以下的划分则十分粗糙。很多本应被划分开的官职都混在同一品级中，长期这般处理人事，必定会让同一品级的官职间出现上下差别。其次，最初制定九品官制时，并未考虑到会出现清浊之分。然而随着贵族主义的发达，同一品级的官职中产生了清官、浊官之别，于是在人事变动之际，由浊官转为清官问题不大，但是由清官转为浊官时就必须要注意不要让当事人失望。换言之，仅依照九品官制来处理人事黜陟是不够的，所以需要更精密的人事进退表。事实上，刘颂可能从西晋之初就感到有此必要，所以在担任吏部尚书时才提出这个综合性的统一体系，即九班选制。

　　九品官制的九品中，人事进退方面问题最多的似乎为六品官。六品官为乡品二者的起家官，而用作起家官的官职，通常大致是确定好的，即秘书郎、佐著作郎、尚书郎等。然而六品官中还包含其他很多重要的官职，如尚书左右丞、吏部郎、司徒左长史等，这些均既是清官，同时又是要职。既为清官，就不能任用从低级官职晋升上来的人，或者说，不会任用乡品低的人。同时又为要职，也不能使用资历尚浅的人。因此要就任六品的清要官，必须在升至六品很长一段时间后，进行平级调动。

　　魏代已有在六品官间平级调动的先例。《晋书》卷四十四的郑袤、郑默父子就是如此。

　　　　郑袤　尚书郎（六品）—黎阳令（六品？）—尚书右丞（六品）

　　　　郑默　秘书郎（六品）—尚书考功郎（六品）—司徒左长史（六品）

在晋初之前，也出现过只任一次六品官无须平调的例子，因是特别的名士：

　　　　裴楷　魏抚军司马炎参军（七品）—吏部郎（六品）—中书郎（五品）（《晋书》卷三十五）

　　　　王戎　魏相国掾（七品）—吏部郎（六品）—黄门郎（五品）（《晋书》卷四十三）

张华 魏佐著作郎（七品）—〔司徒〕长史（六品）兼中书郎（五品）—晋黄门侍郎（五品）（《晋书》卷三十六）

然晋初以后，六品官大概需要来回平调三次，成为常例：

李胤 尚书郎—中护军司马—吏部郎（《晋书》卷四十四）

胡毋辅之 尚书郎—累转司徒左长史（《晋书》卷四十九）

周颉 秘书郎—累迁尚书吏部郎（《晋书》卷六十九）

累迁、累转，为不断晋升之意，这种写法省略了中间若干官职。若是越级晋升就用超迁、超拜等字眼，例如：

卞粹 尚书郎—超拜右丞（《晋书》卷七十）

就是说，不能由尚书郎或是秘书郎这样纯粹的清官，直接升迁为吏部郎、尚书左右丞、司徒左右长史这样的清要官，其间按照定例必须要经过一个六品官，此为定例。刘颂的九班制，大概是将这种升迁方式归纳起来形成体系。

然而如此一来，拉大了六品官之间迁转的距离，是否会破坏原来的九品官制呢？换言之，九班选制只是在九品官制的内部立班，而班与品矛盾，按班行事是否会出现从上品向下品移动的情况呢？

据《晋书》卷五十五《潘尼传》记载，潘尼从秀才被任命为太常博士（六品），历任高陆令（？）、淮南王允镇东参军（七品），元康初年任太子舍人（七品）。同书卷六十一《刘乔传》记载，刘乔先为秘书郎（六品），后任建威将军王戎参军（七品）、荥阳令（？），至太子洗马（七品）。二人均从六品迁至七品官，且都是刘颂任吏部尚书之前的事例。问题是刘颂的九班制中是否有这类官品逆转的规定，但很遗憾没有能下定论的资料。不过可以确定的是，东晋时在晋升顺序上突然开始无视官品，且屡屡发生上品向下品移动也算升迁的情况。这似乎也遵守了一定的晋升规则，因此它显然意味着班制破坏了品制。此班制无疑渊源于刘颂的九班制，但是否为刘颂的九班制本身仍未可知。

四、清要官的发展

如上所述，西晋时代开启了这样的先例：六品官经两次调动之后，第三次则可出任六品中的清要官——吏部郎、司徒左长史。因此，这些官职实际上具有五品的价值。于是政府为了使名实相符，将吏部郎的官品提升至五品。《唐六典》卷二"吏部郎中"条：

> 吏部郎，历代品秩皆高于诸曹郎。魏晋来晋〔宋齐？〕吏部郎品第五，诸曹郎品第六。

据此，从魏代开始吏部郎就已是第五品，但这一点有疑问。从前引王戎晋升的例子，可以看出吏部郎在魏代仍为六品，可能是入西晋后才改为五品。不过这与刘颂的九班制有何关系，尚不能断言。司徒左长史被认为与吏部郎的价值基本相等，因此大概是同时成为五品。东晋以后，对吏部郎、司徒左长史的评价更高，这一点从下表中可以看出。即要成为吏部郎，一般要先经历其他的五品官方可达成。

表九　吏部郎、司徒左长史晋升表之一

姓名	五品官	五品·四品	五品—三品	摘要
（1）羊曼	黄门侍郎	吏部郎	晋陵太守（五）	《晋书》卷四十九
（2）顾和	散骑侍郎	吏部郎	晋陵太守（五）	《晋书》卷八十三
（3）孔愉	长兼中书郎	司徒左长史	吴兴太守（五）	《晋书》卷七十八
（4）江彪	黄门郎	吏部郎	御史中丞（四）	《晋书》卷五十六
（5）郗昙	中书侍郎	吏部郎	御史中丞（四）	《晋书》卷六十七
（6）王恭	中书郎	吏部郎	建威将军（四）	《晋书》卷八十四
（7）王洽	中书郎	司徒左长史	建武将军（四）	《晋书》卷六十五
（8）江逌	中书郎	吏部郎	长兼侍中（三）	《晋书》卷八十三
（9）桓彝	中书郎	吏部郎	散骑常侍（三）	《晋书》卷七十四

黄门侍郎、中书侍郎略称为黄门郎、中书郎，此处仍采用原典的称呼。而散骑侍郎虽一般没有略称，偶尔也可看到散骑郎这样的称呼。

然而虽说同样从五品晋升，关键在于下一任官职是什么。如（1）（2）（3）所示，下一任为五品官，则中间的吏部郎只能是五

表十　吏部郎、司徒左长史晋升表之二

姓名	五品官		
	中书郎	黄门郎	太子中庶子
（1）袁　湛	○	○	
（2）褚湛之		（郡太守）	○
（3）蔡兴宗	○	○	○
（4）张　悦	○		
（5）王僧绰			○
（6）谢　庄			○
（7）王　悦		○	（御史中丞）
（8）褚　渊	○		（司徒右长史）
（9）何　戢	○	○	
（10）何昌寓			○○
（11）谢　瀟	○	○	○
（12）王思远	○	○	（御史中丞）
（13）王　慈		○	○
（14）蔡　约	○	○	○
（15）陆慧晓	（国内史）	○	
（16）萧惠基	○	○	

与四品官相当		次任官（官品）	摘要
邓	司徒左长史		
	○	侍中（三）	《宋书》卷五十二
	○	侍中（三）	《宋书》卷五十二
	○	领前军将军（三）	《宋书》卷五十七
		侍中（三）	《宋书》卷五十九
	○	侍中（三）	《宋书》卷七十一
	○	侍中（三）	《宋书》卷八十五
		侍中（三）	《宋书》卷九十二
		侍中（三）	《南齐书》卷二十三
	○	侍中（三）	《南齐书》卷三十二
		侍中（三）	《南齐书》卷四十三
		兼侍中（三）	《南齐书》卷四十三
	○	侍中（三）	《南齐书》卷四十三
	○	兼侍中（三）	《南齐书》卷四十六
	○	侍中（三）	《南齐书》卷四十六
		侍中（三）	《南齐书》卷四十六
		长兼侍中（三）	《南齐书》卷四十六

品官；如（4）至（7）所示，下一任为四品官，则吏部郎既可认为是五品官，也可以是相当于四品官；如（8）（9）所示，直接当上三品官，则吏部郎为五品官到三品官中间，必须承认这明显相当于是四品官。事实上，吏部郎和司徒左长史显然逐渐具有相当于四品官的性质。

这种上升趋势可以从以下两方面事实观察到。一方面，在当上吏部郎、司徒左长史之前的五品官经历被拉长，一般要经历中书郎—黄门郎—太子中庶子系列中的两种官职；另一方面，由吏部郎、司徒左长史直接晋升为三品官侍中的例子增多。现据东晋末至宋齐的吏部郎、司徒左长史的迁转顺序，从《宋书》《南齐书》中摘取实例，制成表十。

表十中省略了无关轻重的官职。张悦的传记极为简单，想必是列传的记载有所省略，即便如此，加入表中也并无大碍。宋齐时代以来，逐渐形成了这样一条升迁路线，即在当上吏部郎或者司徒左长史之前，必须担任至少两次五品官，而接下来的官职即可为三品官侍中。当然并非所有人都必须按照这条路线，其中有人从未当过吏部郎或司徒左长史而直接当上侍中；也偶尔可见在吏部郎、司徒左长史之后担任其他官职，再当上侍中的例子。

东晋时，从中书郎直接晋升为吏部郎比较普遍，到了齐代，二者之间拉大了距离。谢朓两度担任中书郎，继任镇北将军晋安王的谘议参军兼南东海太守，又代理（行事）南徐州刺史后，成为吏部郎。可是他以破格（超阶）为由固辞不就，未能获得批准（《南齐书》卷四十七）。可见吏部郎之位已然如此尊贵。但吏部郎的官品似乎并无被正式改为四品的记录，依旧止于五品官。吏部郎在吏部尚书之下掌管人事，但在东晋以后职掌渐有分别。吏部尚书掌管高级官吏，称为"大选"，仆射等上级官员总领选举时，则称为"领选"或"掌选"；吏部郎或其他官员参与时，称为"参掌"。①吏部郎掌管下级官员，尤其是后面会提到的令史等勋品人事，称为"小选"。

　　进入齐代以来，担任吏部郎、司徒左长史之前，大多需历官黄门郎，宋齐时代的黄门郎是一个关卡。据《宋书》卷五十七《蔡廓传》记载：

　　　　征为吏部尚书。廓因北地傅隆问亮："选事若悉以见付，不论；不然，不能拜也。"亮以语录尚书徐羡之，羡之曰："黄门郎以下，悉以委蔡，吾徒不复厝怀；自此以上，故宜共参同异。"廓曰："我不能为徐干木署纸尾也。"遂不拜。干木，羡之小字也。选案黄纸，录尚书与吏部尚书连名，故廓云"署纸尾"也。

又据《南齐书》卷四十二《王诩传》记载：

---

① "领选"与"参掌"。位于吏部之上的尚书令、仆射参与选事，称为"领选"；他官或吏部郎参与选事，称为"参掌"，此为正确用法。实际上却经常被混用。《南齐书》卷二十三《王俭传》载："迁右仆射、领吏部。（中略）转左仆射，领选如故。（中略）进号卫将军，参掌选事。（中略）领中书监，参掌选事。"为将二者明确区分使用的例子。

> 六年敕，位未登黄门郎，不得畜女妓。诩与射声校尉阴
> 玄智坐畜妓免官，禁锢十年。敕特原诩禁锢。

前者为"黄门郎以下"，后者包含黄门郎以上，意味着黄门郎地位的提升。黄门郎可能成了通往吏部郎的门户。

继吏部郎、司徒左长史后可担任的三品官侍中，乃天子顾问的重要官职。东晋以来，此官由来自北方的流寓贵族独占，轻易不交给江南土著贵族。《晋书》卷七十七《陆晔传》记载：

> 帝以侍中皆北士，宜兼用南人，晔以清贞著称，遂拜
> 侍中。

这种状态延续到后世。《南齐书》卷三十七《胡谐之传》记载：

> 上欲迁谐之，尝从容谓谐之曰："江州有几侍中邪？"谐
> 之答曰："近世唯有程道惠一人而已。"上曰："当今有二。"
> 后以语尚书令王俭，俭意更异，乃以为太子中庶子。

王俭为流寓贵族中的佼佼者，他们是如何阻碍土著贵族进入官场的，由此可知一二。

这样的晋升路线一旦确定，就会产生如何尽早达到必经官职的竞争。宛如障碍赛跑一般，只要通过即可，因此其中也有相当快的纪录。如前表中的何戢（9），其祖父何尚之乃宋的司空，父

亲何偃为金紫光禄大夫，家族系谱无可挑剔。据称他家业富盛，生活极尽奢侈；又受到宋武帝喜爱，尚武帝之女山阴公主。然而据说遭到公主嫌弃，想必容貌欠佳，不过因其他条件均无懈可击，因此并无大碍。因为娶了公主，所以自动成为驸马都尉，但对于他来说这反而成为麻烦。因为若按家世，他完全可以风光地从秘书郎起家。他的本传中记为解褐秘书郎，秘书郎之后任太子中舍人，若是一般名门，此时应为太子舍人，而他则是比舍人略高的中舍人。接下来经司徒主簿、新安王文学、任秘书丞，秘书丞当时被称为天下第一清官。但虽为清官，却并非要官。之后又担任中书郎、司徒从事中郎、司徒司马和黄门郎；再任外官，为宣威将军、东阳郡太守；后任吏部郎、侍中，此时年方二十九。他以未满三十为由婉拒侍中一职，被改授司徒左长史。当时齐太祖萧道成作为领军将军，势头正盛，春风得意，因此何戢与之交好。之后他出任侍中，车骑将军安成王的长史加辅国将军，任济阴太守代行府州事，又为吴郡太守，以疾归，历任侍中、秘书监、中书令，迁萧道成相国府长史。宋齐革命发生的建元元年，他出任散骑常侍、太子詹事，又改侍中兼詹事，不久迁吏部尚书，加骁骑将军。建元三年以左将军任吴兴太守，翌年去世，年三十六岁。

其起家年龄，若据一般情况按二十岁来算，之后十年间历任十一种官职，辗转至侍中，其后更是四五年间历任十三种官职成为吏部尚书。虽说是宋齐革命动乱之际，这样的迁转也太过频繁。不过在当时的官场，一位名士若长期待在好职位上，别人则无法升迁，因此考虑到要为新人让路，频繁迁转很受欢迎，迁转者也以其迁转次数之多而自豪。《南齐书》卷四十九《王奂传》以"一岁三迁"作为王奂是名门出身的名士证据。同书卷五十二《丘灵鞠传》中，引丘灵鞠所言道：

> 久居官，不愿数迁，使我终身为祭酒，不恨也。

而这可以说是异例。

官吏的调动如此频繁，说明两个事实。首先，毫无疑问，官僚几乎不涉实务而专门沉湎于社交活动。因此本应为清要官，却实际上仅为清官，不知不觉变得不再重要，这与最初的宗旨相矛盾。他们的工作依然属于清要，只是他们逃避职务，盲目判断。南朝贵族文化就是在这种贵族社会的背景下绽放的。

职务依然重要，但负责人却逃避政务，那自然另一方面，就产生了工作必须有人负责这个问题。不必说，显然是由其下属的令史们完成的。此事容后再续。

关于东晋以来，魏晋的九品官制崩溃，前文以吏部郎和司徒左长史这两个官职为中心，略述了当时上者为下、下者为上、上下颠倒的经过。其他官职上也出现过相同的情况，从何戢的仕途履历中就可见一斑。不过官位是相对的，因此事实上深究某官职为几品官或是相当于几品官并无太大意义。而其变化还是基于既定事实而变，因此各时期才会有当时特有的迁转顺序。《宋书》卷五十七《蔡兴宗传》记载：

　　王景文、谢章①等迁授失序，兴宗又欲为美选。

即使九品官制崩溃，也仍有源自于此的很多先例。上下阶级，及大致的晋升路线已确立，因此违反者则会被扣上"失序"的责难。这种上下阶级在当时似乎专称为"阶"，"超阶"一词也由此而来。然而先例日后也会有所增添，因此阶制也随年代一同变化。到了齐代，军府参军的发展壮大令这种混乱愈发严重。

五、军府僚属尤其是参军的发展

　　东晋以后政治上的一个显著特征是地方军府的壮大。汉代地方的郡直属于中央，将几个郡整合起来称为州，州为监察区划而非行政区划。然而到了东汉末期，州成为纯粹的行政区分，州刺史凌驾于郡太守之上，可管理郡。而此时又于州之上设立都督府，由此军府来管理州。换言之，中央政府在地方上设立强大的驻外机构，委以重大权限。但之后由于该驻外机构过于强大，或是干涉朝政，或是成为发动叛乱的据点，让中央政府深感头疼。

　　都督诸军事这个官职始于魏代。然而它并非独立的官职，而是将军附带的官。便宜起见，现按照《三国职官表》进行说明。魏代有称为"四征"的征东、征南、征西、征北四将军，均为二品官。"四征"各自兼各方面的都督，如征东将军都督青、兖、徐、

---

① 谢章，中华书局本《宋书》据《南史》改作"谢庄"，见本卷校勘记。——编者注

扬四州军事。他拥有征东将军府，下有长史、司马、从事中郎、参军等僚属。原本非一品官的三公不能拥有"府"，将军获得三公的待遇，因此特许其开府。不过此府的僚属规模比三公府要小一等。征东将军带有都督这一特殊任务，故与其他的二品将军相比，参军的人数增加四人达到六人，但不再另外拥有都督府。都督仅掌军事，在军事方面指挥州刺史，但不允许干涉刺史负责的民事。

　　然而从西晋惠帝时代起，都督开始兼任重要州的刺史，军政、民事混同，都督成为位居州上的行政官。[①]正如《晋书》卷七十五《范宁传》记载：

　　　　府以统州，州以监郡，郡以莅县。

这样一来，都督府的工作变得非常重要，只凭将军府自身则无以维系，因而才有另立都督府的必要。将军府与都督府何时分离尚不能断言，但有一点可以确定，那就是西晋末元帝于扬州设立丞相府是一大转折点。

　　西晋时代，太傅杨骏、相国赵王伦掌握实权，其公府膨胀到非常大的规模，且模仿中央的尚书设置了部局。杨骏的太傅府有

━━━━━━━━━

① 都督与刺史。《三国志》卷九《魏书·曹休传》记载，他在魏文帝初任镇南将军假节都督诸军事，当时只都督军事，不久领扬州刺史，都督为本职，刺史是兼领。此事在《通典》卷三十二"都督"条有记载："魏文帝黄初三年，始置都督诸州军事，或领刺史，（中略），（晋）太康中，都督知军事，刺史理人，各用人焉。惠帝末，乃并任，非要州则单为刺史。"非领兵的刺史称为单车刺史。

二十曹，赵王伦的相国府也有二十曹。元帝的丞相府有二十四曹，即位后升格为中央朝廷的尚书曹。尚书曹的数目几经废止与新设，到东晋中期确定为十八曹。

东晋为了与来自北方的重压对抗，不得不以戒严般的强度役使人民。在地方上也设置军镇，建立能立刻应对非常事态的体制。地方上尤为重要的是荆州，这也与北方的政局相应。在北方，长安常成为独立政权的据点，因此在荆州设置强有力的都督府以对抗长安。

虽说仅仅是荆州都督府，但其结构极为复杂，举例说明会更清楚。东晋穆帝永和元年，桓温被任命为荆州都督，当时其头衔为：

安西将军、持节都督荆司雍益梁宁六州诸军事、领护南蛮校尉、荆州刺史。

共有四个头衔。第一个是三品官安西将军，据本人的资历，可以晋升为镇西将军、征西将军，甚至二品官的征西大将军。第二个持节都督诸军事为二品官，资历高者可升至使持节都督或者使持节大都督，资历低者则持节为假节，都督诸军事降为监诸军事，更低者为督诸军事。不过荆州这样的重镇，大抵在持节都督以上。第三个护南蛮校尉为四品官，此官分担湘州的边防，因此荆州都督有这个头衔便可指挥湘州。第四个荆州刺史为四品官，都督领此官职时升二等，成为二品官。

有四个头衔自然就拥有四个官衙。第一个是安西将军的将军府，其僚属按照公府标准。据《晋书》卷二十四《职官志》记载：

> 三品将军秩中二千石者，（中略）置长史、司马各一人，秩千石；主簿，功曹，门下都督，录事，兵铠士贼曹，营军、刺奸吏、帐下都督，功曹书佐门吏，门下书吏各一人。

此乃晋初的制度，东晋的安西将军、征西将军大都依此规定。

其次是都督府。都督府仿照中央尚书省，即元帝丞相府的规模设置僚属。三品将军开都督府，对应中央三公及享受三公待遇的位从公的开府。三公以及位从公的府之构成，可参见《晋书》卷二十四《职官志》。不过此为西晋初的制度，不适用于东晋以后。之后的制度，可从《南齐书》卷十六《百官志》关于四征、四镇将军的记述中推测得知：

> 凡公督府置佐：长史、司马各一人，谘议参军二人。诸曹有录事，〔功曹〕，记室，户曹，仓曹，中直兵，外兵，骑兵，长流，贼曹，城局，法曹，田曹，水曹，铠曹，集曹，右户，十八曹。局曹①以上署正参军，法曹以下署行参军，各一人。其行参军无署者，为长兼员。

---

① 局曹，中华书局本《南齐书》作"城局曹"，校勘记曰"城"字据《册府元龟》卷七一六补。——编者注

功曹二字，当据《通典》卷二十"总叙三师三公以下官属"条补足。中、直兵曹虽为二曹，但参军仅署一人。又《南齐书》记载：

> 其府佐史则从事中郎二人，仓曹掾、户曹属、东西阁祭酒各一人，主簿舍人御属二人。加崇者，则左右长史四人，中郎掾属并增数。其未及开府，则置府亦有佐史，其数有减。

之前的引文是关于公和位从公的开府、将军的都督府的内容，而这段引文是对公和位从公的原有府的说明。我们应注意，像《南齐书》这样将开府都督府与原有府区分开的记载方式并非始于南齐，而是从晋代开始就存在了。若不把二者加以区分，则左右长史共四人这一点将无法说明。事实上两府常常混同，很多时候人员和职务是共通的。开府及都督府的名称一般以公或者将军名来称呼，像司徒府、卫军府或征西府那样。

其次，护南蛮校尉一般略称为南蛮校尉，也有不少僚属，但详细状况尚不清楚。最后，荆州刺史的僚属和其他州一样，设置别驾、治中、西曹（议曹）、部郡等从事史，以及主簿。以上四个官衙的僚属，加上其下的令史等吏人，阵容颇为庞大。《宋书》卷三《武帝纪下》"永初二年三月"条记载：

> 初限荆州府置将不得过二千人，吏不得过一万人；州置将不得过五百人，吏不得过五千人。兵士不在此限。

府和州合起来，加以限制后也会达到将二千五百人，吏一万五千人。"将"具体所指为何尚不明确，但若假设将为百人之长，则其兵力大约二十五万人。故其经费应也十分庞大。

宋以后，流行天子将其子弟、皇弟皇子派遣到地方担任都督。齐太祖高帝命第二子豫章王嶷出镇荆州都督一事尤其引人注目。他在骠骑大将军、开府仪同三司之上，还有"都督荆湘雍益梁宁南北秦八州诸军事，南蛮校尉，荆湘二州刺史，持节"这些官衔，此事在《南齐书》卷二十二本传有记载：

> 晋宋之际，刺史多不领南蛮，别以重人居之，至是有二府二州。荆州资费岁钱三千万，布万匹，米六万斛，又以江、湘二州米十万斛给镇府，湘州资费岁七百万，布三千匹，米五万斛；南蛮资费岁三百万，布万匹，绵千斤，绢三百匹，米千斛，近代莫比也。

由此可以窥其盛况。此处所指"资费"为预算，荆州的资费包含都督府、荆州刺史两部分。且其中一部分作为剩余金，流入府主个人的腰包。[1]上述为方便起见主要以荆州为例加以说明，其他州所置都督府的结构应该也基本大同小异。

那么如此庞大的地方政府机构一旦建立，其主要官员长史、

---

[1] 关于资费的中饱私囊，《南齐书》卷三十二《阮韬传》有记载："韬少历清官，为南兖州别驾，刺史江夏王刘义恭逆求资费钱，韬曰：'此朝廷物。'执不与。"

司马，以及参军的地位也必然随之提高。现据《通典》卷三十六、三十七记载，将魏晋间公府、将军府的僚属官品简示为表十一。但参军未见于晋表，故依魏表、宋表补充。那个时代尚未预想到都督府会在后世如此壮大，因此其时官员地位整体偏低。

表十一　魏晋公府僚属官品表

府主	六品	七品	八品
一、二品 公、将军	长史 司马 从事中郎	正参军 行参军 掾、属	
三、四品 将军、校尉		长史 司马	正参军 行参军
五品将军			长史 司马

东晋以来都督府扩大，其僚属之长——长史的地位也随之变得显要。长史通常会兼任其治所的郡太守。郡太守为五品官，因此长史也成为相当于五品的官。进入宋代以后，皇弟皇子出任都督的情况变多。若其年少，则由长史代理督府及刺史，"行府州事"，略称"行事"。这种情况类似于司徒不在时司徒左长史代行司徒事，因此有实力的都督府长史，占据了堪与司徒左长史匹敌的高位。据《宋书》卷八十七《萧惠开传》，萧惠开由司徒左长史出任北中郎长史、宁朔将军、襄阳太守、行雍州州府事，其中的北中郎长史为海陵王休茂使持节都督府的长史。《南齐书》卷四十六《陆慧晓传》记载，陆慧晓历辅五王，僚属来访，归时必起身相送：

> 或谓慧晓曰："长史贵重，不宜妄自谦屈。"答曰："我性恶人无礼，不容不以礼处人。"

这段逸事在一定程度上反映出长史地位的重要。司马为低长史一等的重要官职，像公府的司马可以转任御史中丞、有时还能转任侍中一样，都督府的司马也可转任刺史。刺史的官品为四品。《宋书》卷六《孝武帝纪》"孝建元年八月"条记载的安西将军荆州都督府司马梁坦任梁、南秦二州刺史，就是一例。东晋著名宰相谢安，除尚书郎、琅邪王友，却不就任；举为吏部郎亦不就，最后被辟为桓温征西将军都督府的司马。从清官角度说，军府司马不及吏部郎，但地位与之不相上下。

长史、司马之下是谘议参军这一特别的参军，一般认为它始于东晋元帝的丞相府。其他的参军分别领有曹分担事务，而谘议参军却像中央的侍中一样没有任所。《宋书》卷七十三《颜延之传》记载，颜延之担任后军将军始兴王濬的谘议参军，始兴王当时大概为湘州都督。颜延之由此谘议参军入朝担任御史中丞（四品），可知谘议参军的地位已经变得很高。

接下来为诸曹的参军、行参军。本来参军按其字面意思，为参与军事的参谋，是中央派遣的与将军商谈军事的谋士，并非将军的僚属。因此参军对作为府主的将军不执属官之礼（致敬）。然而其后公府、将军府置参军成为常制，大约从魏晋革命起，参军完全成为府主的属官，《晋书》卷五十六《孙楚传》记载，孙楚于魏末担任骠骑将军石苞的参军，常说：

天子命我参卿军事。

他行长揖而不拜，事事与石苞意见不合，结果被晋武帝罢免参军，下令今后参军必须向府主施敬。其传记中记载：

> 初，参军不敬府主，楚既轻苞，遂制施敬，自楚始也。

早在魏代，参军应该就有正参军和行参军，但是却找不到行参军的记载。《宋书》卷三十九《百官志》记载：

> 晋太傅司马越府又有行参军、兼行参军，后渐加长兼字。除拜则为参军事，府板则为行参军。

与掾属由公府辟召不同，参军由中央任命，若府主独自任命则为行参军。然及晋末，正、行参军都变为由中央任命，只有资格上下的差异。正、行参军分为除授和板行两种。《宋书·百官志》又载：

> 晋末以来，参军事、行参军又各有除、板。板〔署？〕行参军，不则长兼行参军。①参军督护，江左置。

---

① 中华书局本《宋书》作"板行参军下则长兼行参军"，校勘记曰据《通典·职官典》改。——编者注

最终参军分为正参军、板正参军、行参军、板行参军和长兼行参军五种，其下还有可称为见习的参军督护。然而这种板补也不完全听凭府主的自由。据《宋书》卷七十七《颜师伯传》记载：

> 世祖镇寻阳，启太祖请为南中郎府主簿。太祖不许，谓典签曰："中郎府主簿那得用颜师伯。"世祖启为长流正佐，太祖又曰："朝廷不能除之，郎可自板，亦不宜署长流。"世祖乃板为参军事，署刑狱。

本来板补的任命应为府主的职责，但事实上要受到中央干涉。据《南齐书》卷三十三《王僧虔传》记载，他为吏部尚书时，曾任命沅南令檀珪为征北将军府板行参军。

这些参军的地位如何，难以一概而论，但绝不限于《通典》魏、晋官品表中所载的七品、八品官的框架内。参军的职务恰如中央的尚书郎，因此其地位也大致可与尚书郎参照。齐豫章王嶷任州都督时，于南蛮府东南设立学馆，招集生徒四十人，父祖官位为正佐、台郎的旧族方有资格参加，这里的正佐为正参军，台郎为尚书郎（《南齐书》卷二十二）。

行参军也常被用作起家官。有时非常有名的名门子弟也由此起家，可见根据府主的情况，从行参军起家绝不算不好的待遇。现以宋齐间的数例制成表十二来进行比较。

表中均为名门世族，在此范围内，贵族最热切期望的起家官是秘书郎，其次为著作佐郎，行参军与之相比似乎所差无几。然而到了后世，秘书郎、著作佐郎备受欢迎，行参军起家的级别则大为下降。

表十二　行参军起家表

姓名	起家官	第二官	第三官	摘要
谢庄	始兴王濬后军法曹行参军	太子舍人		《宋书》卷八十五
王融	晋安王南中郎将板行参军	太子舍人		《南齐书》卷四十七
谢朓	豫章王太尉行参军	太子舍人		《南齐书》卷四十七
刘绘	著作佐郎	（齐太祖）太尉行参军	太子洗马	《南齐书》卷四十八
王奂	著作佐郎	太子舍人	太子洗马	《南齐书》卷四十九
王缋	秘书郎	太子舍人		《南齐书》卷四十九

以上大致考察了参军的地位，事实上根据府的大小，尤其是府主个人的情况，参军的地位也会受到很大影响。府的僚佐虽毫无疑问地属于公家地位，但很容易与府主建立个人关系，因此若府主有权势，则随着府主地位的变化，其僚属也随之平移为新府的僚属，这被称为"随府"。同一府中，根据曹的不同会有清浊之分。掌文书的记室参军最清，该职有时也由谘议参军兼任。因此从其他曹转为记室是荣迁。与此相对，中兵、外兵、骑兵三曹多由武人担任，虽为要职，但非清官。由于三曹中有众多参军，基

本都有将军号。《宋书》卷七十四《沈攸之传》记载了沈攸之于荆州叛乱时军队的情况，中兵参军十人，外兵参军二人，骑兵参军三人，与司马、录事参军一起，各自作为队长统领一支部队。其所带将军号有冠军将军、辅国将军、龙骧将军（皆为三品）、宁朔将军（四品），虽都不过是虚号，但名头甚高。此等武人参军，可能都要一生作为参军效力于都督府，以战功和年资赢得将军称号。据《宋书》卷七十七《柳元景传》记载，随王诞作为后军将军出镇襄阳、为雍州都督之时，其后军府外兵参军有名为庞季明者，此人为秦地冠族，当时已七十三岁。都督府中除了来自外地、一心将此位当作临时职位，同时伺机迁转更有利职位的文官参军之外，还有既无背景也没有机会到中央任职，在渺茫的前途下只好就近勉强就职参军的土著官僚。他们不具备进入中央的家世，但在地方也是有名的豪族。都督府的实权反而掌握在土著官僚手中，因此有时这点也造成分裂。若没有这些土著官僚的支持，野心家的叛乱终究不会成功。

　　随着参军地位的提高，州官的性质也随之变化。参军本为中央派遣，其人事权原则上属于中央。然而自汉代以来，州的僚属由长官刺史辟召，即人事权原则上掌握在刺史手中，因此魏、晋官品表将州僚属全部排除在外。由于官品是中央为人事黜陟而设立的标准，因此给中央不具有人事权的州僚属附以官品并无意义。而建立都督府，由同一人兼任都督和刺史，府官与州官之间就会发生人事交流，所以就必须在二者之间设立某种共通标准，以明确上下等级。据《晋书》卷八十三《车胤传》记载，桓温任荆州都督、刺史时，车胤由荆州从事史转为主簿、别驾，又转任征西将军（都督府）的长史。别驾为州级别最高的属官，仅比军府长史低一级。《宋书》卷六十九《范晔传》记载，范晔由尚书外兵郎迁荆州别驾，又回任秘书丞。因为尚书郎和秘书丞均为六品官，故荆州别驾大致享有相当于六品官的待遇[①]。扬州别驾地位更高，《宋书》卷八十一《顾琛传》记载，顾琛为会稽太守，加五品将军后为扬州别驾，又任尚书吏部郎。同书卷八十二的沈怀文亦由扬州别驾迁吏部郎，这正表明扬州别驾相当于五品官以上。又据《南齐书》卷三十二《阮韬传》记载，阮韬历任清官，其中曾为南兖州别驾，因此别驾是清官。

如此，州官与府官、中央官之间开始人事交流，某种区别上下品级的标准被建立起来，换言之，这意味着州官也开始被纳入中央政府的官僚体系之中。因此以往被辟为州官时，很少会被视为起家，成为府官或者中央官时才使用"起家""解褐"等字眼；而进入宋齐以来，任州官也开始被普遍称为"起家""解褐"，有时任职郡官也被称为"解褐"。

都督府的发展必定会影响到中央政府的品官，即中央的驻外机构相继被都督府吸收。在魏、晋官品表中，可以见到度支都尉、

----

① 别驾的地位。作为州纲纪的别驾从事史与治中从事史，其地位甚为重要，且为清官。尚未出现于中央官品时，在《华阳国志》卷十一"司马胜之"条已有记载："时蜀国州书佐望与郡功曹参选，而从事侔台郎。"将别驾治中比作尚书郎。从梁代起载入官品，《通典》卷三十二"总论·州佐"条记载："梁时别驾官品，扬州视黄门郎，南徐州视散骑常侍。""常侍"应为"侍郎"之误。前者为梁制十班，后者为八班之官。

仓簟河津督监等直属中央的财政驻外机构。度支都尉可能为后勤部门，而仓簟河津督监为仓库和河津的督与监，监可能比督略高一点。《晋书》卷六十《李含传》记载，李含被任命为寿城的邸阁督，想来是为仓督，由光禄派遣。此等官职于宋齐时代以后几乎不见于记录，是因为已被都督府吸收，转为由参军、典军管辖。（见本章第九节末）

六、门地二品的产生

魏及西晋初年，中正所下乡品具有权威性，获乡品二品者自六品官起家，获乡品三品者自七品官起家，基本上遵守此规则。当时乡品二品并不易得，大多数人为乡品三品，因此一般自七品官公府掾属起家。可是当时还没有特定的起家官，一旦起家就必须认真执行起家官的职务。这本为理所当然之事，却渐渐因贵族主义而分崩离析。

最先发生的是乡品贬值的倾向。中正下达的乡品并不意味着可以直接任职，不过是任官资格。况且中正隶属司徒府，与实际任用官吏的尚书并非同一系统，于是中正的乡品自然开始向滥授发展。可是官位毕竟有定额，不能随意增加。而具有任官资格的人不断增加，政府不能一直放任不管，遂采取权宜之计。即随着乡品的贬值，诱发了官位的贬值。这种倾向西晋时业已出现。官位的滥授，换言之即设置冗散官。对于获得乡品者，不论是否有职务可办，一律授官。《晋书》卷四十七《傅玄传》记载：

今文武之官既众，而拜赐不在职者又多。

可知早在武帝时已有大量冗散官。且此倾向因东晋南渡更加明显。盖因东晋基础薄弱，需要以官位为诱饵收买官僚贵族的欢心。

东晋以来，从来自北方的流寓贵族开始，土著贵族的子弟也似乎一般为乡品二品。既授予了乡品二品，则作为证明就必须让其自六品官起家。于是想出一个方法，就是让他们先从奉朝请（六品）起家。奉朝请原本并非官名。驸马都尉、奉车都尉和骑都尉这三种官既无定员，又无职务，仅仅奉朝会请召，参加仪式，接受天子召见，故而这三都尉合称奉朝请，后发展为独立的官名。奉朝请成为后世文散官的一个重要来源。但是名门子弟并不满足于奉朝请，因此让他们先从秘书郎、佐著作郎等虚职起家，再找机会委以有实际职务的官职。此事始于西晋，当时有实职的官多为七品的太子舍人、太子洗马、王文学和公府参军掾属等。这种路线一旦确立，那么如果虚职的起家官并非自己所期望的秘书郎，则直接越过，从七品官起家。最初实行此法的可能是对自己家世非常自信的名门子弟，一旦开此先例，则众人群起效之，渐渐大家都不再觉得此事不可思议。最初等级制造了贵族，而贵族一旦打破这种等级，就会形成新的等级，真是奇妙。

表十三（见下页）中，后面一栏应为基本等值的实职，前一栏中作为起家官的秘书郎、佐著作郎，在这个时代已空有虚名，但其地位仍比后一栏官职高。韩伯与江逌之所以不就佐著作郎，或许是由于二人文学名气虽高却家境贫寒，所以有所顾虑而推辞。

不过韩伯是殷浩的姻亲，所以才被推荐了这一与其身份不符的官职吧。然而即使推辞不就，同样视为就任，其后会授予相当于此的官职。谢尚、谢万的情况则略有不同，同在司徒府中，作为起家官的掾，要比其下一任官属资格更高，但掾在职务上没有属曹。恐怕是允诺了他们不久后就执掌司徒府中有实务的曹，因而他们才会从无任所的掾起家。且这样的起家官大体上与佐著作郎级别相等，这一点可以通过下一任官职的高低得以证明。谢氏也许是对自佐著作郎起家表示不服而不就任。因为一旦就任，就相当于承认自己的家族比从秘书郎起家的家族低一等。对于满怀自信的贵族来说，与其屈居第二，不如自愿就任其他职位。谢万之兄谢安曾被人劝说以佐著作郎起家，但谢安断然拒绝。

表十三　东晋名家起家官表

姓名	起家官（官品）	次任官（官品）	摘要
（1）王羲之	秘书郎（六）	庾亮征西参军（七）	《晋书》卷八十
（2）王彪之	佐著作郎（六）	东海王文学（七）	《晋书》卷七十六
（3）王修	佐著作郎（六）	琅邪王文学（七）	《晋书》卷九十三
（4）袁乔	佐著作郎（六）	桓温辅国司马（七）	《晋书》卷八十三
（5）殷仲堪	佐著作郎（六）	谢玄冠军参军（七）	《晋书》卷八十四
（6）韩伯	佐著作郎，不就	司徒左西属（七）	《晋书》卷七十五
（7）江逌	佐著作郎，不就	蔡谟征北参军（七）	《晋书》卷八十三
（8）谢尚	王导司徒掾（七）	司徒左西属（七）	《晋书》卷七十九
（9）谢万	司徒掾（七）	司徒右西属，不就	《晋书》卷七十九

即便同样从公府掾属起家，在西晋以前和东晋以后，其意义却大不相同。西晋以前，视其为乡品三品也不为过；而东晋以后，则是能代替佐著作郎的起家之选。乡品二品已经泛滥而无足稀奇，与其选择不上不下、遍地都是的六品官起家，还不如选择有权势的府主，直接就任府中的实职僚属。参军、行参军起家的情况亦是如此。然而先例长期持续下去，最初担任的官职无疑就变成起家官。最终它还是逊色于秘书郎。

既然如此，作为起家官备受重视的秘书郎，究竟是怎样的官职？秘书郎乃秘书省的郎官，秘书省则是藏书的地方，亦即图书馆。这种并不要求职务效率、与文化事业相关的官职为清官。似乎在西晋时代尚未被定为起家官，只是贵族盼望就任的官职。因此从秘书郎起家是最荣耀的。不过刘隗似乎是因文采出众，凭借个人才能自秘书郎起家。偶也可见如嵇绍那样从更高一级的秘书丞起家者。研究东晋以后的例子会发现，若无特别原因，从秘书郎起家并非易事。正是因为物以稀为贵，秘书郎才身价倍增。后页是以晋代秘书丞、郎起家制成的表十四。

如上所述，乡品二品、起家六品不再珍稀之后，竞争的中心便转移到自何种六品官起家，大家都争相希望从秘书郎起家。因此一旦有人能够自秘书郎起家，便成为其家族是一流贵族的证明。查询东晋名族的谱系，发现第一个实现了琅邪王氏从秘书郎起家的人，并非司徒王导的直系子孙，而是其族子王羲之。虽然王羲之本人为一流人物，但他作为太尉郗鉴女婿的身份，应该也大有帮助。王导并非不能办到类似的事情，只是他权势炽盛，不得不

表十四　晋代秘书丞郎起家表

姓名	起家官	年代	父
（1）嵇绍	秘书丞	西晋初	嵇康
（2）刘隗	秘书郎	西晋末	刘砥
（3）荀蕤	秘书郎	元帝中？	荀崧
（4）庾希	秘书郎	明帝世？	庾冰
（5）王羲之	秘书郎	成帝咸和中	王旷
（6）谢石	秘书郎	穆帝永和中？	谢衰
（7）何澄	秘书郎	穆帝永和中？	何准
（8）桓秘	秘书郎	穆帝末？	桓彝
（9）司马尚之	秘书郎	简文、孝武	司马恬
（10）桓胤	秘书丞	孝武太元末？	桓嗣

父履历	摘要
竹林七贤，山涛友人	《晋书》卷八十九
东光令	有名文翰 《晋书》卷六十九
元帝时任尚书仆射、金紫持节都督，咸和三年死，六十七岁	《晋书》卷七十五
车骑将军，明穆皇后父	兄亮，明穆皇后兄弟 《晋书》卷七十三
淮南太守	司徒王导从子，太尉郗鉴女婿 《晋书》卷八十
太常卿	安弟 《晋书》卷七十九
穆章皇后父	穆章皇后弟 《晋书》卷九十三
丹阳尹	温弟 《晋书》卷七十四
左卫将军	疏族宗室 《晋书》卷三十七
建威将军	祖父冲 《晋书》卷七十四

深思熟虑。他的孙子王谧可能是王导家族最早由秘书郎起家的，另一个孙子王珉似乎是起家佐著作郎。

与王氏比肩的谢氏，到谢安的末弟谢石时自秘书郎起家。桓氏一族因桓温尚晋室公主而遽然崭露头角，桓温的四弟桓秘最先由秘书郎起家，五弟桓冲之孙桓胤破格从秘书丞起家。更需注意的是，宗室虽然能以更加有利的条件获得起家官，但仍仿效贵族，司马尚之即为此种情况。这显然说明贵族社会已确立，贵族文化树立了不可动摇的声价。

比秘书郎低一级的是佐著作郎。此官在魏代称为中书佐著作，为七品官；从晋代开始为六品官，称为佐著作郎；宋以后称为著作佐郎。魏代关于中书佐著作的记载见于《通典》卷三十六的《魏官品表》第七品中，同书卷三十七的《晋官品表》中则未见此名。然而《唐六典》卷十"著作佐郎"条注引《晋令》记著作佐郎为品第六，当为无误。此官职直到西晋为止都未被定为起家之官，单纯因为是清官而为贵族竞逐。《晋书》卷四十八《阎缵传》中有记载，国子祭酒向秘书监华峤推荐阎缵适合担任佐著作郎，华峤却拒绝道：

此职闲廪重，贵势多争之，不暇求其才。

清官原本来自"职闲廪重"，上述秘书郎也是一样。它在东晋以后完全成为起家之官。自秘书郎起家，很少有辞而不就的，而佐著作郎则不时遭到拒绝。①前面已经阐述过两个理由。虽说佐著作郎比秘书郎略逊一筹，但自佐著作郎起家，仍是非常光荣的。《南史》卷二十三记载，王导五代孙王奂从著作佐郎起家：

> 奂诸兄出身诸王国常侍，而奂起家著作佐郎。琅邪颜延之与球情款稍异，常抚奂背曰："阿奴始免寒士。"

虽说自著作佐郎起家，但已是得来不易。但如果全盘接受这个对话，认为从著作佐郎以下官职起家尽是寒士，那就大错特错了。阶级制度上不封顶，下亦无底限，因此"寒士"一词的意思也大多是相对的。

比著作佐郎低的起家官有太常博士、太学博士、殿中将军、奉朝请等六品官。由于上述理由，不愿意被明确门地时，可以选择公府掾属、军府参军、诸王国常侍等官职，这些官职虽为七品，但根据府主身份也会变得十分重要，而且无法确定等级上下。东晋以后，九品官制渐渐混乱，就无法以官品进行判断了。

为获得清官的竞争也表现在起家之后的官职晋升方面。一流贵族的常态是沿着特殊的清官道路升迁，若被任命为劣于此路线的官职就固辞不受。据《晋书》卷七十五的王坦之、王国宝传记载，这对父子被任命为尚书郎时，他们以王氏没有担任吏部郎以

---

① 关于秘书郎的辞而不就。《宋书》卷六十六《王敬弘传》记载："子恢之被召为秘书郎，敬弘为求奉朝请，与恢之书曰：'秘书有限，故有竞。（中略）吾欲使汝处于不竞之地。'太祖嘉而许之。"王敬弘出于谦让而为其子辞去秘书郎一职，并非因不满意。

外的尚书郎之先例为由拒绝了。《宋书》卷五十九中也有关于江智渊的相同逸事。《南齐书》卷三十三中，王僧虔被任命为御史中丞时，他高傲地表示"此是乌衣诸郎坐处，我亦可试为耳"，之后就任。居于乌衣巷的王氏支族，从王彪之至后来的王准之四代担任御史中丞，声名显赫；而王僧虔虽出自琅邪王氏，但他以自己家族中从未有人任过此职为傲，因此才在就任之际出此狂言，意在留作记录，不可以此为先例。然而尚书郎、御史中丞都绝对算不上浊官。清官和浊官都有各种等级，只是与一流清官相比，尚书郎、御史中丞稍逊一筹。一旦形成二品起家的贵族群体，其内部随之出现是何等贵族的问题。

中正授予的乡品，原来应是对个人才德的评价，不应该考虑其家世门地等。然而随着"上品无寒门"的贵族制度发展起来，乡品开始变为按照门地而定。换言之，家世门地取代了个人才德，由此产生门地二品的说法。《宋书》卷六十《范泰传》中记载了范泰上书：

> 昔中朝助教，亦用二品。颍川陈载已辟太保掾，而国子取为助教，即太尉淮〔准〕之弟。所贵在于得才，无系于定品。教学不明，奖厉不著，今有职闲而学优者，可以本官领之，门地二品，宜以朝请领助教，既可以甄其名品，斯亦敦学之一隅。其二品才堪，自依旧从事。

此为完全基于东晋思想的探讨。即便认可其才能为二品，若门地达不到也不能授予乡品二品。乡品完全根据门地来决定，门地二品这一贵族阶级俨然存在。同样的情况见于《宋书》卷九十四《恩倖传序》所记录的汉魏以来的风俗：

> 岁月迁讹，斯风渐笃，凡厥衣冠，莫非二品，自此以还，遂成卑庶。周汉之道，以智役愚，台隶参差，用成等级；魏晋以来，以贵役贱，士庶之科，较然有辨。

所谓"门地二品"，即指被称为士族的贵族阶级。《晋书》卷九十九《桓玄传》记载，在桓玄入京掌握实权后的元兴二年：

> 置学官，教授二品子弟数百人。

此处的二品，无疑也是指"门地二品"。士族为了维护这种特权而形成封闭的社会，尤其表现在婚姻方面。对此，早先仁井田陞博士曾在《历史学研究》九卷八号上发表过《六朝至唐初的身份性内婚制》的研究论文。当时的执政者也规定，士族只能和士族通婚，令原本为社会习惯的内婚制具有了法律层面的意义。《资治通鉴》卷一二九"宋武帝大明五年"条记载：

> 是岁，诏士族杂婚者皆补将吏。士族多避役逃亡，乃严为之制，捕得即斩之，往往奔窜湖山为盗贼。沈怀文谏，不听。

但于《宋书》卷八十二《沈怀文传》求证此条，则记载：

> 上又坏诸郡士族，以充将吏。

《南史》卷三十四本传中也记载了相同内容。尚不得知《资治通鉴》是据何做了改写。《宋书》《南史》的引文也不明确，《资治通鉴》恐是另有根据而作出如上记载。此条下有胡注对杂婚的解释，杂婚指与工商及杂户（隶民）通婚，这恐怕是基于赵宋以后的观念，即与庶民杂婚。当时允许贵族之间气类相投，对庶民则不允许，甚至称为"非类"。在稍后的时代，《陈书》卷三十三《王元规传》中记载，王元规八岁丧父，兄弟三人跟随母亲寄居于母亲家乡临海郡。该郡土豪刘瑱号称资财巨万，欲将女儿嫁与王元规，元规母亲颇为心动，但十二岁的王元规却说：

> 姻不失亲，古人所重。岂得苟安异壤，辄婚非类。

见元规如此反对，其母也只好作罢。宋武帝所禁止的杂婚，无疑指与"非类"的杂婚。所谓"非类"，在唐宋以后指特殊的贱民，然而在南朝，即使是郡的豪族，祖先没有为官经历就属于"非类"。在此前提下，就能明白仁井田博士论文中所引的齐御史中丞吴兴郡中正沈约弹劾王源与"非族类"的满氏通婚的原因了。侍中之孙王源不顾士族地位，与高平满氏结婚。满氏所谓的旧族身份，实则仅为未入士族之籍的平民。仁井田博士的论文还引用

《玉海》卷五十所载《诸氏族谱》中的以下史料：

> 梁天监七年，中丞王僧孺所撰，俾士流案此籍，乃通
> 婚姻。

若士籍为钦定，则士族的范围应该可以大致确定。然而到宋齐时代为止，士族的存在虽确实不可动摇，但如何界定士族的界线并不明朗。对此，接下来将与士族拥有的特权内容一起试作考察。

七、士族的范围与其特权

迄今为止，众多史学家纷纷指出，六朝时代的社会分为士、庶两个阶级。那么士族的特权，具体是指什么呢？我想分为三方面进行思考：一为任官权，二为就学权，三为免役权。而且这三种特权具有内在的关联。因为想要为官，就必须学习；而为了学习就必须被免役。关于第一个任官权，前面已述其大概，因此这里想对就学权及免役权进行说明。

做学问并非为了个人，而是为了社会，因此应该免除学生的徭役，中国自古以来就有这种思想。虽然这有利于学问普及的理想，但又不能毫无限制地一直予以免除徭役。因此汉代以来，国家统制教育，特置数量有限的博士弟子生员，令其学习。地方上虽然也有专门设立学校，但毕竟为少数，所以对于私学似乎是根据地方官的裁夺适当予以免除徭役。《三国志》卷十六附传"颜斐"

条下注引《魏略》：

> 又起文学，听吏民欲读书者，复其小徭。

《三国志》卷十一《魏书·王脩传》注引王隐《晋书》记载，县令试图役使其子①王裒的门人，一县之人皆以为耻。

中央太学的学生在法律上当然是免役的，但因此出现了太学置籍却不学习的现象，自魏代起批评之声不断。方便起见，引用《宋书》卷十四《礼志》的记载：

> 魏文帝黄初五年，立太学于洛阳。齐王正始中，刘馥上疏曰："黄初以来，崇立太学，二十余年，而成者盖寡。由博士选轻，诸生避役，高门子弟，耻非其伦。"（中略）晋武帝泰始八年，有司奏："太学生七千余人，才任四品，听留。"诏："已试经者留之，其余遣还郡国。大臣子弟堪受教者，令入学。"咸宁二年，起国子学。

据此可知，当时的太学已然成为有徭役者逃避义务的场所，因此本无徭役义务的高官子弟，耻于被视作这些人的同类而拒绝上学。咸宁二年，于太学之外设国子学，专门教育高官子弟。此事在《南齐书》卷九《礼志》所引永泰元年领国子助教曹思文的上表中

---

① 宫崎原文作其子，实则王裒是王脩之孙。——译者注

有更详细的记述：

> 晋初太学生三千人，既多猥杂，惠帝时欲辨其泾渭，故
> 元康三年始立国子学，官品第五以上得入国学。（中略）太学
> 之与国学，斯是晋世殊其士庶，异其贵贱耳。然贵贱士庶，
> 皆须教成，故国学太学两存之也。

很明显，国学以招收士族为目的，太学以招收庶人为目的。此处
将士族称为官品五品以上，这一点值得注意。五品以上即卿大夫
身份，故其子弟自然为士的身份，拥有免除徭役的资格。相反地，
六品以下的官吏本身为士，但其子弟为庶人，自然需要服役。这
是魏晋法律上的规定。

然而现实中免役的范围更大。根据《三国志》卷十二《魏
书·司马芝传》记载，郡主簿刘节有宾客千余人，未尝服役，故
其家族更是如此。因此政府或执政者必须酌情裁夺。

《宋书》卷九十五《索虏传》记载，宋文帝元嘉二十七年，宋
与魏之间拉开战幕，朝廷对南兖州下达动员令：

> 尚书左仆射何尚之参议发南兖州三五民丁，父祖伯叔兄弟
> 仕州居职从事、及仕北徐兖为皇弟皇子从事、庶姓主簿、诸皇
> 弟皇子府参军督护国三令以上相府舍〔人〕者，不在发例。

最后一个相府舍人为九品官，故大致符合此线者的三等亲可以免

于征发。但这是军役，与一般的徭役有所不同。

南齐以后，屡设学校，置学生，或试图招收学生，学生的录用标准见于《南齐书》卷九《礼志》：

> 建元四年正月，诏立国学，置学生百五十人。其有位乐入者五十人。生年十五以上，二十以还，取王公已下至三将、著作郎、廷尉正、太子舍人、领护诸府司马谘议经除敕者、诸州别驾治中等、见居官及罢散者子孙。悉取家去都二千里为限。太祖崩，乃止。

又载：

> 永明三年正月，诏立学，创立堂宇，召公卿子弟下及员外郎之胤，凡置生二百人。

其资格比高帝时更高。几乎同一时期，高帝的第二子豫章王嶷任荆州都督，设立学校，事见《南齐书》卷二十二本传：

> 于南蛮园东南开馆立学，上表言状。置生四十人，取旧族，父祖位正佐台郎，年二十五以下十五以上补之。

此规定甚为简明，要求取正佐台郎以上。即魏、西晋时为五品以上官员，其子孙为士人，在法律上亦可免役。到齐初时，该标准下降至六、七品的清官。大凡在此之上，都被认可为"门地二品"。

为方便起见，我在这里使用了"标准下降"一词。但应注意，这个降低标准，并非指在官品表中全面降低。实际上是偏向清官，即只降低了清官的部分。换言之，免役权和就学权的范围，仅广泛适用于清流贵族起家初期就任的清官，而其下由浊官升至六、七品官者则不在此范围内。另一方面，还有大量原样保留的官职，这些官职由非门地二品者担任。至此，我只是急于对门地二品进行说明，可以说与当时的当权者一样对非门地二品者置之不理。然而为了弄清楚门地二品的性质，就需要在此说明一下非门地二品者。

八、寒士的实态

南北朝时代，寒门、寒士、寒人等称呼频繁出现，宫川尚志先生曾在《东亚人文学报》三卷二号上发表过优秀的研究论文《魏晋及南朝的寒门、寒人》。这些词语确实被互相混同使用，但我认为关于实际情况仍应分为两种。第一种，身为士而门地寒者，我想称之为寒门、寒士；第二种，以庶人跻身士族，或获得等同于士的地位却反被贵族形容为寒者，我将称他们为寒人。

目前为止我在说明九品官人法时，一直仅以乡品五品以上为重心，五品以下则有意避而不谈。那是因为除了获得乡品一品、从五品官起家的情况十分特殊暂且不论，乡品二品至五品，其本质并无太大差别。得乡品二品从六品官起家也好，得乡品五品自九品官起家也罢，最终都能晋升到五品以上。而五品在法律上可免徭役，其自身的地位属于大夫，其子孙可获得士的身份。虽有快慢之分，但在最后都能达到士族地位这一点上是同样的。又，虽然在起点上，六品与九品有差别，但从品官起家这一点又是一样的。乡品将个人才德转换为门阀家世，但只要其他条件并无差异，则其机制是相同的。

然而乡品本应据个人才德授予，却由于贵族主义的发展变为根据门地高下授予。贵族主义的出现使官僚金字塔的内部结构也不得不随之变化。这一点前两节已作叙述。总而言之，第二章第七节的"官僚金字塔结构图"必须加以极大改动。

在乡品贬值倾向的影响下，门地二品的范围也随之大大扩张，因此其起家官就不限于六品官，一部分七品官也被染指。这一点前面已有说明。但是门地二品的势力扩张不仅向下发展，无疑也企图涉及五品官以上的部分。按以往的规则，乡品三品者可升至三品官，乡品五品者会为五品官，然而他们被承诺的范围，却遭到乡品二品的侵占，他们将来的出路自然变得狭窄、无法施展，难以轻易地实现目的。那么这些在乡品竞争中落败、失去升格为门地二品机会的乡品三品至五品者——或应称为门地三品至五品者更合适——他们的阶层产生了何种变化呢？他们正是我所称的寒门、寒士。

根据史料探究东晋以后寒门、寒士的实态比较困难。因为寒士、寒人称呼，常常用于自谦或侮辱别人时。被骂为笨蛋的人未必真笨，同理，自称寒士或被称为寒士者，通常未必就是我所说的寒士。并且名族与寒士其实是相对的，因为贵族社会是阶层社会，上下皆无止境。上层看来为寒士之人，说不定在下层看来却是体面的名门；中央的寒士与地方的寒士之间又有等级差别。祖氏九世孝廉，为地方名门，进入中央却被称作寒门。其实两种称呼都正确。因此我不再试图从当时寒士的例子中归纳出其实态，而是从自己特有的立场去探讨寒士的性质。

《晋书》卷六十六中所记载的陶侃，虽其父为吴扬武将军，但他早年孤贫而为县吏。后出仕于郡，历任督邮、主簿，又被举为孝廉，本传称为寒宦。但是由于其祖上有为官者，因此即便他依靠个人才能出仕地方衙门并升至高位，别人也不以为奇。这是寒士的一种类型。其次，《宋书》卷四十七《刘敬宣传》有记：晋末，有宗室贱属名为司马道赐者，担任刘敬宣的参军。像这样虽身为王室或名门一族，但关系疏远则被称为贱属，担任军府的参军等职务。此等名门疏亲，也是一种寒士。再次，据《晋书》卷七十二《郭璞传》，郭璞之父自尚书都令史晋升至建平太守，但都令史一职一般都由发迹的庶民担任。像这样一代便成功的庶民，其子亦为寒士，此为第三种寒士。最后，若是庶民，学识丰富只能获得庶民待遇，学识丰富的寒士却可得到士的待遇。《梁书》卷四十八的沈峻一家世代为农，而沈峻好学，得以自王国中尉起家。

寒门这一地位，似乎也是为当时官方制度所认可的。《宋书》卷八十三《宗越传》记载，宗越原为南阳次门，安北将军赵伦之任雍州都督时，定氏族，将宗越降为役门。宗越立功后，向宋文帝请求，得以复其次门之身。役门显然是庶民，应与三五门相同。

这样说来，次门即次于士族之意，虽然不及门地二品，但一定是三品至五品，即有门地的寒门。又《梁书》卷二《武帝纪》"天监八年诏"记载：

> 寒品后门，并随才试吏。

寒品后门大概与前面的次门意思相同，寒品后门的略称即为寒门。《梁书》卷三十四《张缵传》有记：

> 大同二年，征为吏部尚书。缵居选，其后门寒素，有一介皆见引拔。

此处的"后门寒素"亦为寒门。《唐六典》卷二十一"四门博士"条记梁武帝开五馆：

> 梁武帝欲招来后进，五馆生皆取寒门俊才。

说明朝廷致力于培养寒士而并非普通百姓。又《梁书》卷一《武帝纪》"齐末中兴二年"条记录他给齐帝的上书：

> 中间立格，甲族以二十登仕，后门以过立试吏。

这些词被反复使用，可见寒门、寒士作为一个阶级，其地位为法律承认。

这些寒士一般从公府舍人起家。《晋书》卷九十一记载了早在魏末的崔游事例，此外还有《晋书》卷四十八的阎缵、卷六十六的陶侃、卷七十的刘超和卷八十一的桓宣等例。《宋书》卷六十二《羊欣传》记载了羊欣因惹恼宗室司马元显而被用为舍人一事：

> 元显怒，乃以为其后军府舍人。此职本用寒人，欣意貌恬然。

此处所指的寒人，当为我所说的寒士。公府舍人的官品，《通典》卷三十七《晋官品表》未记载，但据《南齐书》卷五十六《倖臣传》记载可知：

> 《晋令》舍人位居九品。

但《南齐书》将舍人作中书舍人理解，似是有误，中书舍人在《晋官品表》中明确位列第七品。

接下来的问题则是，寒士一般可以晋升到什么级别。对此史料未能充分解答。因为正史列传并非对普通人的记录，其所记载的多为非凡之人，前面所列举的舍人出身的寒士大多都是升到了高官高位之人。若据此认为寒士均可凭其才能随意升迁，则未免太过草率。虽才华横溢，却因身为寒士而被阻断升迁之路的人可谓数不胜数。根据九品官人法的初衷，乡品五品者被预测可升至

五品官。而随着时代迁移，这出现了困难，寒士一般所能升到的
位置，大致止于六品官。《宋书》卷四十三中，徐羡之的祖父为尚
书吏部郎，未拜江州刺史而卒；其父徐祚之为上虞令，因此绝非
寒士。但其本人在晋末历任司徒左西属、徐州别驾、太尉谘议参
军和琅邪内史等职，官至宋高祖的太尉府司马时道：

> 吾位至二品，官为二千石，志愿久充。

后文会讲到，"位二品"即指六品官，"二千石"大约指郡太守、
国内史等。此话虽出自名族，但可据此大概推知寒士升迁的限度，
寒士的情况当然要比这更低。恐怕升至六品官，已是非常幸运的
人才可达到的极限。①《宋书》卷七十五《王僧达传》附载了苏宝
生的事迹：

> 宝生本寒门，有文义之美。元嘉中立国子学，为《毛
> 诗》助教，为太祖所知，官至南台侍御史，江宁令。坐知高
> 阇反不即启闻，与阇共伏诛。

---

① 关于止足，即便在相对稳定的南朝贵族社会，相互之间为攀升高位而展开的竞争也
极为激烈。《晋书》卷八十九《王豹传》记载："进则亢龙有悔，退则藜藜生庭。"由此
贵族们陷入了进退两难的境地。还有如《梁书》卷二十二《安成王秀传》所记载的陶潜
曾孙被任命为里司之事。《梁书》卷三十一《袁昂传》记载："吾释褐从仕，不期富贵，
但官序不失等伦，衣食粗知荣辱，以此阖棺，无惭乡里。"然而此理想的实现甚为困难。
因此《梁书》在《高士传》之外还设有《止足传》，根据《南齐书》卷四十六《王秀之
传》记载，此又称为"朝隐"。

他恐怕是很大年纪才从国子助教（八品）起家的，而南台侍御史为名流不愿担任的寒官。若他无病无灾、健康长寿，可能至多也只能当上郡太守级别的官职。《晋书》卷八十二《虞溥传》有记：虞溥父亲为偏将军（八品），因此他属于典型的寒士。因为学识丰富，由郡举孝廉，自郎中（八品）起家，补尚书都令史（七品），历官公车司马令（六品）后，最后官职为鄱阳内史（五品）。

《晋书》列传中，可见到相当多的舍人出身的寒士飞黄腾达，以及非舍人的寒士名人。然及至宋齐，且不说武将，寒士几乎集中于《恩倖传》。除天子侧近的权势者之外，一般官场上寒士活跃的例子渐渐减少。如上所述，绝非寒士消失不见，而是可供寒士大显身手的舞台日益狭窄。换言之，他们被日渐排挤出官场，不再能担任位高权重的官职。宋明帝时的尚书都令史骆宰，为寒士或寒人出身，其议论虽散见文献各处，而《宋书》中当然不为他立传，其事迹也湮没不传。大概终其一生只居于都令史吧。

九、勋位的确立

在之前说明九品官人法时，我有意不涉及乡品六品以下的情况，此时终于到了该探讨这一保留问题的时候了。九品官人法如字面所示，以九品任人为官，因此乡品也自然划分为一到九品。然而法则与现实并不一致，中正并非必须要强行授予乡品。《晋书》卷六十一《周馥传》载其为司徒左西曹属时，司徒王浑对他甚是欣赏，上表称：

> 馥理识清正，兼有才干，主定九品，检括精详。

此处所指的九品为中正授予的乡品，周馥作为左西曹属位居左长史之下，其调查精确详尽，此处虽为"九品"，但不必视为实际评定至第九品。《通典》卷十四夹注记载了中正的评品方法：

> 或道义亏阙，则降下之，或自五退六，自六退七矣。

由此可看作实际上至少七品还在评定之列。然而乡品六品以下的实际意义如何呢？这要从乡品与官品的关系说起。乡品起着决定当前起家官品的作用。对要成为官品九品以上即流内官的人来说，乡品是必要的。乡品五品者自九品官起家，而乡品六品以下者并无比九品更低的官可任，因此，如果他们同样从九品官起家的话，虽其未来不可知，但在起家之际会产生乡品五品与乡品六品以下之间孰轻孰重是否无法衡量的疑问。

而解答此问题在原则上非常简单。如第二章第七节"官僚金字塔结构图"所示，问题不仅在于起家，更在于起家的同时，日后的晋升道路就已确定。因此乡品六品者，同乡品五品以上者一样，沿着各自的仕途路线升至六品官。与之相反，若存在乡品九品者，则他被授予九品官，终其一生也只能是九品官。即同样从九品官起家，但其前途的广阔程度是截然不同的，因此入口应存在有差异。从原则上，我们尽可以做出这般毫无矛盾的解答，我想立法者的意图应该也是如此。但是事实上究竟是否照此执行，我并没有做出肯定回答的自信。如上所述，盖九品官人法是专以官场上层为对象制定的，对下层则颇为粗疏。如果是赵宋以后官僚组织发达的时代，还有可能井然有序地执行九品官人法的这些原则，而魏晋时期自然尚未达到这种程度。

事实上，要说乡品五品者与乡品六品以下者的区别在哪里，大概在于九品官中存在一条明确的分界线，区分开了乡品五品者可就官职与六品以下者可就官职，这条线一直向上延伸到六品官。随着贵族制度的完善，这条线直接转变为社会阶级的断层线。即它的右边为士人、尤其是寒士可以就任的官职；线的左边为庶民通过积累年资可就任的官职。此处需要考虑的是九品官之下还存在着流外官的这一事实。

"流外"一词虽被后世频繁使用，起源却不明确。可能是和九品官制一起产生的，因为"九品"常被称为"九流"。《晋书》卷四十五《任恺传》有"九流难精"，因此九流以下的官职才被称为"流外"。《太平御览》卷六三四引《晋假宁令》称：

> 诸文武官，若流外已上者，父母在，三年给定假三十日。其拜墓，五年一假十日。并除程。

这是我见过的最早的记载。此处需注意"流外已上"一词。似乎并非九品官以下均称为流外官，流外官也必须达到某种级别以上。那么流外官的下限在何处，就成为一个问题。《晋书》卷二十四《职官志》中所见的下至各衙门职吏、散吏大致可算入流外官。不过此为中央政府的情况，地方应有不同。

毋需赘言，流外官由庶民担任。同时，担任流外官不要求乡品。他们凭积累年功勋劳，地位逐渐上升，也可到达一定的品官之位。此时，乡品就是必要的。是不是此时就可以授予他们六品以下的乡品了呢？不幸的是，无法举出实例。晋室八王之乱中活跃的琅邪郡吏孙秀曾向王衍求乡品，此一事见于《晋书》卷四十三《王戎传》。而州郡属官因被排除在魏、晋官品表之外，因此无需乡品即可就任郡吏，故而不能与中央的流外官混为一谈。这些州郡官要担任军府、王府的上层僚佐之时，就必须要求乡品，因此孙秀请求乡品，应该为他迁入赵王伦府时。

与此相反，已获五品以上的士人，也有被中正降为六品以下的情况。如此他就不得不从上述士庶分界线的右边转到左边。前引《晋书》卷三十六中的刘卞为低于庶民的兵户子，通过太学试经，获得寒士身份，被授予乡品四品，就任与四品相当的八品官，却因触怒中正的部下访问而被降品二等，此事见于《初学记》卷二十一"纸第七"条。他为乡品六品之后，迁尚书令史（八品），这意味着他从士庶线的右边被迁至左边。令史自汉代以来就是典型的庶民可担任官职。但在西晋时代，士庶线还没有那么严格，不久以后他从吏部令史被举为尚书郎，一路直至雍州刺史（四品）。由此看来，也许后来他恢复了乡品。

此外以乡品六品担任令史者乃《晋书》卷一百的陈敏。陈敏为庐江人，以郡廉吏补尚书仓部令史，许是因为成绩优秀而被推荐到中央。后历任合肥、广陵度支都尉（七品），立战功，为广陵

相（五品），见西晋政局混乱遂举兵谋反。东海王越的军谘祭酒华
谭评论他道：

陈敏仓部令史，七第顽冗，六品下才。

"七第顽冗"，即指度支都尉，而"六品下才"无疑指乡品六品。
大概他由郡迁往中央尚书仓部时，被授予乡品六品，任令史（八
品），或者也有可能是由更低的书令史（九品）升为令史。

　　西晋时代，乡品五品以上与六品以下之间虽存在士庶线，但
士人屡屡自己跨越此线就任令史，可知当时士庶线不似后世严格。
据《晋书》卷六十六《陶侃传》记载，陶侃有位名为黄庆的朋友，
乃荆阳士人，为武库令，后虽升吏部令史，但史书里特地标明其
士人身份。此外《晋书》卷八十一的王逊，察孝廉，任吏部令史；
同书卷八十二中的虞溥，察孝廉，除郎中，补尚书都令史。令史
之中，吏部令史、都令史等比较特别，所以乡品四品者就任该职
务也并不意味着左迁。王逊不久后自殿中将军任上洛太守，虞溥
于公车司马令迁鄱阳内史。不过这些官职乃下层寒士所任，上流
名门一定不会当令史。

　　随着时代推移，贵族制度不断发展，士庶线也随之越来越严
格。换言之，庶人可就任之官，被封闭于六品以下一隅，与这之
外的官职隔绝，形成一个特殊区域。此特殊区域内的官职，不久
被称为"勋位""勋品"，分成二等至六等五个等级，产生了"勋
二品""勋三品"下至"勋六品"的称呼。

　　将官品提升四等称呼的方式始自西晋，如称六品官为二品，八品官为四品，这明显是套用起家官与乡品的关系。如上文中，刘卞得乡品四品，任四品吏（八品官）。此外《晋书》卷六十六《刘弘传》中，刘弘破叛贼张昌，其后于荒废之地任地方官，南郡廉吏仇勃、尚书令史郭贞二人于叛乱中坚守节操，因此刘弘上表，请求录用二人为县令：

　　　　勃孝笃著于临危，贞忠〔节？〕厉于强暴，虽各四品，皆可以训奖臣子，长益风教。

刘弘举荐仇勃为归乡令，郭贞为信陵令。县令一职，大概属七品官。郭贞为尚书令史，也就是八品官；仇勃为廉吏，据前述陈敏之例，大概是被举为廉吏至中央任令史，尚未动身即遭遇叛乱。而上文中均称二人为四品。

　　将六品官称为二品的做法相当普遍。《通典》卷十九《职官总序》夹注记载：

　　　　宋时定制，新〔诸？〕长吏有以父母疾去官，禁锢三年。山阴令沈叔仁①父疾去职，御史中丞郑鲜之上议曰，（中略）诏从之。于是自二品以上，父母及为祖父母后者，坟墓崩毁及疾病，放属辄去，并不禁锢。

---

① 沈叔仁，中华书局本《通典》《宋书》皆作"沈叔任"。——编者注

会稽的山阴乃有名的大县，故其县令无疑为六品官。文中的"二品以上"当指六品官以上。当时还有"二品县"一词，《太平御览》卷二六九记载宋武帝之诏：

> 百里之任，总归官长。县尉实效甚微，其费不少。二品县可置一尉而已，余悉停省。

"二品县"，无疑是指县令为六品官的县，上述山阴县应亦为二品县。应注意的是，去任时的处置并非按照县令的职务而定，而是依据官品设有规定。又《南齐书》卷十七《舆服志》记载：

> 三台五省二品文官，皆簪白笔。

据《通典》卷十九的说明，"三台五省"，指的是尚书、御史、谒者三台，及尚书、中书、门下、秘书、集书五省，尚书重复出现稍有奇怪。而二品是指六品官。一般三台五省，自长官以下，应该没有一个真正的二品官。《宋书》卷九十四《朱幼传》说朱幼卑贱出身，并记载：

> 遂官涉二品①，为奉朝请、南高平太守。

---

① 中华书局本《宋书》作"官涉三品"，此处从宫崎原文。——编者注

此处"二品"指六品官的奉朝请，不可能为其他。

以二品相称的六品官几乎都处于士庶线的右边。三品（七品）以下，品级越往下，位于士庶线左边的官职就越多。随着时代发展，三品以下的叫法仅限于称呼庶人之官，为了与原本的清官三品以下进行区别，遂使用"勋位""勋品"，或代表庶官的"令史"一词进行称呼。《宋书》卷八十四《邓琬传》记载，太宗初期，叛乱四起，朝廷鬻官：

> 　　时军旅大起，国用不足，募民上米二百斛，钱五万，杂谷五百斛，同赐荒县除。上米三百斛，钱八万，杂谷千斛，同赐四品正令史满报。若欲署四品在家亦听。上米四百斛，钱十二万，杂谷一千三百斛，同赐四品正令史满报。若欲署三品在家，亦听。上米五百斛，钱十五万，杂谷一千五百斛，同赐三品令史满报。若欲署内监在家，亦听。上米七百斛，钱二十万，杂谷二千斛，同赐荒郡除；若欲署诸王国三令在家，亦听。

虽"满报"之意虽不甚明确，大致应为使令史于一定任期内实际工作并报告满期。荒县、荒郡指无人的土地，仅授予县长、太守礼遇。内监，据《唐六典》卷十一注，齐代有内殿中监八人，外殿中监八人，内监应为此内殿中监，也称殿中内监。其官品未录，可能是七品官，应比令史接近清官。而三品令史，应指以都令史为代表的三品勋位。

勋位有时仅称为"三品""五品"，具体含义可从其职务与前后的关系推断得知。《南齐书》卷十六《百官志》"太常国学"条记载：

> 其下典学二人，三品，准太常主簿；户曹、仪曹各二
> 人，五品；白簿治礼吏八人，六品；保学〔举〕医二人；威
> 仪二人。

显然均指勋位。六品即相当于以前称为第十品的流外。其下医与威
仪的等级并未记载，也是勋位仅至六品止的旁证。同书又有言：

> 诸陵令，永明末置，用二品三品勋。置主簿、户曹各一
> 人，六品保举。

《唐六典》卷十四"陵署令"条所引齐代王珪之的《齐职仪》中也
有记载同样内容：

> 《齐职仪》：每陵令一人，品第七，秩四百石。（中略）
> 旧用三品勋位。孝建三年，改为二品。

由此可知，"品第七"恰好相当于三品勋位，后来又升为二品勋位。
勋位不见二品以上的记录，但这是理所当然的，因为庶民之官止
于六品。此二品勋位似又仅称为勋品。隋唐时，勋品为勋一品之
意，为最高勋位；而在南朝，勋二品就已经是最高，因此被称作
勋品。《南齐书》卷五十六《刘系宗传》记载：

> 泰始中，为主书，以寒官累迁至勋品。元徽初，为奉朝
> 请，兼中书通事舍人。

指的正是自勋二品升迁至六品清官奉朝请。且据《南齐书》卷
五十六《幸臣传序》记载，中书通事舍人一职自宋孝武帝以来，
士庶杂选，士人与寒人并用。又据下文《吕文度传》，寒人出身的
舍人可以行使权力，而士人出身的舍人仅通事，并无实权。

勋位的事例在《唐六典》卷十一"尚衣局"条之下亦有记载，
大概也是出自《齐职仪》：

> 文帝又置。初，宋氏用三品勋位，明帝改用二品，准南
> 台御史。

由此愈发证明，勋位二品相当于清官六品。

勋位似又称作"敕吏"，《宋书》卷三《武帝纪》"永初二年"
条记载：

> 制诸署敕吏四品以下，又府署所得辄罚者，听统府寺，
> 行四十杖。

八品以下即尚书令史以下，"统"指上级督察机关，如国子学中，其
"统"应为统辖国子学的太常。在地方上，府、州也称作"统"。《宋
书》卷四十一《后妃传》开头记载了女官的官品，自官品第一至官

品第七，其次设有"比五品敕吏"一项，这无疑是比七品官更低的官职，那么五品敕吏明显是五品勋位之意。"敕"为任命的形式，七品官以下不称比九品官，特意称为比五品敕吏，说明虽相当于九品官却不完全一样，其任命方式是不同的。若敕吏即勋位，则可知勋位原本就包含于魏晋九品官制，只是不知何时开始被特殊对待了。

五品敕吏略称为五品吏。据《南史》卷七十七《吕文显传》记载：

> 故事，府州部内论事皆签，前直叙所论之事，后云谨签，日月下又云某官某签，故府州置典签以典之。本五品吏，宋初改为七职。宋氏晚运，多以幼少皇子为方镇，时主皆以亲近左右领典签，典签之权稍重。

此处五品吏无疑为五品敕吏之意。"七职"一语，于《唐六典》卷二十九"亲王亲事府"条下注所引《齐职仪》记载：

> 诸公领兵职局，有库典军七职二人、仓典军七职二人。

同卷"亲王帐内府"条引《齐职仪》：

> 车厩典军，五品二人；马典军，五品二人。

五品、七职均为常用语，七职的意义不明。若加以大胆推测，可能如同后世的梁代七班，寒士可就任的官职业已形成且分为七阶，总称为"七职"。总之，七职是比五品吏地位稍高、但不能被看作清官的七品官。①

　　流外官本为乡品六品以下者应就之职，勋位建立后，要就任被困在士庶线左下角的勋位职务时就不再需要乡品。士族从正门进入官场为品官，庶民从便门进入就任勋位。并且就像贵族世袭一样，勋位也开始出现固化为特定家世的倾向。《陈书》卷二十《华皎传》记载：

> 世为小吏。皎，梁代为尚书比部令史。

《南史》卷七十七《施文庆传》：

> 不知何许人也。家本吏门。

《梁书》卷四十九《钟嵘传》：

> 若吏姓寒人，听极其门品。

---

① 七职一语。若把接近五品勋位的官职称作七职，自然会想直接将其解释为七品官，但是之所以犹豫，是因为在这个时代，还有"五职""三职"等名称，均被用作实数而非序数词。《宋书》卷四十一《后妃传序》记载，婕妤以下有五职，美人以下有三职。《通典》卷三十八"北齐官品表""正七品"中，有太子骑官备身五职，分别指都将、别将、统军、军主、幢主。所以七职也可看作七等职事官，相当于流外七班。不过《新唐书》卷七十二"京兆王氏"条中，王寿为隋州都、七职主簿，这一点难以解释。也许是比视官主簿之意。

《南齐书》卷二十八《崔祖思传》记载：

> 今廷尉律生，乃令史门户。

以上均反映出令史的世袭倾向，其家被称为"吏姓""吏门"，概括来说无疑都是寒人。而且被允许的晋升极限是二品勋位，若想进一步晋升，就必须突破士庶线转到右边。但是除非天子发话，此事极为困难。

　　后世往往把胥吏称为流外。可是后世所谓的胥吏恐怕并非源于晋代的流外官，而应到宋代建立的勋位中寻找答案。因为晋令中记载的流外官相当于官僚制的第十品，而胥吏则不仅是官僚制，更是社会制度的产物。只有宋齐的勋位才既是官僚制，又是社会制度，要言之，是随着流品的发达而产生的现象。若不考虑流品，则胥吏的本质就无从谈起。

十、官僚金字塔结构的变迁

　　以上对门地二品的清官、非门地二品的寒士可就之官进行了说明，也对允许庶民寒人就任的勋位进行了叙述。九品官制始于魏朝，至宋齐时性质发生了显著的变化，因此有必要重新绘制官僚金字塔的内部结构图。于是得到图二。

　　图一是何时发展成图二的，尚不能断言。但是在已确实出现了勋位名称的宋世祖孝建、大明年间，图二的形态无疑已经十分

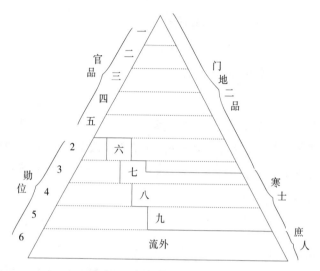

图二　官僚金字塔结构图之二（宋齐时代）

明晰了。齐代王珪之所著的五十卷《齐职仪》，《南齐书·百官志》大多据此写成，也被《唐六典》频繁引用。王珪之于齐初去世，此书所记载的应多为宋代之事。[1]宋代，尤其是孝武帝、明帝时代，是南朝官制的各方面均发生重大变革的时代。

　　看图二时最需要注意的是，图一所载的九品官制几乎被改得面目全非。原本为官僚制的九品官制，区别官品高低的水平线很重要，但是它蒙受贵族主义的影响，一旦阶梯式的社会阶级线被

[1] 关于《齐职仪》，《南齐书·百官志》似根据王珪之《齐职仪》写成。《南史》卷二十四《王准之附传》记载："珪之，位长水校尉，撰《齐职仪》，永明九年，其子中军参军颛启上其书，凡五十卷，诏付秘阁。"永明九年乃南齐初年起的第十三年，此书既成书于这之前，因此仅包含一小部分齐代的记载，大部分是关于宋代的记载。这从《唐六典》等文献的引用中也可知晓。大概正因为如此，《南齐书·百官志》才有不够详尽之处。

强化，它的身影则呈反比例逐渐薄弱，随贵族的喜好变得扭曲，而这种扭曲无法体现在图中。

图中重叠的阶梯式社会阶级线，大致可整理为两条，一条是门地二品及二品以下的分界线，另一条则是士庶的分界线。由此，朝廷的官员被大致分为三个群体。这种现实成为之后梁武帝官制改革的基础。

然而九品官制并非完全失去生命，成为无用的废弃品。官品是依然存在的。只不过是临时的处理层垒地堆积成历史，历史的剖面形成了图二。只有循着历史的先例先理解图一，再通观变迁的全貌才能理解图二。对南朝贵族而言，西晋即古典、西晋即中朝的故事作为辉煌的历史存在于他们的记忆中。同时，成为古典的东西已不再发展。九品官制的官品表大概在晋代就已固定下来。宋代的官品表载于《宋书》卷四十《百官志》中，因为参军等官职的发展，实际上官品应发生很大的变化，但书面记载仍然保留了晋代的模样，并且将其简化至不过记录了一个大概。齐代几乎不存在官品表。虽然《唐六典》中各处可见关于齐代官品的记载，但大多与宋代相同，只有关于勋位的部分有新的记录，但也是多半基于《齐职仪》的内容。试图分辨究竟是齐的官品还是宋的官品，是非常困难的。

九品官制已经实施，那么值此重大改革之际，它又如何呢？首先是地方的中正，其身份从晋至宋应该发生了很大的变化。《梁书》卷三十九《羊侃传》记载：

祖规，宋武帝之临徐州，辟祭酒从事、大中正。

上文中的"辟"字，根据其接续的终点，意思略有不同。若因为羊规是徐州祭酒从事史，因此朝廷任命他为州大中正，那么，这只是任命手续的问题，实际上从此时开始中正已变为州郡的属官。即中正与中央政府的人事几乎毫无瓜葛，不再从个人的立场出发授予乡品，而是主要从门地的立场对州的人事发表意见。《南齐书》卷三十二《王琨传》中有关于他任冀州中正时的事件：

> 时王俭为宰相，属琨用东海郡迎吏。琨谓信人曰："语郎，三台五省，皆是郎用人；外方小郡，当乞寒贱，省官何容复夺之。"遂不过其事。

他的意思是，中央人事全权交由尚书，不容中正置喙；那么，中正权限内的地方人事，中央也不应干涉。且所谓"迎吏"，指的是在新郡守上任时负责准备欢迎工作的郡吏，大多由主簿担当，因此被称为"迎主簿""光迎主簿"。州的情况也大致相同，西晋时代已有相关事例，《通典》卷三十二"总论·州佐"条夹注记载：

> 又刘毅上表："刺史初临州，大中正选州里才业高者，兼主簿从事，迎刺史。"

《宋书》卷九十三《龚祈传》记载：

> 年十四，乡党举为州迎西曹，不行。

这些都是迎吏，由州大中正根据乡党，更具体地说是乡党的舆论来决定。且此时的迎官长，不仅仅是举行欢迎宴会等事务，甚至还可能包括新建官舍。《晋书》卷七十五《范宁传》有载：

> 先之室宇，皆为私家，后来新官，复应修立。

指的就是有权势的前一任长官将原有的官舍据为己有，因此必须为新上任的长官新建官舍。州郡的迎吏完成此工作之后，就可被州郡推荐，自品官起家。《南齐书》卷三十三《张绪传》中记载了同样的事：

> 领中正。长沙王晃属选用吴兴闻人邕为州议曹。绪以资籍不当，执不许。晃遣书佐固请之，绪正色谓晃信曰："此是身家州乡，殿下何得见逼！"

据此可知，中正的任务主要是组编州郡僚属。《宋书》卷五十二《谢述传》记载，宋高祖为豫州刺史时，讽中正辟谢述为主簿。而面对中央的干涉，中正也会断然使用否决权。在南朝，州郡的僚属大致选用名门出身者，寒士、寒人的升迁则十分困难；相反地，在中央及督府里，或以军功，或凭天子、高官的干预得以自寒官立身、攀上高位的可能性更大。然而，寒官在中央的活动，有时也会不得已反映在地方。中正历来由名门贵族担任，然而据《南齐书》卷二十九记载，吕安国虽是军人出身，却成为兖州中正；

周山图虽称贫微，其子周奉叔却被任命为青冀二州中正。

再者，九品官人法中所包含的秀才孝廉制度，在宋以后也按照魏晋形式继续实行。《宋书》卷二《武帝纪》"晋义熙七年"条记载：

> 先是诸州郡所遣秀才、孝廉，多非其人。公表天子，申明旧制，依旧策试。

由此可知，东晋末已名存实亡的秀孝策试制度，因刘裕再次复活。又据同书卷三，在刘裕即位后的永初二年：

> 车驾幸延贤堂，策试诸州郡秀才、孝廉。扬州秀才顾练、豫州秀才殷朗，所对称旨，并以为著作佐郎。

其成绩为最高的甲。据《宋书》卷五《文帝纪》记载，文帝曾于元嘉二十三年九月己卯车驾幸国子学，策试诸生，问答者有五十九人，应该有试经及第者。《宋书》卷八十一《顾愿传》记载，顾愿于世祖孝武帝大明年间举秀才，对策称旨而被擢为著作佐郎。由此可见，秀孝及太学试经制度可能与中正乡品无关，而是据魏晋旧格实施，成绩甲等者授予六品官著作佐郎或与之相当的起家官职，以下或据此标准，也可能会换一种新的官品与官阶的称呼。

官僚金字塔的结构必然要随着时势变迁而改变。但若过分依照先例，又或太过堆砌先例，则会迷失作为根本的九品官制，与其初衷背道而驰。政治不可太泥守原则，但一味的放任主义又会带来诸多不便。某种制度一旦变化，必定有其需要变化的理由，因此需究其理由，待到时机成熟时，整理先例，将其并入新的体系。梁武帝正是背负着这样使命登场的人物。在解释他的新制度之前，我必须就宋齐时代的制度再做几点阐明。

十一、寒官的发达

在"门地二品的成立"一节中提到过，宋齐时代清官的迁转过于频繁，清官中有称要官者，甚至连他们都无法很好地完成实际要职应承担的政务。因此我推测，若果真如此，则必定有人代替他们执行实际职务。而真正执行这些实务的人，正是从庶人或者寒士晋升而来的寒官。贵族主义不断发展的一大证据是寒官的发达，这是一个令人深思的现象。虽称为寒官，但其范围极广，方便起见，我将试从以下三个方面进行考察。一是中央官衙，尤其是尚书省的令史；二是天子身边的中书舍人；三是地方府州的典签。

中央的官厅大多配有令史。东汉时尚书省设有郎三十六人，令史仅十八人，后又增加至二十一人。因此"令史"一职，如字面所示，应是从属于尚书令的史，而不为郎所支配。[1]《太平御览》

---

[1] 关于令史名称的起源。《汉官七种》的《汉旧仪》记载："更令吏曰令史，丞吏曰丞史，尉吏曰尉史。"（《汉书·陈涉传》晋灼注引两个"吏"字皆作"史"）据此，可以说令史是令之史的意思。东汉初年，尚书郎有三十六人，与之相对，尚书令史只有十八人，因此令史不是郎的下属。可能最开始直属于尚书令，后来隶属于各曹尚书，接下来隶属于郎。在长官不是令的情况下，也渐渐地称呼为令史。

卷二一五所引魏武帝《选举令》记载：

> 尚书郎以草呈示令仆讫，乃付令史书之耳。书讫共省
> 读之。内本来台，郎统之，令史不行知也。书之不好，令史
> 坐之。

总而言之，尚书郎负责政策的起草、政令的下达，而对于令史，仅命其抄写文书，不让其参知更多事务。这显示了魏武帝即曹操在实施政策时具有艺术家气质的一面。然而在曹操一代，贵族制不断发展，尚书郎变为二十五人，相对地，令史的人数急剧增加；至晋初，正令史增至一百二十人，书令史增至一百三十人（《宋书》卷三十九《百官志》）。尚书郎二十五人对应令史二百五十人，可推测大约每个尚书郎之下分属有十个令史之多。然而受贵族主义的影响，看起来尚书郎们懈怠职务，不能使用好十个令史。《魏官品表》第七品中已可看到"尚书曹典事"这一官名，可能是另指都令史。此外还有"太令史"一职，应为同义。《晋书》卷三十九《荀勖传》记载：

> 多云尚书郎太令史不亲文书，乃委付书令史及干，诚吏
> 多则相倚也。

由此可见，太令史或为士人。顺带一提，尚书郎为六品官，典事为七品官，令史为八品官，书令史为九品官。

以上引文充分展现了汉至魏晋尚书省性质的变化。即汉代的尚书省如同参谋本部，尚书郎是能够自行起草政策并许可草案的参谋。魏晋以来，尚书变得如同内阁，尚书郎则如同行政部长，典事为其副，其下设有众多令史、干，形成中央官厅。拥有众多部属后，部长把事务交给部下，自己则只不过负责盖章判定而已。

《梁书》卷三十七《何敬容传》末所附陈代姚察之语，一语道破其间缘由：

> 魏正始及晋之中朝，时俗尚于玄虚，贵为放诞，尚书丞郎以上，簿领文案，不复经怀，皆成于令史。逮乎江左，此道弥扇，惟卞壶以台阁之务，颇欲综理，阮孚谓之曰："卿常无闲眼，不乃劳乎？"宋世王敬弘身居端右，未尝省牒，风流相尚，其流遂远。望白署空，是称清贵；恪勤匪懈，终滞鄙俗。是使朝经废于上，职事驰于下。小人道长，抑此之由。

而何敬容本传记载，他因勤于庶务而为世所嗤鄙。梁代他担任尚书令时，尚书令史的人数已达七百人（《梁书》卷四十一《刘览传》）。

因尚书令史是如此重要的职务，故而不仅在中央政府内部自下而上录用人才，也向地方寻求人才。地方向中央选举人才自古有之，除秀才孝廉之外，还有被称为"上计掾"或"计偕"的制度。汉代时，地方郡要向中央呈送会计报告，由郡的掾和史各一名携此计簿上京。他们或被任命为郎，或就任其他职务，无须另行考试，而且并非必须留在中央。此制度魏晋以后依然实行，例如《南齐书》卷三十二中的张岱，也有一流名门当选上计掾的事例。然而，因该制度多为地方名门利用，对于选用尚书令史这般比较低级的官吏无甚作用，因此又出现了将比计偕地位更低的郡县吏招募到中央的制度，这些人被称为廉吏，或良吏，该制度可认为大致始于西晋。据《晋书》卷九十二《赵至传》记载，赵至一开始以上计吏身份入京，之后又作为良吏前往洛阳。《晋书》卷四十七《傅咸传》记录惠帝初年发布的"景寅诏"：

> 景寅，诏群僚举郡县之职，以补内官。

后赵王伦僭居帝位，下诏收买人心：

> 郡纲纪并为孝廉，县纲纪为廉吏。

纲纪原指主簿，后增至包括功曹、五官等。①汉代郡直属于中央，选举委任郡负责，因此郡推荐郡吏或者县吏都可以。需注意的是，

---

① 关于纲纪，《文选》卷三十六《傅季友为宋公修张良庙教》六臣注："纲纪谓主簿之司也。"不一定仅限主簿，地方衙门中统辖诸曹者称纲纪。《晋书》卷八十《王羲之传》记载："重者及纲纪，轻者在五曹。"同书卷六十七《温峤传》记载："王敦纲纪除名，参佐禁锢。"卷九十一《徐邈传》记载："选纲纪，必得国士，足以摄诸曹。"进一步具体来说，府的长史、司马，州的别驾、治中，郡的主簿、功曹，均为纲纪；府的参军、州的诸曹书佐、郡的诸曹掾史为参佐。或称纲纪为上佐、上纲，也有将纲纪包含在内统称为参佐的说法。

西晋时代起，开始命令县也要推选人才。当然中央与县之间并无直接联系，责任应由郡承担。总之据此我们知道，西晋政府向地方寻求县吏程度的人才，前文列举的廉吏陈敏、仇勃等人均可认为出自此级别。①这个方法一直延续到后世，《宋书》卷九十一《潘综传》有载：

> 综乡人秘书监丘继祖、廷尉沈赤黔以综异行，廉补左民令史。

应是利用廉吏制度进行的推荐。其后潘综又被郡太守举为孝廉。

铨掌这些令史人事进退的是中央的尚书吏部郎。《梁书》卷二十一《王泰传》载：

> 自过江，吏部郎不复典大选。令史以下小人，求竞者辐凑，前后少能称职。泰为之，不通关求，吏先至者即补，不为贵贱请嘱易意，天下称平。

---

① 关于廉吏。廉吏制度始于汉代。《通典》卷十三"东汉光武建武十二年诏"记载："三公举茂才各一人，廉吏各一人；左右将军岁察廉吏各二人。"云云，要求推荐现职的下僚属佐。之后该制度变为推荐比地方孝廉地位更低的人才，即县的僚属级别者。《晋书》卷五十九《赵王伦传》记载："郡纲纪并为孝廉，县纲纪为廉吏。"同书卷四十七《傅咸传》记载："会景寅，诏群僚举郡县之职，以补内官。"大约同义。《宋书》卷九十一《潘综传》记载："廉补左民令史。"应为"以廉吏"之意，但"廉"亦有"察"的意思，此处不轻易断言。

吏部郎所掌管的人事当时称为"小选"，"大小选（铨）"一词一直使用到唐代。

不过像王泰这样亲力亲为人事的人很少见。不光吏部，各处的提案者均不是长官，而是令史，故而形成了长官对令史的提案进行裁决的一套流程，叫做"谘事"。《南齐书》卷四十六《陆慧晓传》记载了他任吏部郎时的情况：

> 吏曹都令史，历政以来，谘执选事，慧晓任己独行，未尝与语。帝遣左右单景儁以事谘问，慧晓谓景儁曰："六十之年，不复能谘都令史为吏部郎也。"

按照陆慧晓之意，令史应征询吏部郎意向之后再处理事务，而非由吏部郎来咨询令史。焉知由令史向吏部郎谘事，实际意味着立案权在令史。西晋以来，令史对吏部人事有很大的发言权，前文所举的陶侃，也是被其任吏部令史的友人黄庆引荐担任武冈县令的。

尚书令史为八品官，尚书郎是六品官，因此官品方面差距不算特别大。然而郎乃清官，令史却为寒官。《唐六典》卷一"尚书令史"条记载：

> 自魏晋以来，令史之任，用人常轻。

但其实这并非从魏晋才开始出现，如上所述，汉代以来，郎和令史之间就存在着流品之别。魏晋以来，随着贵族主义的发展，其间的断层越来越大。要说实际待遇的话，大概很大的差别在于有无杖罚这一点吧。

汉代的郎和令虽然在出身与职务内容方面有别，但也有相同的一面。郎和令史合称为郎吏，郎住郎舍，吏居吏舍，都要求住在官舍，不允许从自家上下班。①职务上若有过失，难免受到上司的杖罚。此规定至少延续到魏时。《南齐书》卷三十九《陆澄传》记载陆澄于宋泰始年间任尚书殿中郎：

> 郎官旧有坐杖，有名无实。澄在官，积前后罚，一日并
> 受千杖。

虽说一日受千杖，实际上仅具名目而已。不过弃置的法律也偶有使用的时候，《南齐书》卷十八《萧琛传》记载萧琛在明帝要厉行郎官杖罚时密启明帝，认为郎官可以赎罚，以此显示与令史有别，明帝听从了他的谏言。

其他公府属官也同样规定了杖罚。《晋书》卷九十三《王濛传》记载：

---

① 郎舍与吏舍。《晋书》卷四十三《王戎传》记载："戎年十五，随（父）浑在郎舍。"《陈书》卷二十六《徐孝克传》记载："自晋以来，尚书官僚，皆携家属居省。省在台城内下舍门，中有阁道，东西跨路，通于朝堂。其第一即都官之省，西抵阁道，年代久远，多有鬼怪。"在东晋不仅郎官，尚书也住在官舍。令史应住吏舍，禁止外宿这一点，在《宋书》卷五十三《庾炳之传》中有提到："尚书旧制，令史谘事，不得宿停外，虽有八座命，亦不许。"

> 复为司徒左西属。濛以此职有谴则应受杖，固辞。诏为
> 停罚，犹不就。

虽为九品裁定的左西属，仅位居左长史之下，但也不能免除杖罚。到东晋成帝时，杖罚才逐渐停止。大夫以下的士阶层若有过失，自然受到杖罚，杖罚后则一笔勾销，这可能是汉代社会的一般观念。贵族主义的发展令这种观念逐渐消弭，但对令史的杖罚却一直保留下来。《宋书》卷七十七《颜师伯传》记载，吏部令史颜祎之等六人被处以鞭杖一百，应为实刑。《南齐书》卷五十六《吕文度传》记载：

> 永明中，敕亲近不得辄有申荐，人士免官，寒人鞭
> 一百。

士人大约相当于郎官，寒人则相当于令史。在地方上也是这样。《世说新语·政事第三》记载：

> 桓公在荆州，全欲以德被江汉，耻以威刑肃物。令史受
> 杖，正从朱衣上过。

令史应承受杖罚实刑的思想，至少延续到后世的赵宋时代。

士人应看重面子，这种后世的一般观念大概始自六朝。六朝时代一点一点改变着汉代的观念，使其更接近现在的思想，在历

史上发挥了积极进步作用。我们不能将这个时代的文化过分地定义为贵族文化，也不应将其看作完全特殊的阶级文化。

　　其次应该列出的寒官是中书舍人。原本中书省上设有监和令，有如内大臣一样在政治上具有重要意义，这与尚书省的发展密切相关。即作为天子秘书的尚书变为中央政府，所以与天子本人的关系日渐疏远。于是，代替尚书成为天子亲信的中书监、令及门下侍中，逐渐显要起来。若中书为内大臣，则侍中为侍从长。尤其在像西晋惠帝那样的时期，天子昏昧，中书监、令不得不代理天子朝政，成为重要的职务。其下设中书郎等属官，均为清官，亦是士人之官。然而自东晋中期开始，士人出身的清官对实际职务颇为懈怠，因此渐渐出现了感到不满的天子直接指挥政事的倾向。《宋书》卷六十《王韶之传》记载：

　　　　晋帝自孝武以来，常居内殿，武官主书，于中通呈，以省官一人，管司诏诰，任在西省，因谓之西省郎。

天子远离百官，试图在内殿组建自己的内阁。及至宋代，天子对身为清官的中书郎也敬而远之，设七品官中书通事舍人，下置主书令史，于天子内殿建立直属政府。据称是在宋孝武帝、明帝时期，这个新政府开始发挥权威作用。《宋书》卷九十四《恩倖传序》载：

　　　　孝建、泰始，主威独运。

齐明帝时期舍人政治极为流行。《南齐书》卷五十六《倖臣传序》载：

> 建武世，诏命殆不关中书，专出舍人省。内舍人四人，
> 所置四省，其下有主书令史，旧用武官，宋改文吏。

中书省的核心——中书令被完全排除在外，其部下中书通事舍人及主书令史为天子所夺，于是出现了舍人省。关于通事舍人，《南齐书·倖臣传序》记载：

> 孝武以来，士庶杂选。

虽说是庶人，但所用皆是文采斐然可起草诏敕之人，甚至时有令士人学者汗颜者。齐武帝曾如此评价舍人纪僧真：

> 人何必计门户，纪僧真常贵人所不及。

明帝则评价舍人刘系宗：

> 学士不堪治国，唯大读书耳。一刘系宗足持如此辈
> 五百人。

在宋齐专制君主统治下，重要政务悉委舍人省决定，因此《宋书·恩倖传》中说：

凡选授迁转诛赏大处分，上皆与法兴、尚之参怀，内外诸杂事多委明宝。

虽说舍人官品不过七品，但其权力却凌驾于朝廷大臣之上。齐武帝的舍人茹法亮在明帝朝荣升三品官大司农，却固辞不去，直至其继任者到来才垂涕离开。史称下层阶级因突然掌握权力，皆贪图贿赂，弊害甚大，大概是掺杂了贵族阶层的嫉妒。

中书舍人及主书令史离开原来的长官中书令，直属于天子，这种情况一直延续到梁陈时代。《陈书》卷二十九《蔡徵传》记载，蔡徵虽为中书令，却清简无事，故他对此有怨言。中书舍人士庶杂选的甄选方法也一直延续到梁代以后。《唐六典》卷九"中书舍人"条记载：

梁用人殊重，简以才能，不限资地，多以他官兼领。

此职不论门阀，其下的主书供天子差遣。中书舍人的这种性质延续到唐代，唐代的中书舍人法律上是中书令的属官，但事实上是直属于天子的秘书官。

再者，是地方军府的典签。对此，赵翼在《廿二史札记》卷十二"齐制典签之权太重"中早有指出，此后常常成为论题。最近越智重明先生在《东洋史研究》十三卷六号上发表了《典签考》这一优秀论文，此处尽量不再重复说明，仅叙述其概要。地方都督府自东晋时代日渐强大，有时甚至成为反叛中央的原动力，因此中央感到有必要对其加以打压。宋代开始派遣宗室、皇弟、皇子担任地方的都督或刺史。宋高祖在任命十岁的皇子义真为扬州刺史时，对太后道：

> 车士虽为刺史，事无大小，悉由寄奴。

此语出自《宋书》卷五十一《长沙王道怜传》。"车士""寄奴"分别为义真和高祖的小字。任命年幼的皇子为都督、刺史时，使其长史、别驾执掌府州政务，称为行事。另外又任命典签，来往于地方与朝廷之间，传达天子命令。晋时已有典签，如前所述，始为五品勋位，宋代时升格为七职。故而典签在官制上是都督、刺史的僚属，实际为天子派遣的代理人。典签有天子作为背后支持，权力颇重，可以无视府主、行事，是府州政治的实际操作者。若无典签的许可，府主家属连食物供给都无法保证，因此猎官者不找行事却纷纷直奔典签而去。

以上所述尚书令史、中书通事舍人、典签三种官职都任用寒士、寒人，却不一定均为勋位。尚书令史一职，虽历史上并无明文记载，但大概为勋位。中书通事舍人因乃天子侧近，故实质上与勋位无异，但在官制上应该不是品官。若尚书令史为勋位，则其下的中书主令史，也应为勋位。典签最初为勋位五品，后来改为七职，地位稍有提高。

此种寒士、寒人担任的寒官的发展，与天子对政治发言权的强化有关。对此，赵翼在《廿二史札记》卷八"南朝多以寒人掌

机要"中也有详细论述。前面论述了中书舍人、典签二者转变为
天子私属一事，进一步说，尚书令史无疑也是接受天子的直接指
令而行动。尤其处理人事的吏部更是如此。《宋书》卷七十七《颜
师伯传》记载：

> 迁吏部尚书，右军如故。上不欲威柄在人，亲监庶务，
> 前后领选者，唯奉行文书，师伯专情独断，奏无不可。

天子决定实际人选，吏部尚书仅对此盖章。然而颜师伯深得天子
信任，因此在任期间天子也对他言听计从。可是由于政令出自二
途，因此在他迁任尚书仆射之后，就引发了严重事件。其子颜举
为引荐寒人张奇，拜托当时的吏部尚书谢庄、王昙生二人任命张
奇为公车令。对此，世祖认为张奇门地资历不足，令他兼市买丞，
另外任命蔡道惠为公车令。然而令史潘道栖、褚道惠、颜祎之等
人可能是出于疏忽，没有下发蔡道惠的诏敕，也并未让张奇兼任
市买丞，而是下达了任命张奇为公车令的敕令。因此令史中二人
被处以弃市，六人加鞭刑一百，两个吏部尚书免官。天子直接向
吏部令史下达敕令，令史虽接到命令却忘记执行，而是执行了吏
部尚书的原定方案，所以导致了违敕的混乱。

　　从以上事实可看出，宋齐的天子以舍人省为据点进行谋议，
再传达给尚书、府州，意在实行以天子为中心的政治。然而并不
能据此说这是官僚制度的完善，反倒不如说是对官僚制度的一种
破坏，但又不能将之与赵宋时代的天子专制等同视之。赵宋以后

的政治机构中，要自下而上通过好几级，在各级机关讨论的基础上，最后向天子请求裁决，判断可否，凡事若无最后的裁决都无法顺利进行。在此制度下，天子得以独裁。然而南朝天子的势力扩张，无视表面的官僚机构，天子任用私属，通过派遣亲信来掌握权力。府州的典签绝非府州的长官，却能够越权行使与长官同等的权力。其势力归根结底并非根据官制的规定，而是来自与天子的私人密切关系。这样的做法导致的所谓天子个人的专制政治，很难说是中央集权机构的成长。

可是对于当时的贵族制度而言，天子的这种政策暗藏极大的危险。在贵族社会独占高官高位、讴歌黄金时代时，天子自开蹊径引入寒士、寒人形成新的政府，不知不觉间将实权掌握在个人手中。只是这个新政府不过是天子个人的政府，并不具备完善的官僚体系，因此其根基尚浅，枝叶也并不繁茂。然而新政府随着历史的发展而不断成长，不久形成双重政府的局面，未必不会重现汉末那种汉魏双重政府的情形。如此看来，对于贵族社会，尤其是根基未固的北方流寓贵族而言，宋齐时代是最应该引起警惕的危机。

十二、将军号的发达

另一件陷南朝贵族制于岌岌可危的事情就是军勋的增加。东晋以来，外战不断，内乱频发，若获得成功，则意味着革命，而这种革命采取了禅让的特殊形式，禅让意味着和平革命，即使实质上为武力革命，形式上也是采用以汉魏禅让为模板的和平革命实现的。这种革命方式很有中国特色，有人认为这是堂堂正正夺取天下的唯一方式。在万人注目之下，获得毫无异议的公认，前朝为之进献颂德表，因天命所归而为天下子民登上天子之位，此为新王朝的立场。要说伪善的话，的确伪善，但有实力者不依靠武力，而是以德登上帝位，这种思维方式极为中国式，很是有趣。不过这种禅让多次重现，就会暴露实力不足而强行革命的弊端。魏取代汉、晋取代魏之际，因实力相当，前朝宗族才能受到优待，得以安度余生。然而宋齐以后是乘一时之势强行革命，因此就对前朝实行了残酷迫害。这种悲剧不仅发生在异姓间的革命，齐明帝在同族间进行革命后，也对前朝天子的一族进行了残酷的屠杀，惨不忍睹。这正是天命未定时就强行过早进行革命的一种证明。

即便如此，对于贵族社会而言，革命能够在和平的假面下进行已是非常难得。他们保全固有家门，贵族地位甚至官僚地位没有失去。他们只要顺应天命，侍奉新朝即可。其实越是改朝换代，他们的古老家门就身价越高。

但是如果从一般革命应起到使社会面貌为之一新的作用来说，这种禅让革命则收效甚微，因为社会上层依然被旧贵族把持。但如果新天子颠覆了这个贵族社会，将会造成严重后果。因为贵族及豪强手中的部曲、奴婢一旦被解放，定会导致大混乱。实施革命的军阀天子既无实力、也无这种自信收拾混乱状态，只满足于获得政权、登上帝位；此后则自动加入贵族社会，满足于自身彻底成为贵族，居于社会的最上层。另一方面他们应该也注意到了贵族社会应有形态的不合理之处，然而他们认为一旦成为天子，就可凭天子之力修正这些不足。因此在实施革命之际，不愿让事态激化，而尽量选择阻力最小的方式。

话虽如此，革命毕竟是大事。面对革命事态的发展，无论贵族社会如何视而不见，如何漠不关心，现实问题还是会以各种形式逼近他们。其中第一个问题便是如何对待革命中立功的军人。原本革命之际，将一扫前朝的官僚，新朝君主一般会任用自己的部下，组建一个全新的官僚阵营。这也包含着论功行赏之意。所幸此时的革命是以禅让这一和平革命的方式进行，前朝的官僚得以不经太大动荡安稳过渡，对于革命的功臣，尤其是战功赫赫的军人，必须以某种形式在政府中给他们安排合适的职位。

如晋宋革命之际的檀道济，宋齐革命之际的柳世隆、王敬则这样的武将，很快就进入中央政府占据枢要位置，其他的功臣也各自被录用为地方官，就这样取得将军号，获得俸禄。及至齐代，因上一代军功不断积攒，靠军勋脱离庶民地位的人越来越多，开始从社会下层威胁士人的既得权益。对此，贵族阶层发出了迫切要求整顿军勋的呼声。他们的意见大致可总结为以下两点：第一，凭军勋获得官位者太多，以致地方上承担徭役的人减少，难以为政；第二，军勋出身的地方官素质低下，扰乱地方政治。

《南齐书》卷三十四《虞玩之传》记载了虞玩之在齐初的上表：

> 今户口多少，不减元嘉，而板籍顿阙，弊亦有以。自孝

建已来，入勋者众，其中操干戈卫社稷者，三分殆无一焉。
勋簿所领而诈注辞籍，浮游世要，非官长所拘录，复为不少。
寻苏峻平后，庾亮就温峤求勋簿，而峤不与，以为陶侃所上，
多非实录。寻物之怀私，无世不有，宋末落纽，此巧尤多。
又将位既众，举恤为禄，实润甚微，而人领数万，如此二条，
天下合役之身，已据其太半矣。又有改注籍状，诈入仕流，
昔为人役者，今反役人。

他担忧免役者太多，免役的特权正是士庶的分界线，因此新的免
役者增加，在旧贵族看来，就是侵害了他们自身的既得权益。《南
齐书》卷四十八《孔稚珪传》记载，孔稚珪指出地方政治滥用
法律：

> 致此之由，又非但律吏之咎，列邑之宰亦乱其经。或以
> 军勋余力，或以劳吏暮齿，犷猜浊气，忍并生灵。

政府任命有勋功的军人、勋品小吏为地方长官，这成为政治祸根，
遭到孔稚珪抗议。又《南齐书》卷四十《竟陵王子良传》记载了
其于世祖永明四年左右的上书：

> 宋运告终，戎车屡驾，寄名军牒，勋窃数等。故非分充
> 朝，资奉殷积。广、越邦宰，梁、益郡邑，参差调补，寔允
> 事机。且此徒冗杂，罕遵王宪，严加廉视，随违弹斥，一二

年间，可减太半。

竟陵王为武帝的爱子，武帝依靠部下军人之力登上天子之位，一旦成为天子、贵族化之后，如何安置这些立下军功的军人就成为皇室的重负。后来有人更加坦率地说出贵族的希望，即《梁书》卷四十九《钟嵘传》所记钟嵘于梁初的上奏：

> 永元肇乱，坐弄天爵，勋非即戎，官以贿就。挥一金而取九列，寄片札以招六校；骑都塞市，郎将填街。服既缨组，尚为臧获之事；职唯黄散，犹躬胥徒之役。名实淆紊，兹焉莫甚。臣愚谓军官是素族，士人自有清贯，而因斯受爵，一宜削除，以惩侥竞。若吏姓寒人，听极其门品，不当因军，遂滥清级。若侨杂伧楚，应在绥抚，正宜严断禄力，绝其坊正，直乞虚号而已。

此奏虽把军勋的滥授全部归咎于东昏侯，但事实上是委婉地指向梁朝的立功武臣。当时的贵族认为官位应根据门地授予，不可以凭一时的军勋而乱了秩序。前引《南齐书》卷三十二《张岱传》记载了张岱代其弟推辞论功行赏一事：

> 若以家贫赐禄，此所不论，语功推事，臣门之耻。

此言可谓吐露了贵族社会的情感。凭门地自然获得官位这种想法是极为封建式的，不可以让军功者当政的想法却颇为进步。在漫长历史中经历过种种艰辛惨痛的社会里，这种思想会自然地产生，而日本作为一个历史经验尚浅的国家，直到近期都体会不到。

上文中引用钟嵘所说的"虚号"二字，我认为是"将军号"之意。魏时将军至少在五品以上，最低级的是凌江将军，所谓将军，即部队的长官。州刺史若无将军号则不得率兵，称作"单车刺史"。单车刺史为五品官，领兵刺史为四品官。领兵刺史若加以"督诸军事"，则为三品官，加"都督诸军事"则为二品官。

西晋以来，将军号作为加官，开始仅用作荣誉称号。东晋以后，社会常处于戒严中，郡太守一般也加将军号。《通典》卷三十三"郡太守"条有言：

> 晋郡守皆加将军，无者为耻。

夹注中记载了王导任丹阳太守时推辞所加的辅国将军（三品）之事。此时将军号开始滥授，尤其是对有军功者，将军号作为行赏之意授予，因此将军开始泛滥。晋代制定的将军号，与魏代相同，是从二品骠骑将军下至五品凌江将军；而及至宋代，更设立四十种将军号，称为"杂号"或"小号"。前文所引宋末荆州都督沈攸之举兵时，其下属参军中竟有五位辅国将军，据此可看出将军号的滥授程度。将军数量如此多，则完全变得有名无实，是谓"虚号"。这成为后世所谓"武散官"的起源。

第四章

梁陈时代的新倾向

一、梁武帝的制度改革

南齐二十四年的历史，尤其是明帝以后的后半叶历史，阴惨恐怖。明帝篡夺族孙之位登上帝位，屠杀前任皇帝近亲；明帝之子东昏侯即位后，患上革命恐惧症，频繁诛杀大臣。萧衍兄长被杀，因而举兵攻陷都城，拥立东昏侯之弟为和帝，很快地又接受和帝禅让，自己登上帝位，是为梁武帝。梁武帝在位长达四十八年，在短命的南朝各王朝中留下了鲜有的长期治世的记录。然而梁朝实际在武帝晚年已灭亡，因此可以说梁朝的历史即武帝的治世历史。

梁武帝不仅精于武略，且博学多才，又长于文学、醉心佛教，因此在他当天子时维持了相对和平的统治，有力地推动了南朝文化进入黄金时代。放眼广阔的中国历史，他的治世也极具特色，给后世以深远影响。尤其在官制上，他果断实行的改革，整顿了宋齐时代的混乱局面，为后世提供了参考典范。

如上所述，宋齐官制仅仅是在魏晋以来九品官制紊乱、出现了新官阶的基础上，不断堆积临时的先例，其间迷失了明确的方向。阶层方面，门地二品与寒士、寒人间的阶层分隔日益严重。无论是贵族制，还是贵族性质的官僚制，都脱离了现实社会。地方都督府及其参军，与中央政府及其官僚之间的关系也依然不甚明确。这些问题迟早必须根本解决，梁武帝恰好在此时出现，完成了这些任务。

梁武帝即位初年，首先下令进行官制改革。《通典》卷三十七记载：

天监初年，尚书删定郎济阳蔡法度定令为九品。

据《梁书》卷二《武帝纪》记载，天监元年八月开始编纂律令，第二年天监二年四月癸卯完成。同书"天监二年"条记载：

尚书删定郎蔡法度上《梁律》二十卷、《令》三十卷、《科》四十卷。

武帝最初的九品官制就见于此令。不幸的是这部法令现已不得一见，其九品官制的片断散见于《唐六典》各处，如卷八记载：

〔侍中〕梁氏秩二千石，品第三，后班第十二。〔黄门侍郎〕梁氏增秩二千石，品第五，后班第十。

如上所见，"品第三""品第五"是据天监二年之令，"后班第十二""后班第十"出自后来的天监七年之制。此处尽量搜集《唐六典》中的相关片断，制成下表，然而因《唐六典》中错讹不少，故而有些模棱两可的记载则未收录，例如，给事中为品第七，中书舍人为品第八之类，可能是因为没有将后述天监七年新官制中的官班转换为官品造成的。

表十五　梁天监二年官品表（括号内为晋宋官品）

二品	中书监、令（三）				
三品	侍中	尚书仆射	吏部尚书	秘书监	太子詹事
四品	尚书左右丞（六）	吏部郎（五）			
五品	黄门侍郎	秘书丞			
六品	廷尉三官				
七品	著作佐郎（六）	廷尉丞	廷尉狱丞		
八品	中书主书令史？				
九品	中书令史、中书书令史	秘书令史			

上表中，"中书主书令史"在本文中单作"中书令史"，但这样的话将与后文重复，因此据其意改称"主书令史"。就此看来，可知梁官品大致沿袭晋宋官品。如上所述，因齐官品表不存故而无法比较，但齐官品大概与宋官品几乎并无二致。梁代改动过的官品均以括号提示，这些改动中首先应注意的是将吏部郎提升为四品一事，这正与宋齐时代的实情相符。尚书左右丞原应在吏部

郎之上，虽其实际价值在不断提升，但从《宋官品表》中位于六品之首的是尚书丞郎来看，终宋一代其名义上的价值都仅居于六品官，似乎此时才突然提升至与吏部郎同等的品级。

接下来的中书监、令原本为三品，此处升为二品，尚书令应该也是同时升为二品。著作佐郎降为七品，因其已全然变为起家之官，脱离实际职务。

武帝在重新制定官品的同时，还确定了其秩数。《通典》卷三十五记载：

> 梁武帝天监初，定九品令。帝于品下注：一品秩为万石，第二第三品为中二千石，第四第五品为二千石。

这与魏晋官品的秩数基本一致。散见于《唐六典》中的天监二年令的片段也大致与此相符，但也偶有例外。如《唐六典》卷九"中书令"条记载：

> 梁监增秩至中二千石，令秩增二千石，监、令并增秩〔品？〕至二品；后制十八班，监班第十五，令班第十四。

上述秩数仅止于大致的方针层面。六品以下的秩数虽并无记载，但可据前代的一般情况推测应为六品千石，七品六百石，七品以下四百石至二百石。

由上可见，梁武帝最初的官制于仓促之间完成，仅停留于修正以往品与阶之间明显的不均衡，并未进一步提出更多的新方针。然而长久以来的官制紊乱，需要治本的改革，应此要求而生的就是天监七年的新制度。

二、流内十八班

武帝于天监七年再度实行官制改革，然而此事并不见于《梁书》本纪。《通典》卷三十七记载：

> 七年革选，徐勉为吏部尚书，又定为十八班。班多者为贵，同班者则以居下者为劣。又置诸将军之号为二十四班，亦以班多者为贵，而九品之制不废。

此记述并不充分，因为当时制定的官制，除此处提及的十八班与将军号之外，另有流外七班和流外勋位制。这些内容在《通典》卷三十七、《隋书》卷二十六《百官志》中均有记载，以下将逐一加以说明。

首先是十八班官制。此处的"班"到底所指为何呢？我认为"班"与晋朝刘颂所制定的九班选制之"班"同义。即"班"原本指朝廷中的席次，宫中的席次显示着地位的上下，同时也表示晋升的顺序。《隋书·百官志》中梁制将军号条下曰"班即阶也"。又据《通典》记载，班制颁行亦不废九品制，这一点值得注意。那么班与品的关系如何呢？就此，《唐六典》给出了解决思路，如卷二十六"太子左庶子"条记载：

> 梁中庶子、庶子各四人，（中略）中庶子班第十一，从四
> 品。庶子班第九，从五品。

毫无疑问，即太子中庶子按班为第十一，按品为从四品；太子庶
子按班为第九，按品为从五品。我将《唐六典》中班与品并举的
官职收集并排序，制成下表。

表十六 梁官品官班对照表

官班	官品	官名
十四	正三	吏部尚书、太子詹事
十一	从四	少府、太子中庶子
十	正五	十二卿
九	从五	太子庶子
八	正六	太子中舍人
六	正七	太子洗马
五	从七	诸王文学
二	正九	陵令
一	从九	太子通事舍人、尚方令

此表中，班与品的对应非常有规律，因此仅凭这些材料也可
容易地补全欠缺的部分。即第十八班为正一品，第十七班为从一

品，第十六班为正二品，以此类推至最后的第一班为从九品。《通
典》及《隋书》的百官表只记载了官班，但据此可以立即将其换
算为官品。

　　由上可知，梁十八班恰与九品对应，只是数字为其二倍，因
需要将九品乘以二，故每品设正从。我们自然可认为单纯将以往
的九品乘以二，便可得到新十八班制。然而我们还必须考虑到在
十八班之下还存在着流外七班这一事实。此流外七班即：

　　　　位不登二品者

在《唐六典》卷十五"光禄寺主簿"条中，又明确将与其相同者
称为：

　　　　位不登十八班者

将二者对照，很容易可得出"十八班＝二品"这一结论。此二品
毫无疑问指的是门地二品，或者是门地二品者应就的六品以上官
职。若果真如此，则梁十八班九品制，一定是将以往大致六品以
上的官职分为十八份，或九级。慎重起见，此处将宋官品表中的
六品官与梁制中最后三班进行比较，找出二者的共通之处，制成
下表。

表十七　宋梁官品官班比较表

宋制六品官	梁制流内（三～一班）
治书侍御史、侍御史	南台侍御史（一）
三都尉	奉朝请（二）
博士	太学博士（二）
秘书、著作丞郎	秘书郎（二）、著作佐郎（二）
王国公三卿	皇弟皇子国中尉（三）、嗣王国大农（三）、蕃王国郎中令（三）、同大农（二）、同中尉（一）
诸县署令千石者	公车令（三）、北馆令（三）
殿中将军	二卫殿中将军（一）

　　这些官多为清官，同时多是作为起家官的六品标准官职。他们被置于梁朝新制十八班中的最下，正说明新制十八班是去除以前九品中七品以下的官品，再将六品以上官品重新划分。从宋齐以来的发展趋势来看这是理所当然的，结合第三章第十节的《官僚金字塔结构图》之二，即可大致明白。

　　南齐谢赫《古画品录》将古画的等级分为六品，非常出名，当时大概形成了一种六品以上为合格的观念。据《南史》卷二十五《到彦之传》记载，其曾孙到溉为下棋名手，棋品进入第六品，作为齐末梁初之人，进入六品即意味着具备了名列前茅的一级实力。将晋宋的官品与梁天监七年以后的官品官班进行比较时，若不依据下表则会失去分寸。

表十八 宋梁官品官班对照表

宋	梁	
官品	官品	官班
一	正一	18
	从一	17
	正二	16
二	从二	15
	正三	14
	从三	13
三	正四	12
	从四	11
	正五	10
四	从五	9
	正六	8
	从六	7
五	正七	6
	从七	5
	正八	4
六	从八	3
	正九	2
	从九	1

据此我们即可知晓为何十八班的官班成为梁朝新官制的专称，而从前的官品被隐匿于其后的理由了。因为如果只使用新官品名称的话，基本所有的官职等级就都比以前降低了，例如本该为六品的秘书郎只能成为正九品。因此便造出新的班名，且有意颠倒过来，设定数字越大地位越高，令官品的换算变得困难。如果没有《唐六典》的记载，仅用官班相称，极有可能令我们大意忽略梁朝官制中除官班之外还有官品这一点。

其次，还需要探讨一下梁朝新官班与晋宋官品的显著差别。

要说价值显著上升的官职，那非尚书系统的官职莫属。武帝天监二年令中已有这种倾向，到天监七年官班制中其发展势头更是高昂。尚书令大概在天监二年已升为二品，其后升为正二品；到之后的陈代，更进一步升为一品官。与此同时，尚书系统的其他官职也随之一齐升值，在这个时代掀起了一股尚书热潮，详见下表。

表十九　宋梁陈尚书各官对比表

品	宋	梁 天监二年	梁 天监七年	陈
一品			正一	①
			从一	
二品		①？	正二　①	②
			从二　②	
			正三　③	③④
			从三　④	
三品	① 尚书令	②③④	正四	⑤⑥⑦⑧
	② 仆射		从四　⑤	
	③ 吏部尚书		正五	
	④ 列曹尚书			
四品	⑤⑥⑦	⑤⑥⑦	从五　⑥	
			正六　⑦	
			从六	
五品	⑤ 吏部郎		正七	
			从七　⑧	
			正八	
六品	⑥ 尚书左丞		从八	
	⑦ 尚书右丞		正九	
	⑧ 尚书郎		从九	

观察此表，也许有人会讶异于尚书诸官地位跃升如此迅速，

因而怀疑我将晋宋官品和梁官班进行比较时的方针有误。其实不然。尚书郎一职历来为六品官，梁朝时名义价值为七品，然而结合前后的趋势来看，其真实价值绝对没有下降。表面看似下降，其实质上却一定是上升的。根据此对比表可得合理解释：其为七品官，却实际相当于以前的五品。这也佐证了我认为从前的六品相当于新官班中最末尾的三班一说的正确性。

增补 梁流内十八班略表

班	官名
十八	丞相 大司马 大将军 太尉 司徒 司空
十六	尚书令
十五	尚书左仆射 右仆射
十四	中领护军 吏部尚书 太子詹事 太常卿
十三	中书令 列曹尚书 国子祭酒
十二	侍中 散骑常侍
十一	御史中丞 尚书吏部郎 秘书监 太子中庶子
十	给事黄门侍郎 员外散骑常侍 太子家令
九	尚书左丞 鸿胪卿 中书侍郎 太子庶子
八	秘书丞 太子中舍人
六	太子洗马 通直散骑侍郎 尚书侍郎
五	尚书郎中 太常丞
四	给事中 皇子府正参军 中书舍人 建康三官
三	太子舍人 公府祭酒 府行参军 庶姓府参军
二	秘书郎 著作佐郎 扬南徐州主簿 府功曹史
一	扬南徐州西曹祭酒从事 皇子国侍郎……嗣王国常侍 扬南徐州议曹从事……南台侍御史 蕃王府行参军……诸署令

整体来看，梁武帝的十八班官制是之前南朝发达的贵族官

僚制之集大成者，这点值得玩味。从位居各班首位的官来看，几乎都是当时甄选出来的清官。唯有第十四班的中领护军下有吏部尚书、第十一班的御史中丞下有吏部郎二者为例外。这可能是武帝有意打乱顺序的个人意见。再者，第五班的尚书郎中还称不上清官。第一流的名家往往避讳任尚书郎一职，其前后并无值得举出的清官，许是武帝想加强此官的重要性而将它置于班首也未可知。①除此二三例外，排在首位的都是有名的清官。据此我们又可知在当时哪些官被当成清官。

首先，排在第一的中书、门下之官为清官。十三班的中书令、十二班的侍中、十班的给事黄门侍郎、四班的给事中皆为清官。如上所述，一般认为中书如内大臣、门下如居于天子侧近的侍从职务，因此不被繁琐事务所扰，可认为是以言论匡扶天下政治的高等职务。

其次，秘书省官为清官。八班的秘书丞、二班的秘书郎皆为此属，尤其是秘书丞堪称天下第一清官，当上秘书丞是其家族为一流贵族的一种证据。②然而作为秘书省长官的秘书监，虽居高位

---

① 关于尚书郎。《晋书》卷七十五记载了王坦之、王国宝父子俩被任命为尚书郎而不就一事。但若以此贸然认定尚书郎乃寒士应担任官职，就大错特错了。王氏可是曾蔑称桓温为兵，在被要求出示家讳之时傲语："亡祖先君，名播海内，远近所知。"此乃琅邪王氏及与之比肩的太原王氏等一流贵族出身者才能享有的骄傲。然而进入梁代，贵族主义开始走下坡路，如《梁书》卷三十三《王筠传》记载，王筠就坦然接受了殿中郎一职。
② 关于秘书丞。"丞"之名本不指卑差，只有秘书丞被当作天下第一清官。那是因为秘书郎、著作佐郎为起家官，并不久任，如《晋书》卷二十四《职官志》记载，著作郎就任之际要撰写一篇名臣传作为考试，并不讨贵族欢心，结果是众人皆希望就任秘书丞。《梁书》卷三十三《张率传》记载："迁秘书丞，引见玉衡殿。高祖曰：'秘书丞天下清官，东南胄望未有为之者，今以相处，足为卿誉。'"同卷《刘孝绰传》记载："除秘书丞。高祖谓舍人周舍曰：'第一官当用第一人，故以孝绰居此职。'"

却非清官。因为担任长官后必定俗务缠身，又必须承担责任。既当官又无责任，超然世外悠游自在的便是当时的清官。

再者，太子属官大部分也属清官。六班的太子洗马、三班的太子舍人属此类。太子乃将来的皇帝，故其属官人选需慎重，且太子即位时，这些人因旧交情便有拔擢之望。如此名利双收者乃当时的清官。这两种官职自魏晋以来为七品官，位居秘书郎之下，之后地位不断上升，洗马一职甚至远居给事中之上。不同于公府舍人，太子舍人与洗马共同掌管文翰，而实际承担公府舍人工作的是太子家令。家令在太子属官中属浊官，一流名门断然不会就任此职。太子詹事、中庶子、庶子三职班位虽高，但从清官这点来说，不及洗马、舍人。

若各班首位均为当时的一流清官，那么排在后面的清官程度应该在逐次下降，因此末尾的官相比而言是浊官。尤其是位于第一班末尾的诸署令，虽勉强得以留在十八班之内，其实性质与勋位并无二致。因此当时士大夫的最大愿望就是在官位升迁时能逐步靠近各班之首，如果官位上升而清度下降亦不算荣升。《通典》卷三十八《陈官品表》最后如此记载陈代：

> 大抵其官唯论清浊，从浊得官微清，则胜于转。

所言与梁代相同。换言之，在同一班内向班首官靠近则值得庆贺，但若勉强升入上一班却居于末尾，则令人十分烦恼。因为个人的履历即为其家族履历，家族不像那个人那样讲齿序，只凭门地的清浊。

若太急于升迁，一不留神当上浊官，则有损家门，甚至殃及子孙。

三、流外七班

门地二品的流内十八班之外有流外七班。梁代是否使用过"流外"一词尚存疑问，正确的说法似乎应为"位不登二品者"。但到了下一朝代陈代，又确实称其为"流外"。《通典》卷三十八在《陈官品表》之后说明道：

> 又流外有七班，此是寒微士人为之。从此班者，方得进登第一班。

梁代应大致与此相同。根据上文记载，流外七班乃寒微士人、即寒士阶层的起家官，经此官后才可进入流内。贵族制度为阶级社会，而阶层原本就是人为的、历史的产物，因此不能像区分人与猿那般，明确划出一条界线。存在于门地二品的士族与庶民之间的寒士，既不能完全被当作士族对待，亦不能完全视为与庶民同等。若说偏向哪边，他还是属于士族，所以被称为寒微士人。如果把流内十八班与流外七班做比较，则会发现二者之间并无很大的断层，而更可见其紧密连接的一面。

流内十八班中占半数以下的多为府的僚属。而在流外七班所列的官名，几乎全部是府的僚属。前面已提过，府有诸多种类，且因府主不同，僚属的地位也会发生变化。梁的新制中对其等级进行了明确规定。原本，只有三公才可开府，故公府最为重要。后渐有非三公者享受三公待遇，称位从公，一般认为是晋代之事。其次，魏开始允许将军开府，东晋以后发展为都督府，即军府。此后，自宋代开始，以宗室为将军的同时任命其为地方都督，王府发展迅速。根据府主与皇室的关系，此类王府可以分为四类：第一类为皇弟皇子府，由天子的兄弟或者儿子担任府主，所谓正王，分量最重。第二类是皇弟皇子的世子为府主，此称为嗣王。世子以外的儿子为府主的，称为皇弟皇子之庶子府。此外皆为蕃王府。庶子府与蕃王府待遇几乎同等，故名义上分为四类，实为三个等级。相对于宗室，臣下开府称为庶姓府。

最能体现府等级的，是府僚属长官长史的地位。此处根据各种府的长史官品制成下表。司马几乎在所有场合都参照长史，下面列出的参军也因府不同有轻重之分。

表二十　梁代诸府简表

	正四	从四	正五	从五	正六	从六	正七
司徒府	左长史		右长史	司马			
皇弟、皇子府			长史				
皇弟、皇子单为二卫				长史			
嗣王府				长史			
皇弟、皇子之庶子府					长史		
蕃王府					长史		
庶姓公府				长史			
庶姓持节府					长史		
领、护军府							长史

　　司徒府本应包括在庶姓公府之内，然而自九品官人法成立以来，由于地位特殊，故为例外。皇弟皇子若未被授予将军号，即便封王亦不能开府，只能拥有王国僚属，即王国官。同样是将军，若止步于左右卫将军，则比担任都督府府主的资格低。领军、护军在中央，几乎相当于陆军部，是构成中央政府一部分的军府。军府僚属的中坚力量为参军，魏晋时代规定其仅为七品、八品官，此后随着都督府的发展，其功能也逐渐分化，从地位甚高的谘议参军到地位低下的参军督护，上下差距很大。现选取军府中有代表性的皇弟皇子军府、庶姓持节都督府，制成下面的参军一览表。梁朝的从五品即第九班，相当于魏晋的五品官，流外二班大致可认为相当于魏晋的九品官。

表二十一　梁代参军简表

品·班	皇弟、皇子军府	庶姓持节都督府
从五	谘议	
正七	录事、记室、中兵	谘议
正八	正	
从八	行	中录事、中记室、中直兵
正九		录事、记室、中兵
从九		
七班	长兼	除正
六班	参军督护	板正
五班		行
四班		板行
三班		长兼
二班		参军督护

　　都督府的参军，除谘议参军特殊以外，由正参军和行参军掌诸曹。曹有十八，录事、功曹、记室、户曹、仓曹、中兵、直兵、外兵、骑兵、长流、贼曹、城局十二曹由正参军掌管，中兵、直兵二曹合二为一由一个参军掌管，因此合计为十一人。法曹、田曹、水曹、铠曹、集曹、右户六曹由行参军掌管，共六人。法曹以下六曹的行参军，有时仅称为参军，不过加上曹名时，自然可知实际为行参军。梁武帝时期，在此之外又增置三参军。《通典》卷三十七"将军号第十四班"条记载：

　　　　凡督府置长史、司马、谘议，诸曹有录事、记室等十八曹。天监七年，更置中录事、中记室、中〔直〕[①]兵参军各一人。

加上一个"中"字，以示地位略高，例如太子中庶子、太子中舍人分别比太子庶子、太子舍人的地位稍微高些。没有曹的参军为长兼行参军，又称长兼参军。

　　接下来由表二十二可见，流内和流外一脉相承，二者之间并不存在特别大的断层。这种联系在诸王国官上体现得更为明显。诸王在封王之际获得封邑，管理封邑的僚属即王国官。王国官的上层拟朝廷十二卿，设"国三卿"即郎中令、大农和中尉。"三军"指上军、中军、下军的将军，根据国之大小，也有二军或仅有一军。接下来是"三令"，为典祠令、学官令、典卫令，有时加上典

---

① "直"为宫崎补，中华书局本《通典》无。——编者注

书令合称"四令"。皇弟皇子国的大农与嗣王国的中尉未见于《通典·梁官班表》，着意予以补全。

表二十二　梁代国官表

班		皇弟、皇子国	嗣王国	蕃王国
流内	五	郎中令		
	四	（大农）	郎中令	
	三	中尉	大农	郎中令
	二	常侍	（中尉）	大农
	一	侍郎	常侍	中尉
流外	7	三军	侍郎	常侍
	6	典书令	三军	侍郎
	5	三令	典书令	三军
	4		三令	典书令
	3			三令

　　表中也可见到在皇弟皇子国、嗣王国与蕃王国的王国官中，从郎中令下至三令，其官职连续依次降低一等。又从皇弟皇子国到蕃王国，也是依次降低一等。因此，如果皇弟、皇子国的中尉—常侍—侍郎之间并无特别大的断层，也就很难认为嗣王国的常侍—侍郎之间、蕃王国的常侍—侍郎之间存在很大的断层，可以认为他们之间仅相差一等。

四、起家之官

　　那么到底为何要区分流内与流外呢？要言之，只能说是为了贵族主义的便利。门地二品士族中的末流与寒士难以明确区分，是摆在眼前的现实问题。但贵族在情感上总是强烈希望在某处设置一道关卡，将自己区分出来。这个愿望反映在官制上，即为流内与流外之间的分界线。要说这条分界线的实际作用，就要从起家时说起了。

所谓贵族主义，即认为诞生决定一切的思想。名门之子，不论其相貌、体重，仅是出生在名门这一事实，就决定了他的贵公子身份。而起家也是一种"诞生"。起家官决定了贵族官僚社会中贵族性的程度高低，肉体的诞生在此时方能获得社会性的认可。因此从流内起家还是从流外起家，就成为一个重大问题。区分流内和流外的界线，作用就是在起家之际给人打上是否为门地二品的烙印。

这种做法可能始于宋齐时代。尤其如我所想，如果齐代通常实行的七职是指寒士就任的七个等级，那么此七职就应为梁朝流外七班的前身。当然，从那时起已存在寒士起家之官。将其组织化、整理成一个完整体系展示，即为梁武帝的流内流外官班表。研究梁代起家官时，会发现列传中常常出现流内三班、二班、一班这三种表述。当然宗室与三公之子暂且不论。

三班中，从头起第五位的皇弟皇子府行参军，及第十五位的嗣王府正参军，似乎是寻常的起家官。《梁书》卷三十三的王筠自中军将军临川王行参军起家，卷四十的许懋自后军将军豫章王行参军起家，《陈书》卷二十七的江总自宣惠将军武陵王法曹（行）参军起家等，都为皇弟皇子府行参军起家的事例。这里的行参军似乎多为法曹行参军。法曹为行参军之首，从其上城局参军开始则为正参军。若法曹参军没有空缺，便临时任命为其他曹参军，待法曹之位空出便移为法曹。因此列传中常见"俄署法曹"一词。贵族主义非常重视位列第一。其次为嗣王府正参军，《陈书》卷十三的鲁悉达自南平嗣王中兵参军起家即为一例，中兵曹为正参军。虽然在同一班内，居于第十五位的嗣王府正参军，比起第五位的皇弟皇子府行参军，地位要低得多。

　　二班首位为秘书郎，其次为著作佐郎。秘书郎乃魏晋以来的清官，且居班首，因而比起从位于三班中间的行参军起家，虽然秘书郎更低一级，贵族们也更愿意自秘书郎起家。此时期王、谢等门阀子弟大多自秘书郎起家，对其他官职不屑一顾。由于秘书郎炙手可热，因此一旦成为秘书郎，就要尽快转迁其他官职。《梁书》卷三十四《张缵传》记载：

> 秘书郎有四员，宋、齐以来为甲族起家之选，待次入补，其居职，例数十百日便迁任。

秘书郎已完全变为步入仕途的渠道，又因人数众多无法安排，故梁代出现了"长兼秘书郎"的称呼，"长兼"为试补之意。《梁书》卷二十一的王泰，起家著作（佐）郎却不拜，朝廷只好改授秘书郎。一般秘书郎之后将升为太子舍人，而他却被迁为前将军府法曹行参军。二班第三位的是扬州、南徐州主簿，《梁书》卷四十七的何炯自扬州主簿起家，即是一例。再下来自第六位的太学博士、第七位的皇弟皇子国常侍和第八位的奉朝请起家者数量众多。这些官职，比起秘书郎、著作佐郎，地位大有落差。甚至再低的还有第十一位的上州主簿、第十八位的嗣王府行参军。

一班首位为扬州、南徐州西曹书佐及祭酒从事史，第二位为皇子国侍郎，第三位为嗣王国常侍，第四位为扬州、南徐州议曹从事史。即使居于这一班的首位也不能说是清官。以上四种官主要作为起家官，因靠近连接着秘书郎的一系列官职的末端而受到好评。《梁书》卷三十八中朱异与贺琛同传，前者自扬州议曹起家，后者自扬州祭酒起家，论赞称二人并自微贱起家。更往下的有第十位蕃王府行参军，《陈书》卷二十九的毛喜自梁中卫将军西昌侯行参军起家，可当为一例。西昌侯萧藻虽无王号，但其资格接近蕃王，乃武帝兄长萧懿之子长沙嗣王业之弟。第十一位是蕃王国中尉，《梁书》卷四十八《沈峻传》记载，他由王国中尉起家转为侍郎，只能解释为自蕃王国中尉起家，转任同班第二位的皇弟皇子国侍郎。沈峻家代代农夫，从他开始以学问立身。

见于列传者，多从流内一班至三班起家，而自流外起家的除军人和倖臣之外，几乎未看到记载，只有《梁书》卷四十八关于孔子祛的记载引人注目。孔子祛从流外七班第三位的长沙嗣王国侍郎起家，兼国子助教，累迁至流内第一班的湘东王国侍郎、第二班的同王国常侍。这反映了当时一旦从流外起家，就永远地失去了成为显官机会的贵族社会实态。流外七班中罗列了许多官名，当然由此起家者不在少数，然而不见于列传记载，是因为他们即便进入贵族社交圈也无人问津。

面对如此封闭、几近顽固的贵族社会，一般庶民想要建立功名，唯有依靠武勋。南齐周盘龙曾向世祖豪言：

> 此貂蝉从兜鍪中出耳。

事见《南齐书》卷二十九本传。据《陈书》卷八《周文育传》，周文育生于梁代，自幼孤贫，为周荟养子，周荟让他学习书计，他大言道：

> 谁能学此，取富贵但有大槊耳。

他学习骑射，频立战功，后为陈朝开国功臣，被授予开府仪同三司、寿昌县公。

　　言归正传，据孔子袪之例可见虽流内、流外官之间连接紧密，其间并无十分明显的断层，但若非自类似于二班的秘书郎这样的清官起家，其后的晋升将极为困难。恰如后世科举中，若非成绩优秀者难以在官场中立身的情况相似。

五、蕴位、勋位与胥吏的起源

　　梁武帝的新官制中，于流内十八班、流外七班之外，又置三品蕴位与三品勋位。此勋位无疑是继承了宋齐的勋位，《通典》卷三十七《梁官品表》中虽未记载四品以下勋位，但实际应一直到六品勋位为止。若果真如此，又由于三品蕴位在三品勋位之上，故实际应被称为二品勋位，定是为了避开"二品"而改称三品蕴位。因为当时"二品"一词以"二品清官"或"门地二品"为人熟悉，专指清流官，官班表中亦有"不登二品者"这样的表达。为防止语义混同，避开"二品"能少生误解。又关于勋位，《唐六典》卷十八"典客署"条记载：

> 梁有典客馆令丞，在七班之下，为三品勋位。[1]

勋位似可理解为居于七班之下，但我们不能将字面意思全盘照收。从上文说过的勋位成立过程也可看出，勋位本包含在品官之内，不过是由一条士庶线区分开来，被排挤、限制在特定区域。《唐六典》卷十四"廪牺令"条记载：

> 《齐职仪》：令，品第七，秩四百石，（中略）今用三品勋位。

令的地位为七品官，齐代用相当于七品官的三品勋位相称，因此与其说七品官与三品勋位属于上下关系，不如说是平行关系，更确切地说是处于同等级别，但清浊有别。与廪牺令相似的例子，散见于《唐六典》各处。

---

[1] 关于令丞，有两种含义，一为将令、丞并称之意，一为令之丞之意，此时专指丞。丞是长官之丞（辅佐），不承担独立的职责，故丞无印。然而县尉并非县令之尉，而是县之尉，因此有特定的职责，持有印章。《宋书》卷五十六《孔琳之传》记载："今世唯尉一职，独用一印，至于内外群官，每迁悉改。"

从梁制三品蕴位至六品勋位的五等官中，包含很多原来的品官，当然其中也有魏晋时代的流外官，即相当于第十品的官，但它们并非主体。如上所述，梁将魏晋九品的七品以下者切除，再把六品以上重新分为九品，成为新九品；未能进入这个新九品即九流中的官职，与上述七班自然一起被称为流外。因此新产生的流外七班与流外勋位，在完全相同的情况下成为流外，二者依然是平级关系，而不可能在流外七班之下另有流外勋位。

若流外七班为寒微士人就任之官，那蕴位、勋位就明显是庶人可就之职。然而二者相互间是否能进行人事的交流则尚不清楚。仅比较官名、考虑职务内容来看，二者应为完全不同的路线。其次，勋位中最高的三品蕴位与流内十八班之间是否有联系呢？他们之间似乎出人意料地有衔接，即在流内十八班最后的第一班末尾，列有诸多署令之名。

署大多为附属于九卿的特设机构。自汉代以来，其大者长官称为令，小者长官称为长。令之秩从千石至六百石，长之秩为四百石以下。后来署的长官不论大小一律称为令，但区分清官浊官，以浊官为令的署一律称作诸杂署。诸杂署的令多数由微贱者担任，似乎他们不再升迁。早在《三国志》卷二《魏书·文帝纪》"延康元年"条就有记载：

其宦人为官者，不得过诸署令。

《资治通鉴》卷六十九同一条下胡注如此解释诸署：

左右中尚方，中黄，左右藏，左校，甄官，奚官，黄
门，掖庭，永巷，御府，钩盾，中藏府，内者。

大致相当于后世所说的诸杂署。

梁代在以往通常的九卿之外，新设三卿，共十二卿，分别配
以春夏秋冬。排在首位的是太常卿，太常执掌礼乐，故其职务甚
为特殊，在附属于太常的署里供职的官吏，有很多被后世称为乐
官的专家。此处将属于太常的官僚之官班与勋位进行对照，制成
下表。

表二十三　梁太常寺署职官表

班		太常本寺	太常诸署	
流内	十四	卿		
	五	丞		
	一		太乐署令、太史署令、太祝署令	
流外	7	五官、功曹 主簿		
	6		太乐库丞、太乐清商丞、太史丞	三品蕴位
	5		太乐丞、乘黄署令	
	4		廪牺署令、典客馆令	三品勋位

关于表中太常本寺的主簿与五官、功曹的关系，《唐六典》卷
十四"太常寺"条记载：

梁天监七年，十二卿各置主簿一人，迁为五官、功曹。

这些属于事务系统的官，原本应能够与部门以外进行自由的人事交流，但似乎却被规定要尽量内部升迁。几乎所有的寒官都是这样的性质，交际范围狭小，几乎无法发现其他的美差并实现迁转。名流贵族自豪于"一岁数迁"，而寒士、寒人的宿命则是只能在同一职务上持续忍耐着。因此在阅读列传时，得出以下结论应无谬误：为官经历越丰富的人越是名门，履历越苍白者越是寒官。

连流外七班都规定了内部晋升，诸署内勋位的晋升更是毫无自由可言。不过因其都是专家，其领域难以被别人侵入，那么，太乐署令可能是从其下的丞、库丞、清商丞晋升而来的。若确实如此，则说明门径虽狭小，却也打开了自三品蕴位通向流内末尾的道路。但是再往上晋升就极为困难，可以说几乎毫无希望。与此相比，从流外七班进入流内则可通过更宽敞的道路实现，这是寒士与寒人间的区别。

进入陈朝以来，诸署令完全从流内官中销声匿迹，大概全部落入流外勋位里了。

以尚书为首的中央官衙的令史，可能在宋齐时代被编入勋位之中，但并无文献的明确记录。据梁朝的官班表，都令史另当别论，尚书的度支、三公、都官，左降的正令史，著作和集书的正令史为三品蕴位，此外其他的正令史均为三品勋位。①因此书令史应为四品勋位以下。后世所谓的胥吏身份最晚在此时业已确立，

---

① 关于左降。梁制三品蕴位中尚书令史有四种。度支、三公、都官为曹名，但并无名为"左降"的曹，可能是"左户"的讹误。"左户"应正确称为"左民"，为避唐太宗讳，"民"字一律改作"户"字，大概是此时改错的。

"胥吏"一词似乎也是从这时起开始使用的。但其实我尚未弄清
"胥吏"一词的起源，《太平御览》卷二一六引梁代陆倕的《拜吏
部郎表》云：

> 自非季重清识，李毅恬正，何以区分管库，式鉴胥吏。

此为迄今我所见到的最早用例。

六、将军号

梁朝制度中，除上述三类官位之外，还有完全独立的将军号。
将军分为内号将军与外号将军，内号为中央政府的一部分，是指
挥天子直属部队的将军，就像司隶校尉治下的三辅地方官享受与
内官同等的待遇一样。内号还用作授予内官文臣的加官。与此相
对，外号为地方都督、刺史以下所带将军号，用以指挥地方兵，
或授予应有指挥权的文武官员。内号将军名列流内十八班之内，
遇到朝廷举行仪式，他们也要按照各自的班位列席。

其他体系中的将军，有四中将军，即中军将军、中卫将军、
中抚将军、中权将军，注记为内，便宜起见列入表中，实为内号
将军。八镇将军中的左右前后四镇，八安将军内的前后左右四安，
亦是如此。镇卫、骠骑、车骑等将军内外通用，既有内号也有外
号。此外，四征、四镇、四安、四平之东西南北将军以下，皆为
外号。

　　梁朝的将军号，仅流内就有十品，二十四班，一百二十五号，数量颇多。这是宋齐以来将军泛滥的结果。甚至征虏将军、冠军将军、辅国将军等高级将军号，亦可授予地位极低的军府参军等人。放在以前，一说到辅国将军，立刻就能知道是谁，但是现在由于数量庞大，就无从分辨了。例如，征虏将军细分为智威、仁威、勇威、信威、严威五号，冠军将军细分为智武、勇武、仁武、信武、严武五号，辅国将军细分为轻车、征远、镇朔、武旅、贞毅五号，宁朔将军细分为宁远、明威、振远、电辉、威辉五号。如此一来，一些曾经非常熟悉的将军号就这样消失不见了。

　　将军的十品二十四班显然应以某种方式与流内十八班相对应，但不知其具体方式。不过，最高的骠骑、车骑将军，自魏晋以来一直为二品官。且十品二十四班之后，还有不登二品的将军号八班十四号。因此十品二十四班应为流内，其后的八班十四号为流外。换言之，十品二十四班的最后一位应与流内十八班的最后一位相对应。因此上下对照，试制成表二十四。

　　将军号有时被称为虚号、戎号、戎秩。虚号指的是单有将军之号，并不实际指挥军队。尤其是奖赏军功时常封虚号。戎秩自然是军官的等级之意，只领与秩名相符的俸禄。《隋书》卷二十六《百官志》中所列的陈朝将军号，其名称均大致沿袭梁朝，其下记录秩数，可据此进行推测。

　　流内将军一百二十五号之下有不登二品的八班十四号将军号。末尾第二班是凌江将军、第一班是偏将军和裨将军，这些曾经都是堂堂五品官，可见将军的身价也在贬值。它们如何与流外七班

表二十四　流内官、将军号对照表

流内十八班	将军		
	班	号数	品
16	24	3	
15	23	8	
14	22	8	一品重号将军
13	21	8	
12	20	8	
11	19	2	
10	18	4	二品
9	17	4	
8	16	5	三品
	15	5	
7	14	5	四品
	13	5	
6	12	5	五品
	11	5	
5	10	5	六品
	9	5	
4	8	5	七品
	7	5	
3	6	5	八品
	5	5	
2	4	5	九品
	3	5	
1	2	5	十品
	1	5	

或者勋位对应，则全无线索可循。

　　此外还有为授予外国而设的十品二十四班一百零九号的将军号。这显然直接与流内十品二十四班的将军相对应。最高级别的二十四班的武安、镇远、雄义三将军，分别与镇卫、骠骑、车骑三将军相对应，其下二十三班的四抚与四征相对应。《梁书》卷二

《武帝纪》"天监元年四月"条记载：

> 镇东大将军倭王武，进号征东将军。

此乃新制将军号颁布之前，因此之后征东将军应改称抚东将军，然而历史上并未记载。根据上表，征东、抚东将军为二十三班，因此若换算成流内十八班，相当于十五班、从二位。镇东将军，后对外国改为宁东将军，为二十二班，比征东、抚东将军低一班。但若在将军号前面加上"大"字，则基本可加上一班，因此镇东大将军与征东将军几乎为同一阶。倭王武被封为征东将军，而百济王余大进号征东大将军、高句丽王高云进号车骑大将军，均比日本高出一班。

七、梁武帝的贵族主义

根据以上所述梁武帝的官制改革，我必须再次修改"官僚金字塔结构图"，由此形成图三。从图中可看出，品班的划分及一些细节之处都发生了变化，但其原理与前面的图二几乎并无变化。武帝的官制改革，可以说是对宋齐时代以来积累的历史事实进行整理的结果。

但武帝断然实行整顿，其中也有他个人的理想。一言以蔽之，即调和贵族制度与官僚主义。贵族制度是历史的、感性的产物，说得更极端一些，是没有理想。它只看重过去延续至今的东西，

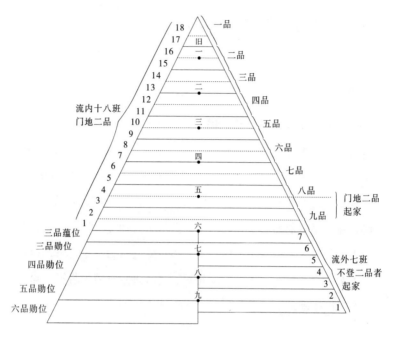

图三　官僚金字塔结构图之三（梁陈时代）

并想将其继续维系下去，进一步说，是为了不引发比现在更坏的事态，所以试图保持现状。它信奉变化必定是恶化。官僚主义与之相反，目的在于治理百姓，为此必须广求人才，其基本思想是人为政治之根本。身为天子，应尽量力求后者。

然而，当时文化和经济都掌握在贵族手中。天子的职业是政治家，因此不能无视这样的现实。无论如何，他首先必须获得贵族社会的理解。在这方面，梁武帝本人就极具贵族趣味。因此其官制改革，不能称为改革，而是尊重过去的历史积淀，他几乎直接承认、接受宋齐时代的流品思想，也并非不可思议。然而与此同时，天子的职业意识又不允许他毫无批判地全盘接受以往的贵族思想。结果使得他在政策上一方面极为贵族式，另一方面又是正面意义上的官僚制，尊重效率，在史籍中留下了发掘、录用有才干者的记录。

梁武帝即位之后，给予开国功臣的武将优厚待遇，却不给他们政治权力。《梁书》卷九《王茂传》记载：

> 时天下无事，高祖方信仗文雅，茂心颇怏怏，侍宴醉后，每见言色，高祖常宥而不之责也。

武将的不满可见一斑。同卷的曹景宗是与王茂齐名的武将，但是进入国都成为高官后，整天无所事事，在贵族礼仪方面还受到指责，只好闭口不言。武帝不愿让这些武将接近政治，与其说是察觉到未来的弊害而深谋远虑，倒不如说是他的贵族主义令他嫌弃粗野的武将。

武帝即位后，立即与当时第一流的名门琅邪王氏通婚。他为自己的第二子，即后来的简文帝迎娶齐太尉王简之孙王骞的女儿王灵宾，又将妹妹义兴长公主嫁与王琳，新安公主嫁与王茂璋。二人均为王导的六代孙。《梁书》卷一《武帝纪》记载了武帝曾在即位前的中兴二年上表齐和帝，叙述士籍的混乱：

> 且夫谱牒讹误，诈伪多绪，人物雅俗，莫肯留心。是以冒袭良家，即成冠族；妄修边幅，便为雅士。

为防止伪贵族的横行，献计对其取缔。《梁书》卷十《杨公则传》记载他为湘州刺史时：

> 湘俗单家，以赂求州职，公则至，悉断之，所辟引皆州郡著姓，高祖班下诸州以为法。

武帝首先致力于让贵族与庶民各就其位。但他的贵族主义也并非全面承认以往的贵族制度。史书中可见武帝改革官制时，忧心以往要官容易成为浊官的倾向，力图使其成为清官。特地把御史中丞置于第十一班首位，在吏部郎前面，就是这种意图的表现之一。又将尚书令史都降至蕴位和勋位，唯有都令史留在流内，位列二班。《通典》卷二十二"历代都事主事令史"条记载了天监九年武帝之诏：

> "尚书五都，职参政要，非但总领众局，亦乃方轨二丞。顷虽求才，未臻妙简。可革用士流，以尽时彦。"乃以都令史视奉朝请。

武帝以太学博士刘讷为殿中都，司空法曹参军刘显为吏部都，太学博士孔虔孙兼金部都，司空法曹参军萧毅兼左民都，宣毅将军府墨曹参军王颙兼中兵都。这五人都称得上才地兼美，从其官名来看，可知都是刚起家不久。然而此政策是否成功令人存疑。因为之后的陈朝官品表中就不再能见到都令史的身影了。《唐六典》卷一"尚书令"条记载：

　　〔都令史〕梁陈五人，品并第八。〔尚书令史〕梁、陈、后魏、北齐，虽预品秩，益又卑冗①。

很难相信陈朝的都令史仍是八品官。贵族社会在漫长历史中培育起来的流品思想不会被轻易改变，如散骑常侍，最初与侍中并为清官，其后声望逐渐下跌，历代天子都曾试图恢复而不得，梁武帝也是尝试后失败的一位。《梁书》卷二十一《江蒨传》记载了江蒨和王泰二人因拒绝仆射徐勉的求亲而招致不满：

　　初，天监六年，诏以侍中常侍并侍帷幄，分门下二局入集书，其官品视侍中，而非华胄所悦，故勉斥泰为之。

说明天子的意志也无力改变贵族的感情。《梁书》卷五十《何思澄传》记载：

　　迁治书侍御史。宋、齐以来，此职稍轻，天监初，始重其选，车前依尚书二丞，给三驺，执盛印青囊，旧事纠弹官印绶在前，故也。

贵族对御史体系的官员总体是敬而远之的。同卷《谢几卿传》记载，谢几卿自尚书三公侍郎迁治书侍御史，颇为失意，不再过问

――――――――
① 中华书局本《唐六典》作"益又微矣"。——编者注

台府事务。当时称御史台为南台，尚书郎调任御史被耻辱地称为"南奔"。如果谢几卿任侍御史是在武帝改革之后，那么说明武帝的意志完全被贵族阶级无视。

　　在这一点上，可以说武帝太过相信帝王权力对贵族的影响。他的贵族主义与现实中历史悠久的贵族情感略有不同，他认为具备极致贵族式教养者即为贵族。当时，太子属官大致都为清官，其中太子洗马最称清贵，多为甲族出任，然而武帝却任命门地略逊的庾於陵和周舍任太子洗马，《梁书》卷四十九《庾於陵传》记载了当时武帝所言：

　　　　官以人而清，岂限以甲族。

认为官职本身并无清浊之分，清流出任则其官变清，且清流并非甲族，而是指有教养者。此乃武帝的贵族主义。这种思想在当时相当先进，就时代而言，这是唐宋以后的普遍思想。因此要想彻底推行这种思想，必须是宋代以后那样的社会才行。

　　武帝的根本思想，是出自对贵族制度有许多可取之处的尊重。然而这并不是现实的贵族制度，而是贵族制度的精神。即值得尊重的是贵族式的教养，而不是指现实的门地。因此武帝得出必须不断录用门地虽低却具有贵族教养者这样的结论。前文所引给齐和帝的上表中，他继续写道：

　　　　且闻中间立格，甲族以二十登仕，后门以过立试吏，求之愚怀，抑有未达。

认为录用官员时，甲族与寒士的起家年龄有异这一点是不合理的。因此他任用如朱异这样门地较低的人才，据《梁书》卷三十八《朱异传》记载，朱异二十一岁时，被特命自扬州议曹从事史起家。若这个为流内一班第四位的起家官与其门地相应，则朱异应属门地二品之家，大概为吴郡大族朱氏的分支。但是被时人称为微贱起家，并把武帝晚年的失败都归咎于他，这其中应该是混杂着名门贵族的反感和恶意。

最能体现武帝新政策的，是接下来要讨论的他对学馆试经制度的奖励，这成为后世科举的重要渊源之一。

八、学馆与试经制度

在齐末给和帝的上书中，梁武帝写道甲族自二十岁起家，而庶民年过三十才可任官是不合理的，因此在即位后，他颁布了记载于《梁书》卷二《武帝纪》"天监四年正月"条的诏书：

> "今九流常选，年未三十，不通一经，不得解褐。若有才同甘颜①，勿限年次。"置五经博士各一人。

---

① 关于"甘颜"，《通典》卷十三记载："阳嘉元年，尚书令左雄改察举之制，限年四十以上，（中略）如有颜回、子奇之类，不拘年齿。"对此，胡广等在驳论中说道："甘奇显用，年乖强仕。"据《资治通鉴》卷五十一"汉顺帝阳嘉元年"条胡注，"甘"所指为《史记》中的甘罗，"子奇"为《说苑》中年十八而出仕齐君、整治东阿、政绩斐然之人。

规定起家年龄一律都是三十岁，并设例外，即精通一经者未达到年龄亦可起家。又为方便达到精通一经的要求，设置五经博士，开办学馆。换言之，即以提前起家年龄为诱饵，鼓励士人向学。不久之后，起家年龄似乎被下调至二十五岁。后来成为武帝宠臣的朱异就是因此得以面谒尚书令沈约，翌年奉特旨从扬州议曹起家，时年二十一岁。按当时一般规定，不到二十五岁不能起家。沈约任尚书令是在天监五年十月，任期至少到九年正月，故朱异起家应该在此期间，由此可知三十岁起家的限制不出数年便放宽至二十五岁。[①]

南朝的学校时兴时废，宋文帝元嘉中设立玄、史、文、儒四学；明帝泰始六年，发展为总明观。及至齐代，武帝永明三年废总明观，于尚书令王俭府中开设学士馆，收揽总明观学士，并纳入总明馆四部之书。另再建国子学，王俭兼祭酒，于宰相繁忙政务之余每十日一次前往国子学课试诸生。当时的士大夫大多尊文学而轻经学，他却精通《礼》和《春秋》。

齐代国学已有课试法，这应是对晋代太学试经的恢复，且应可以据此起家。《梁书》列传中记载了齐代国子学举明经或高第起家的数人，分别为卷二十一的蔡撙，以高第任司徒法曹行参军；

---

① 朱异起家的年份。据《梁书》卷三十八本传记载，朱异卒于武帝太清二年，年六十七。因此他二十岁入京时，应为齐末和帝中兴元年。他自扬州议曹从事史起家应在第二年，即梁武帝天监元年。然而入京后，对其进行考试的是尚书令沈约，沈约出任尚书令在天监六年闰十月至九年正月之间。其中定是有误。若朱异起家是在天监元年，则"旧制年二十五方得释褐"中的"旧制"，应指齐代之制。

同卷的江蒨，以高第任秘书郎；卷四十一的萧洽，以明经任著作佐郎；卷四十八的贺场，以明经任扬州祭酒。然而也有人虽举高第却被置之不理，如卷三十六的江革，他被当时的文学赞助者竟陵王子良招为西邸学士，二十岁再举南徐州秀才，始以奉朝请起家，由此可知齐代严格遵守二十岁起家的规定。高第与明经似乎以考试成绩展现，但仅凭这些事例还不足以说明其与起家官的关系。但高第在明经之上，大概是要综合考虑其成绩和门地才能决定起家的官职。贺场门地不高，成绩又是明经，因而起家官最低。《梁书》卷五十三《良吏传》中的丘仲孚，永明中举国子生高第却未被起调，后因家境贫寒、生活困顿而结交群盗，大概是因为尚未达到起家年龄。

关于梁武帝设置五经博士和五馆一事，《南史》卷七十一《儒林传序》中记载得更详细：

> 天监四年，乃诏开五馆，建立国学，总以五经教授，置五经博士各一人。于是以平原明山宾、吴郡陆琏、吴兴沈峻、建平严植之、会稽贺场补博士，各主一馆。馆有数百生，给其饩廪，其射策通明经者，即除为吏，于是怀经负笈者云会矣。

这段记载亦见于《梁书》卷四十八《儒林传》，文中提到的"五馆"与"国子学"的关系究竟如何呢？国子学可能是齐代以来就存在了，而武帝诏新设的是五馆。每一馆分散于各处，所以才有严植之负责的馆位于"潮沟"的记载。统辖五馆的是国子祭酒（十三班），国子学的教授有国子博士（九班）和国子助教（二班），五馆有五经博士（六班）。国子博士似也分掌五经，大同二年，又另设国子正言博士一人及助教二人。这是以武帝敕撰的《孔子正言章句》为经典的学科（《隋书》卷二十六《百官志》、《陈书》卷二十四《袁宪传》）。

　　梁武帝设置的学校不仅是讲学场所，更肩负着进行考试即射策，降低起家年限的任务。换言之，其实是培养官员的地方。此事在《梁书》卷二"天监八年五月"条所载的武帝诏书中被反复强调：

　　　　学以从政，殷勤往哲，禄在其中，抑亦前事。（中略）其有能通一经，始末无倦者，策实之后，选可量加叙录。虽复牛监羊肆，寒品后门，并随才试吏，勿有遗隔。

暗示学问乃仕途之捷径。那射策考试是如何进行的呢？

　　这里搜检了《梁书》及《陈书》中关于梁代射策的记录，发现用来表示成绩的词语有甲科、高第、明经、推第、清茂等，将其与起家官的关系，制成表二十五（见页292—293）。

　　表中推第和清茂各仅一例，故难以判断；而甲科、高第、明经，无疑即成绩次序，而且不可思议的是，这个成绩顺序似乎与门地大体一致。甲科一般仅限宗室弟子，高第为第一流的名家，明经为门地最低者。（14）张缅、（15）张缵、（16）褚翔都未记载成绩，可能为射策高第。（20）傅岐为国子明经生，应改为举明经。

（23）以上显然均为国子生，唯有（24）戚衮受业于国子助教刘文绍，其资格无法判明。前面已经提过，梁朝学校有国子学和五馆，国子学接收贵族子弟，五馆则专门招收寒门子弟，此事见于《隋书》卷二十六《百官志》：

> 旧国子学生，限以贵贱，帝欲招来后进，五馆生皆引寒门俊才，不限人数。

即五馆为过去太学的后身，梁代在制度上应该有太学，实际上也设有太学博士（二班）一职。但太学博士早已成为起家官，只是在朝廷产生礼制问题时陈述自己的意见，实质上并非教授。虽有"二学五馆"一词，但不存在被称为太学的建筑。

列传中所记载的射策，几乎都是国子生参加，完全不见五馆生参加考试的记载，这该如何解释呢？恐怕是梁代经常特诏五馆生参加像后世科举一样的考试，说不定同时也准许五馆生以外的人参加。再者，五馆生为寒士身份的一种证明，因此传记里出于礼貌，不会对此进行记载。窃以为（24）以下的五人中一定有人是五馆生。

王元规参加考试的时间是中大通元年，诏策《春秋》；戚衮于大同三年十九岁时，武帝敕策《孔子正言》并《周礼》《礼记》之义。国子学的射策应是定期举行的，而上述考试似不定期，而且

表二十五　梁代射策起家表

姓名	身份、专业	成绩、年龄
（1）萧大临	入国学明经	甲科
（2）萧大连	入国学	甲科
（3）萧孝俨		甲科
（4）王训	国子生	高第
（5）王佥	国子生	高第
（6）张绾	国子生	高第
（7）萧恺	国子生	高第
（8）刘毅	国子礼生	高第
（9）王承	国子生	高第，十五岁
（10）袁宪	国子正言生	高第，十五岁
（11）王劢	国子周易生	高第
（12）王质	国子周易生	高第
（13）徐仪	国子周易生	高第
（14）张缅	国子生	
（15）张缵	国子生	十七岁
（16）褚翔	国子生	
（17）王通	国子生	明经
（18）萧乾	国子周易生	明经，十五岁
（19）沈不害	国子生	明经
（20）傅岐	国子明经生	
（21）裴之礼	国子生	推第
（22）王锡	国子生	清茂，十四岁
（23）周弘正	国子生	无俟策试
（24）戚衮	受三《礼》于国子助教刘文绍	高第，十九岁
（25）王元规	从学沈文阿，通《春秋》	高第
（26）岑之敬	《春秋左氏》、制旨、《孝经》	高第
（27）徐伯阳	《春秋左氏》	高第
（28）张正见		高第

起家官	摘要
中书侍郎	武帝孙，《梁书》卷四十四
中书侍郎	武帝孙，《梁书》卷四十四
秘书郎	武帝兄孙，《梁书》卷二十三
秘书郎	《梁书》卷二十一
长兼秘书郎	《梁书》卷二十一
长兼秘书郎	《梁书》卷三十四
秘书郎	《梁书》卷三十五
宁海令	《梁书》卷四十一
秘书郎	《梁书》卷四十一
秘书郎	《陈书》卷二十四
秘书郎	《陈书》卷十七
秘书郎	《陈书》卷十八
秘书郎	《陈书》卷二十六
秘书郎	《梁书》卷三十四
秘书郎	《梁书》卷三十四
秘书郎	《梁书》卷四十一
秘书郎	《陈书》卷十七
湘东王法曹参军	《陈书》卷二十一
累迁太学博士	《陈书》卷三十三
南康王宏常侍	《梁书》卷四十二
邵陵王国左常侍	《梁书》卷二十八
秘书郎	《梁书》卷二十一
太学博士	《陈书》卷二十四
扬州祭酒从事史	《陈书》卷三十三
湘东王国左常侍	《陈书》卷三十三
童子奉车郎	《陈书》卷三十四
板补河东王国右常侍	《陈书》卷三十四
邵陵王国左常侍	《陈书》卷三十四

是先规定考试科目再进行考试，因而相当于后世的制举。且其成绩沿用了国子学的评分方式，但据说一般不会高于明经。岑之敬在中大通六年十六岁时，应《春秋左氏》《孔子正言章句》和制旨《孝经义》的策试，擢为高第，具体经过见《陈书》本传：

> 御史奏曰："皇朝多士，例止明经，若颜、闵之流，乃应高第。"梁武帝省其策曰："何妨我复有颜、闵邪？"（中略）乃除童子奉车郎。

此处所言的"皇朝多士"，其意显然与国子生不同。当时正值武帝治世晚期的中大通六年，此前无疑已有许多国子生获得高第。因此可能是把包括五馆生在内的寒士应策试者称为"多士"。据《梁书》卷二《武帝纪》，童子奉车郎始设于天监七年九月。虽《梁官班表》内未见其名，但视同奉车都尉，即奉朝请（二班）。岑之敬两年后被任命为太学博士。

下面将探讨成绩与起家官之间的关系。宗室以甲科出任中书侍郎，另当别论。国子生高第中除一例外，其他均为秘书郎。明经的例子较少，难以下定论，王通乃天子的外甥，另当别论，一般情况下应不能为秘书郎。然而同为高第，没有国子生资格者大多任王国常侍，比秘书郎的地位要低很多。

整体来看，梁朝考试极为贵族式。成绩要受门地左右，在此前提下，即使成绩相同，起家之际似乎还要考虑门地。特意参加考试看似并没有什么好处，也许对贵族来说，唯一的魅力在于起家年龄可以提前；寒士则能得到起家机会。王承和张缵拥有无须参加策试也能堂堂正正自秘书郎起家的身份，分别于十五岁和十七岁起家。出身名门的国子生中，专攻《周易》者众多，可见在当时玄学流行的影响下，人们倾向于选择五经中章句色彩最淡的科目。

梁代以国学为中心的试经制度，其雏形在汉代已见，后为晋、南朝所继承，南齐时这一制度再度复兴，并在梁武帝的奖励下更加兴盛。在当时，这是一项甚为进步的制度，但还没有达到后世那般明确法制化的程度，实施中会被任意操纵。周弘正十五岁补国子生，季春三月入学，孟冬十月想要参加策试，国子祭酒认为他在学时间太短而没有许可，博士到洽却说周弘正的学识已经达到堪任教授的程度，因此无须策试，让其不经策试就从太学博士起家。而且，当时也没有后世那种严格取缔作弊行为的法规，考生公然贿赂考官，考试时只要不胡乱写答案，之后还要进行口头试问，因此这期间就可以寻求酌情处理。袁宪之父不采纳门客的建议，不给学官送束脩，并傲语：我岂能用钱为儿买第？结果，袁宪策试之际，屡遭难题诘问，但他随机应答、剖析如流，顺利地取得高第。

如上所述，当时的考试制度尚不完备，尤其是对寒士的区别待遇，应予以批判。但对名流贵族而言，令其不单凭门地起家，而是以钻研学问并通过考试起家为荣，这一政策可谓成功。武帝这种贵族不以门地为尊，而以拥有贵族教养为贵的信念，在贵族社会中渐渐出现了追随者。这种思想与科举制度的精神拥有完全一致的根基。

九、梁代的秀孝及中正制度

秀才孝廉制度也是自宋齐以来一直延续，但却不见秀才及第而自秘书郎起家者，据此看来，应该是门地不十分高的子弟应举的制度。且在齐代，即使举秀才，也未开提早年龄限制的特例，《梁书》卷五十载伏挺在齐末被举为秀才，虽被称为当时第一，但恐怕由于年龄的缘故未能任官。他迎接梁武帝的进驻军队而被任命为征东行参军时，年仅十八岁。根据齐代规定，即使是秀才，也必须等到二十岁才可起家。《梁书》卷三十六的孔休源于建武四年二十九岁时举秀才，太尉徐孝嗣赞赏其对策，甚至称为董仲舒再生，但他仅成为竟陵王子良的西邸学士；大概梁初约三十三岁时才以太学博士起家，时称美选。可能是由于门地不高，三十岁以后才能进入起家的范围。然而秀才也是一种履历，所以《梁书》卷二十六的萧琛以太学博士起家，后才被举为秀才；卷三十三张率以著作佐郎起家，举南徐州秀才。可见秀才优于太学博士。但是，如王谢那样的名族是断然不会当秀才的。有一个罕见事例，即《梁书》卷二十一的王琳，他是王导的六世孙，由于伯父王奂和祖父王蕴因叛逆罪被诛，起家不能太过张扬，只被举为南徐州秀才，以建安王法曹参军起家；进入梁代，尚武帝的义兴长公主，生有九子，其中王锡、王通、王质、王劢、王金五人均以国子生起家，唯有王固被举为秀才，自秘书郎起家。可能是因为武帝想加重秀才地位而特意让王固应举秀才。此外，其族兄王褒、吴郡名族张嵊也从秀才起家秘书郎，但这些应均为特例。另一方面，还有对策被判为高第，如《陈书》卷十九的虞寄不过以宣城王国左常侍起家，同书卷二十一的孔奂也不过以扬州主簿起家。他们大致相当于比国子生射策高第低一级的多士高第。

关于孝廉的记载甚少，《陈书》卷三十三沈文阿举孝廉，从临川王国侍郎起家。其父沈峻出身于农家，以学问立身，因此他是寒士中最底层的界限所在。秀才与孝廉之间应也存在流品的差别。

提到梁代的选举制度，则不能避开中正这一问题。自宋齐以来，随着贵族制度的确立，中正失去实职，存在感渐弱，但在地方人事上，依然充当顾问一职，有时也行使否决权，这些之前已经讨论过。关于梁代中正，《通典》卷十四明确记载梁初无中正，招致不少误解。杨筠如先生在《九品中正与六朝门阀》中指出了这个错误，宫川尚志先生也在论文中制作了详细的中正表，进一步明确了梁代依然存在中正这一事实。但几乎没有关于梁代中正活动的记载可以征引，应该是已失去了重要性。值得注意的是，梁武帝在中正之外又设置了州望、郡宗、乡豪等，《通典》卷十四记载：

> 至七年，州置州重，郡置郡崇①，乡置乡豪，各一人，专典搜荐，无复膏粱寒素之隔。

---

① 中华书局本《通典》作"郡置郡宗"，校勘记曰据《梁书·武帝纪》《南史·梁本纪》《册府》改。

《梁书》卷二《武帝纪》将"州重"改作"州望"，"郡崇"改作
"郡宗"，当从之。这里自然就产生了他们同中正的关系如何这一
问题。对此，幸而《全梁文》卷六十七收录了庾元威《论书》的
一节：

> 梁制，与平吉人笺书，有坏怀语者，不得答书。许乃告
> 绝，私吊答中。彼此言感思乖错者，州望须刺大中正处，入
> 清议，终身不得仕，盛名年少，宜留意勉之。

梁代依然存在中正，尤其是任命官僚时握有最后的否决权，这一
点必须注意。晋制规定，吏部铨选之际，必须先下中正考察其本
人及其父祖官职，这一制度虽流于形式，但一直持续到梁代。州
望、郡宗、乡豪则协助中正工作，扮演着前代的访问、清定的
角色。

关于梁代的中正，《梁书》卷六《敬帝纪》"太平二年"条有
以下记载：

> 诏："诸州各置中正，依旧访举。不得辄承单状，序官皆
> 须中正押上，然后量授。详依品制，务使精实。其荆、雍、
> 青、兖虽暂为隔阂，衣冠多寓淮海，犹宜不废司存。会计
> 〔稽〕罢州，尚为大郡，人士殷旷，可别置邑居〔正〕。至如
> 分割郡县，新号州牧，并系本邑，不劳兼置。其选中正，每
> 求耆德该悉，以他官领之。"

上文难以理解，至少需修改二字才能读懂。这段记载让《通典》的作者草率地认为梁代始置中正，进而确信此前没有中正。事实上敬帝时，武帝末年的"侯景之乱"及王僧辩、陈霸先之间的争战已落下帷幕，江南在陈霸先的控制下渐渐恢复秩序，这只不过是由于战乱期间中正制度暂停，此番下诏重新设置而已。且这一年发生了梁陈革命，所以此处记载的中正复兴与其说是梁代的史实，倒不如说是陈代的史实。但是关于陈代的中正，几乎并无值得特别记载之处。

十、陈代的任子制

　　梁朝叛将侯景率兵进入建康，饿死梁武帝，杀死新即位的简文帝，在暴虐进行的过程中，也有部分名门士族转而出仕侯景政府。出身琅邪王氏、宋宰相王景文的曾孙王克即为一例。侯景登上天子之位时，他被任命为太宰、侍中、录尚书事。王僧辩作为梁军大将破侯景、收复建康时，召王克询问天子玺绶所在，王克无法回答，王僧辩当面骂道："王氏百世卿族，便是一朝而坠。"然而王僧辩在和陈霸先的争霸中失败，陈霸先建立了陈朝。"侯景之乱"令江南土崩瓦解，各地豪族割据，纷纷独立，陈朝对它们或以怀柔，或以讨伐，大致恢复了社会秩序。战乱期间，军阀势力必然扩张，但见此情形，陈朝却不肯放弃贵族制度、建立军阀式的官僚国家，而仍然以梁朝的继承者自居，对贵族制度念念不忘，皇室自身也走上了贵族化的道路。之前提到的王克这时又出仕陈朝，晋升为尚书右仆射。陈武帝的从孙、后来的废帝陈伯宗娶了琅邪王固之女。军阀与贵族之间的角力，似乎是贵族更胜一筹，但在战乱中遭受打击最大的是旧贵族。而且，对于立下战功的武将，出于论功行赏之意，朝廷不得不在官僚队伍中给他们安排一席之地，这就必然导致贵族制度向官僚制度过渡的趋势。

陈朝初期为方便起见，几乎全部沿袭了梁朝的官制。直到徐陵、孔奂等人担任吏部尚书后才建立起人事迁转的秩序，《隋书》卷二十六、《通典》卷三十八记载的《陈官品表》大概就是在这个时代，即宣帝太建初年制定的。

据《陈官品表》的记载，流内只分九品，并无正从之别，但事实当然不该如此。因为陈朝官品、十八班并用，所以九品如果不各分正从，则数量对不上。关于此十八班，《隋书》与《通典》的记载有出入，鉴于均有谬误，因此各取其长，校勘如下：

> 其余并遵梁制为十八班，自十三班以上并诏授，表启不称姓。从十二班至九班，礼数复为一等。又流外有七班，此是寒微士人为之。从此班者，方得进登第一班。

官品、官班的规定几乎与梁朝制度相同。三品以上、五品以下在礼数上设置的差别，可能也是源于梁代已实行的规定。同时流品思想愈发盛行，《隋书》及《通典》均有记载：

> 凡选官无定期，随阙即补，多更互迁官，未必即进班

秩。其官唯论清浊，从浊得官微清，则胜于转。

但《陈官品表》并没有遵守将清官置于每班首位的原则，因此表中清浊之别不能一目了然。然而贵族阶级的感情不会轻易改变，梁代的清官在陈代应依然为清官。陈朝经历兵燹之后，军勋更加泛滥，封官代替了赏赐。如《陈书》卷二十六《徐陵传》所言，员外常侍路上比肩，谘议参军城中无数。对于这些军功者也要不时予以升迁，因此官的清浊没有反映在《官品表》中，而采取了人事流动之际自行清流任清官、浊流任浊官的政策。

据《徐陵传》记载，徐陵于废帝天康元年任吏部尚书时，为告诫猎官者，发表了一篇著名声明，其中一节为：

> 所见诸君，多逾本分，犹言大屈，未喻高怀。若问梁朝朱领军异，亦为卿相，此不逾其本分邪？此是天子所拔，非关选序。

他认为吏部人事有一定的顺序，所以应信赖吏部，共同遵守这一顺序，不应以天子提拔这样的特殊情况为例而发泄不满。其实就是说各位应安守本分，对门地有自知之明，不要抱非分之想。

陈朝深感难以消化过多有任官资格者，为限制新官员增加，除设置若干例外允许不达年龄者起家外，进一步加强齐梁的入仕年龄限制。《隋书》卷二十六《百官志》记载：

> 陈依梁制，年未满三十者，不得入仕。唯经学生策试得
> 第，诸州光迎主簿、西曹左奏。及经为挽郎得仕。其诸郡，
> 唯正王任丹阳尹，经迎得出身，庶姓尹则不得。[①]

能以三十岁以下年龄起家者，仅限于上述范围之内。"挽郎"一职历代皆有，乃在天子、皇后等葬仪上列队的童子。《世说新语·纰漏第三十四》记载，选一时秀彦一百二十人为晋武帝的挽郎；《宋书》卷十五《礼志》记载，晋成帝时，依旧制要从公卿以下至六品的子弟中选出杜皇后的挽郎六十人，后因故中止。光迎主簿等由州大中正选拔。陈代废五馆，仅设置国子学，因而经学生的位置也被贵族子弟占据。结果就是能三十岁以下起家者，唯有名门贵族，这就是陈的制度。

然而陈朝政府中，侯瑱、侯安都、章昭达、吴明彻等武将轮流担任三公，内外并重，因此朝廷必须保证他们的地位、讨其欢心，不能只实行与从前一样的贵族制度。于是，可以说是贵族制度与官僚制度折中的任子制度得以法制化，盖任子制度为针对门地低下且一代间跃升至高官者，授予其子弟官位的制度。从尊重官僚地位的观点来看，可谓是附属于官僚制的一种制度。

如前所述，任子制度始于汉代，魏晋以后仍保存于九品官人法中，但适用范围仅限宗室、诸侯与三公。《南齐书》卷二十二

---

① "左奏"一词。"诸州光迎主簿、西曹左奏"中的"西曹"指功曹书佐；"左奏"一词意义不明。州官中并无与之相似的官名，也无可推测的线索。

《豫章王嶷传》记载：

> 王侯出身官无定准，素姓三公，长子一人为员外郎。建
> 武中，子操解褐为给事中，自此齐末皆以为例。

齐代规定王之子为给事中，素姓三公的长子为员外散骑侍郎。此
有实例可以引证：《梁书》卷三十五的萧子显，"永元末，以王子
例拜给事中"；卷七《王皇后传》记载，其父王骞以公之子自员外
郎起家，皆为齐代事例。梁朝亦有类似的任子制度存在，但武帝
引导他们尽量不依靠祖先，而是应凭国学试经起家。入陈后，任
子似以法令形式确定下来，《隋书》卷二十六《百官志》和《通典》
卷三十一"历代王侯封爵"条都有大致相同的记载：

> 其亲王起家则为侍中。（中略）皇太子冢嫡者封王，依诸
> 王起家。余子并封公，起家中书郎。诸王子并诸侯世子，起
> 家给事。

宗室的起家规定日益缜密。王之子自给事中起家，乃齐以来的规
定。引文继续论述三公以下的起家之制：

> 三公子，起家员外散骑侍郎；令仆子，起家秘书郎。若
> 员满亦为板法曹，虽高半阶，望终〔资给〕秘书郎下。次令
> 仆子，起家著作佐郎，亦为板行参军。

《隋书》中的"望终"二字，《通典》中作"资给"，都读不通，我将其翻译为"资望终止在秘书郎下"。三公之子的实例，可见《陈书》卷八《周文育传》，周文育子周宝安以贵公之子的身份任员外散骑；卷九《侯瑱传》，其子侯净藏以公之子自员外散骑起家，与上述记载一致。令仆之子自秘书郎起家，满员时则板法曹，比秘书郎高半阶，但这与《陈官品表》不符。《陈官品表》中，秘书郎之上的参军，以板中直兵参军为地位最低，反倒更接近梁制，但"板法曹"的说法甚是奇怪，法曹参军应为行参军。总而言之，必须认识到陈代的起家规定与《官品表》并非同时同源，其间存在差异。

麻烦的是其后"次令仆"一词，此处只能如其字面意思，解作次于令仆的吏部尚书和侍中等之意。陈制第七品首位为（1）给事中，接下来是（2）员外散骑侍郎、（3）秘书郎、（4）著作佐郎，因此任子候补者应与之相对，依次为（1）王之子、（2）公之子、（3）令仆之子，接着为（4）次令仆之子，这样才合道理。然而并无适当的实例加以佐证，唯有《陈书》卷三十《陆琼传》中，陆琼任吏部尚书，其三子陆从典年十五被举为秀才、解褐著作佐郎一事或可算作一例。

这些事实应该可从梁代向上追溯到齐代。例如《陈书》卷二十一的萧引，在梁代以著作佐郎起家，其父为侍中；卷二十的到仲举，其父到洽在梁朝赠侍中，其父去世后，他虽自著作佐郎起家，但据说是平庸之辈，别无他长。更早的例子可见《梁书》卷四十一的萧洽，他于齐永明中以国子生举明经，自著作佐郎起家，其父为吏部尚书、侍中。因此，陈代的任子制并非此时突然开始，但明确写入法令应该是陈代之事。《唐六典》卷十"秘书郎"条明言，陈令规定秘书郎为令仆之子的起家官。若仅为习惯法，则会受到贵族主义的打压，定会有人反对后来发迹者的子弟自秘书郎起家，因而才特意写入法令以保护高官权利。

任子制度的法制化确实是一个新倾向。因为贵族是在漫长的历史中积累而成的，历经数代才获得自秘书郎起家的权利，即使一门之中，也有在官场角逐中败北的家庭，他们绝不可能享有这般恩典。然而那些乘一时之势摇身变为高官的人，却可以凭地位使其子自秘书郎起家。显然这是贵族主义精神不能容忍的。

同样，从严格意义上来说，国学试经制度也不属于贵族制度。贵族生而为贵族，正因为是贵族，因此应从与其门地相应的官职起家，贵族家世的高低必须正确地反映在起家官上。而其后官位的升迁则会受到寿命、运气等偶然事件的影响，因此并无太大意义。起家由先天条件决定，而荣达与否则受到后天条件的左右，此为当时贵族社会的通识。然而，现今贵族子弟为了起家，必须经过试经，检验努力学习才能取得的成绩，这明显与贵族主义精神不相容。由此，南朝到了末期，贵族制度中产生了新的异端。不可思议的是，北朝虽出发点不同，到隋唐时代却与南朝殊途同归了。唐代的选举，即为科举与任子制度并用的结果。①不过时

---

① 关于《文献通考》中任子制的记载。《文献通考》卷三十四记载："汉唐史列传中，凡以门荫入仕者，皆备言之，独魏晋南北朝史，不言门荫之法，而列传中，亦不言以门荫入仕之人。"其中"门荫"即任子之意。马端临接着叙述了南北朝的门资之法。然而事实上南北朝史传中所载的"令仆之子起家""王公子出身"只能是指任子。北朝也有很多明显可看出是指任子的记载。《文献通考》一书十分便利，但也时有此般缺漏。

代不同，任子制度在社会中所起的作用不尽相同。若说科举代表官僚制度，则任子代表贵族制度，彼此相争。唐代的贵族自然与南朝贵族不同，任子制度则呈现作为保守主义代表的一面。若陈朝统治永续，任子制会发挥何种作用，我们不得而知；但陈朝顷刻间覆亡，不妨认为现实历史中的任子制反而对贵族主义更具破坏性。

第五章

北朝的官制与选举制度

一、北魏统一华北

西晋末年发生永嘉之乱，中国分裂成南北两方。从此以后，官制也分为南北，各自发展。然而北方由于其后五胡争霸长期持续，每次政权更迭其制度亦随之一新，因此看不到系统性发展轨迹，即便有，我们也无法追寻。根据文献所见的官名推测，可以说大致是以三公为中心的政治。但是在外族王朝统治下，即便使用三公或其他汉官名，也无法断言其职务内容与中原的一样。

生活在五胡统治下的汉民族，无疑自由受到限制，然而，并不能因此立即断定上流贵族与豪族受到了很大的打击。他们应执政者之邀，于新朝任官辅政。在长期处于战时状态下的华北中原，他们反而可以肆意向下行使特权。越是非常体制，越是容易伺机从中牟利。为了让这些人更好地发挥协助作用，当权者也必须承认其特权。《晋书》卷一〇六《石季龙载记》记载，专门以中国士族为对象实施晋九班选制，同书卷一一三《苻坚载记》记载：

> 复魏晋士籍，使役有常闻。

士族免役这一点是公认的。

在惨烈厮杀的五胡争霸中，最后获胜的是应被称为"生番"的鲜卑拓跋氏建立的北魏王朝。北魏以内蒙古的盛乐为中心兴起，长期保持生番性质的氏族制度。当时其北有贺兰部，南有匈奴独孤部刘氏，西南鄂尔多斯地区有同属匈奴的铁弗部刘氏。拓跋部迅速发展、建立魏朝是在太祖道武帝时代。最初他承受来自周围强敌的压迫，为进行对抗不得不依赖后燕慕容垂的力量。因此他跟随南方的独孤部和北方的贺兰部，大破鄂尔多斯的铁弗部，不分长幼，残杀其君主子弟宗党五千余人以示威。铁弗部乃北方民族中的名族，道武帝残忍的大屠杀不仅是出于自身的野蛮本性，更是为了通过示威以取代铁弗氏北方名门的地位，堪比成吉思汗屠杀札木合。相同的惨剧在东方也反复上演。他在参合陂迎战燕太子慕容宝大军并大破之，屠杀降卒四五万人。后燕是当时占据华北东半部的霸主，受此打击后无力再起，其领土逐渐被北魏蚕食殆尽。

参合陂之役的胜利，使北魏得以统治并州这一广阔的汉族聚居地。此后随着对南方的侵略，北魏能够利用汉人的经济实力，将征服者的铁蹄踏向四方。与此同时，汉族官吏开始进入朝廷，皇权在汉族官僚的支持下显著加强。对此，北方民族的特权阶层爆发不满，皇始二年，发生了以贺兰部为中心的大叛乱。最初率兵平乱的南安公元顺大败，主帅以下战死者多达数千人。其后安远将军庾岳率万骑征讨，终于逐渐将其平定。此次叛乱对北魏朝廷来说，反而起到了巩固作用。中央政府对北方民族的统治进一步得到强化。对此，虽然内部不满之声频起，却被道武帝施以粗暴的镇压，立下大功的庾岳和皇族常山王遵、卫王仪被杀害。在这种形势下，道武帝第二子清河王绍犯下弑父大罪，或许他也是逼不得已。幸而道武帝的长子、太宗明元帝自逃亡地赶回，诛杀清河王，北魏朝廷才免于陷入大混乱的境地。

明元帝后，其子太武帝即位，太武帝谋求北方民族与汉人的融合，力图在巩固的基础上，重新经略四方。先前受到北魏打击的铁弗部在鄂尔多斯南部统万城以赫连部的名号东山再起，建立夏国，重新强盛。太武帝亲征，掳获夏主赫连昌，进而攻破据守平凉的其弟赫连定。平定夏国之际，将领中有人建议斩其豪帅以立威，幸而并未实施。因为北魏早已度过了必须依靠杀戮立威的时代，成为华北地区名副其实的最高统治者。五胡残余势力中辽西的北燕、凉州的北凉相继被平定，取代高车称霸外蒙古的柔然也受到太武帝的重创，逃往北方，数十万部落终降北魏。如此，自永嘉之乱以来一直处于混乱中的华北中原，在一百三十年之后再度得以统一。

二、鲜卑与汉人

北魏直至太祖道武帝时，依旧保持北方民族间共通的氏族制度。但是这一原始的氏族制度随着国家机构的发展和与先进民族的接触加深，渐渐变得不能再维持下去。那么氏族制度解体后，北魏将走向何方呢？这大致可从以下三种情况考虑。第一种为官僚制，第二种为封建制，第三种为贵族制。

若从天子的立场而言，最希望建立的是官僚制。天子负责统治万民，官僚则仅作为天子的左膀右臂，他们不主张自身所属阶级的特权，对天子而言甚是方便。其次，对天子周围北方民族权势者来说，希望实行封建制。在北魏草创过程中，他们付出的牺牲最多，协助王室成就霸业。因此，既然天子的地位子孙代代相传，则他们也自然有权利要求自己封建诸侯的地位传于子孙后代。最后，汉人贵族则希望实行贵族制。因为对他们而言，封建制已为陈迹，魏晋以来发达的贵族制度才是他们的心之所向。受社会承认的贵族特权，能行使任官权及免役权，就可以让他们心满意足。

以上均是理想化，实际上三者并不能简单分割开来。以封建制为例，虽统称为封建制，但也分各种各样的封建制，且与贵族制有众多相通之处。因此，北方民族的权势者期待封建制，但若封建制未能成功，则退而求其次，取贵族制也未尝不可。同时另一方面，贵族制也有官僚制的特质，他们在尝试接近最高统治者时会努力隐藏本质，摆出纯粹的官僚姿态入仕朝廷。即便天子试图建立官僚制，也会发现可用人才不足，而不得不将贵族当作官僚接纳。天子本以为建立了官僚制，结果可能不知不觉间建立了贵族制。因此我认为不如在此基础上，从实际出发，将北魏王朝的两大组成部分——北方民族与汉人暂且区分开来，分别探讨其动向。

首先是北方民族。道武帝皇始二年平定贺兰部的大叛乱后，果断采取了解散部族的措施。据《魏书》卷一一三《官氏志》记载，此事发生于登国初年，而据河地重造学士发表于《东洋史研究》十二卷五号的《北魏王朝的成立及其性质》一文可知此记载有误。关于此时部族解散的情况，内田吟风学士在《东洋史研究》一卷三号发表的论文《北朝政局中鲜卑及诸北族系贵族的地位》中有详细论述。我后面的讨论，多得益于此研究。道武帝这道部族离散命令的结果，正如《魏书》卷八十三《贺讷传》所记：

> 其后离散诸部，分土定居，不听迁徙，其君长大人皆同编户。

族长以部族头领的身份奴役部民的权力被剥夺，被还原为单纯的个人。但是这里必须考虑到一个特殊情况，即从皇始元年开始已设五等爵，建立起接近于名义上的封建制。此封建制的内容还需另作探讨，但封建诸侯获得了以各种名目保有部民的便利。且除封建诸侯外，身居高位的官员也可凭其地位享受特权，有时甚至可以拥有私兵。直到取消古老的氏族制度之前，解散部族对于因立下战功而一跃成为王室侧近的新兴势力而言，恐怕并非重大打击。

然而对北魏社会来说，部族的解散是一大转折。在此之前仍属于族长的部民脱离族长，成为天子的直属子民，天子的权力无疑因此扩张了。同时不可否认的是，天子也背上了难题。这些部民的生活问题、任官问题都必须由天子来负责。这些问题直到最后都持续困扰着北魏。

北魏将脱离了族长的部民重新编为八部，又称"八国"，分置于皇城的四方四维，设八部大夫统率。天兴元年北魏迁都平城，部族的解散、八部帅的任命应该是与迁都同时进行的。据称天赐元年，于八国各立大师小师，以辨其宗党，品举人才，恰如中正之职，即负责部人就职的官职。可能是在他们的斡旋下，不少人迁居地方的镇上，加入军队，投奔将校。北魏虽费尽周折获取各部部民，其实却苦于没有安置措施。《魏书》卷二《太祖纪》"天赐元年"条记载：

> 上幸西宫，大选朝臣，令各辨宗党，保举才行，诸部子孙，失业赐爵者二千余人。

随着改元大赦，朝廷不得不晋升朝臣的官位，赐予部民爵位，以讨其欢心。爵位自然是散爵，并无任何实际利益。第三年，发八部五百里以内的男丁筑外城，由此可见部民恰如直属于王室的劳动预备军。

与此相对，成为王室侧近而免于沦落的权势者自成一股特殊势力。他们既可以称为封建势力，也可以叫做官僚势力，或是贵族势力。因为他们拥有爵位，还可以世袭。最初分为公、侯、伯、子、男五等爵位，天赐元年废除伯、男二爵，新加王爵，梳理为王、公、侯、子四等。皇子封王，异姓功臣亦授王爵。当时有王十人，公二十二人，侯七十九人，子一百三十人。王冠以大郡名，公用小郡名，侯用大县名，子用小县名。他们可拥有臣吏，王为一百至二百人，公为五十至一百人，侯二十五人，子十二人。其中立典师以统官群隶，多占隶民亦可。

另一方面，他们还保有官僚地位。其子弟担任内三郎、猎郎、中散、内侍等天子侍从，凭才能、功劳可被提拔成为官僚，这恰如汉代的三署郎制度，一直延续到孝文帝改革为止。并且他们还有重新受爵的机会，获得的将军号亦可看作爵位的一种，可以世袭。

再来看汉人的动向。北魏开国之初，已有若干汉人参与其中，出谋划策，他们即所谓的流寓汉人。土著汉人贵族开始大量被北魏政权吸纳是在参合陂之战以后，那已是北魏占领并州之后。北魏在参合陂进行大屠杀，实际是汉人官僚王建的建议。被屠杀的似乎主要是鲜卑出身的军人，而当时俘虏中的贾彝、贾闰和晁崇等人被赦免，得到道武帝重用。对于当时新兴的拓跋部来说，最需要警惕的是同种族的前辈——后燕的鲜卑政权及鲜卑部队，而对于不同族类的汉人，施以怀柔利用方为上策。《魏书》卷二《太祖纪》"皇始元年"条记载：

> 并州平。初建台省，置百官，封公侯将军。刺史、太守，尚书郎已下，悉用文人。帝初拓中原，留心慰纳。诸士大夫诣军门者，无少长皆引入赐见。存问周悉，人得自尽。苟有微能，咸蒙叙用。

与极为残酷地对待同族的鲜卑截然不同的是，北魏对汉人的处理甚是宽大。此后，北魏朝廷中的汉人官僚显著增多。天兴元年迁都平城的同时，令吏部郎邓渊典官制，立爵品，建立起以晋代为楷模的九品官制。此外，仪曹郎董谧制礼仪，三公郎王德定律令，并由吏部尚书崔宏（玄伯）总揽此事。而这位出身清河名族的崔玄伯，正是直至唐代都名耀天下的第一名门崔氏的始祖。

　　鲜卑人可以通过担任中散等职务，拥有在天子身边侍奉而出人头地的便利，汉族子弟几乎没有这样的机会，而且他们对此也不屑一顾。他们大多选择走上成为州郡僚属的道路。地方长官自古以来多由中央派遣，北魏时代的刺史、郡守、县令也是由中央任命立下战功的武将担任。刺史、郡守出于地方统治的需要，无论如何必须得到土著汉人名门的协助，因此汉人贵族可进而应辟召出仕，形成了由他们独占这些职位的习惯。就汉人贵族的感情而言，州僚属是清官，刺史不一定是清官，僚属比刺史更受人尊敬。至于县令，大多由中央武将的最低等者担任，因此反倒为人所耻。[①]值得注意的是这种想法一直延续到后世。太武帝神䴥元年于地方设都督府，《魏书》卷一一三《官氏志》记载：

　　　　七月诏，诸征镇大将依品开府，以置佐吏。

---

① 县令的地位。县之令长由中央任命。北魏时，上县令为正六下，中县令为正七下，下县令为从七下，县令自然听命于郡的僚属，因此有可能成为州郡僚属的名家子弟不愿成为县令。但是由于此职务十分重要，中央一直在努力提高其地位。《北齐书》卷三十八《元文遥传》记载："齐因魏朝，宰县多用斯滥，至于士流，耻居百里。文遥以县令为字人之切，遂请革选。于是密令搜扬贵游子弟，发敕用之。犹恐其披诉，总召集神武门，令赵郡王叡宣旨唱名，厚加慰谕，士人为县，自此始也。"此为天统二年之事。

都督府佐吏即长史、司马、参军等。他们由府主辟召，尤其参军是汉人贵族喜欢的官职。督府的成立，使汉人的任官范围更加广阔。

要方便汉人进入中央政府为官，就有必要设立学校。平城迁都的第二年，北魏立太学，置五经博士；第三年立国子学，两学的学生多达三千余人。国子学有时也称为中书学，招收鲜卑和汉人高官的子弟。于汉人而言，学校予其立身的机会；于鲜卑而言，学校起到了汉化的作用。如此，汉人的势力日渐增长，北魏朝廷出于统治中国的需要，也必须考虑他们的意愿。尤其是明元帝采取鲜卑人与汉人并用的政策，宽待汉人。据《魏书》卷三十三《公孙表传》记载，渤海名族封玄之与司马国璠等一同谋反，皇帝以其为旧族，有意宽赦，而公孙表因私恨谏劝皇帝诛其一家。

到下一代世祖太武帝时，崔玄伯的长子崔浩晋升为朝廷中最高官职、三公之一的司徒，实为破天荒之事。同为汉族名门的卢鲁元为侍中，汉人寒族出身的刘洁任尚书令。北魏虽本就有尚书一职，尚书令却是首次出现。名族出身的崔浩与寒族出身的刘洁似乎不能同心协力，他们在征伐柔然却被敌人逃脱一事上互相推诿责任，刘洁失败后被诛，而崔浩的生命也没有延续太久。

崔浩的失败在于企图乘势过快地推行北魏政治的汉化。他推荐了数十名冀、定、相、幽、并五州的士人，起家后直接担任郡守。太宗的皇太子对此提出异议，他却充耳不闻，强行实施，还试图确定汉人的门地顺序。《魏书》卷四十七《卢玄传》记载：

浩大欲齐整人伦，分明姓族。玄劝之曰："夫创制立事，各有其时，乐为此者，讵几人也？宜其三思。"浩当时虽无异言，竟不纳，浩败颇亦由此。

这段文字认为对人物进行贵族式的评价、辨明门地高下，是招致大祸的原因。崔浩的理想，具体来说，是按照南朝的样子改造北魏社会。他接纳南朝逃亡而来的王慧龙，将弟弟的女儿嫁给他，此种珍惜厚待，是他醉心于南朝文化的一种表现。[1]他的这般态度，足以让一统华北、自负为正统君主的太武帝大动肝火。有人揭发崔浩监修北魏国史时收录皇室丑事，太武帝盛怒之下，将其一门及姻族门生一百二十八人尽数诛杀。

诛戮崔浩的理由乃国史事件，但其根源更深。最大的原因是与鲜卑系官僚的暗中倾轧。在此之前，北魏开国功臣胡人安同之子、尚书仆射安原，向汉族名门卢鲁元求亲被拒，竟发展为诉讼事件。此外，在北魏天子看来，仅作为官僚录用的汉人竟在不知不觉中形成门阀、建立起贵族制度，因而对此十分愤慨。更有当时太武帝与南朝宋文帝开战，太武帝计划大举南征，然而崔浩从前在太武帝征讨柔然时态度积极强硬，此时事关南朝却反对南伐。因为崔浩等人的本心还是偏向南朝，将南朝天子当作正统，归根结底还是把北魏视为夷狄。这般态度不知不觉间反映在国史记载中，这可能才是太武帝勃然大怒的真正原因。诛戮崔浩为北魏太

---

[1] 关于太原王氏，守屋美都雄先生著有《六朝门阀的研究——太原王氏系谱考》这一名作。

平真君十一年、宋元嘉二十七年（450年），太武帝率大军南征，蹂躏江北，直抵长江而归。据说号称全盛的宋文帝元嘉之治因此大大衰弱。

太武帝南征归来后，即为宦官所杀。此后经高宗文成帝、显祖献文帝两代，共约二十年，之后迎来了著名的高祖孝文帝三十年的治世。原本孝文帝初期，仍由太上皇献文帝摄政，之后是其祖母冯太后听政，因此孝文帝亲政只有最后不到十年的时间。那么从太武帝末年到孝文帝亲政的四十年间，到底是怎样的时代呢？

毫无疑问，崔浩的倒台令汉人官僚遭受极大打击。然而已在北魏政界内外扶植起如此势力的汉人官僚，随着和平的长续，其利用价值愈发得到承认，绝不可能后退。只是在朝廷中就任显贵官职的几乎并无汉人。这一时期汉人官僚的中心人物是高允。高允低调老成，二十七年间官位不得升进却不见愠色，历事五帝不曾蒙咎，出入三省五十年，最后封爵咸阳公，位进金紫光禄大夫，在孝文帝亲政前夕，以九十八岁高龄辞世，追赠司空。以如此不显眼之人为领导者，汉人官僚才能于暗处悄悄建立类似于南朝的贵族制度。

汉族社会贵族主义的成长，可由鲜卑权贵的汉化、贵族化进程而知。在鲜卑权贵中，站在汉化第一线的是北魏世袭功臣陆氏一族。明元帝、太武帝之世，陆俟立功成为外都大官，长子陆馥官至太保。陆氏两代连续掌管选部，负责官吏甄选，因此与汉人官僚多有接触。陆馥之弟陆丽迎立文成帝即位，因策立之功被封为平原王。他有杜氏和张氏两位夫人，大概皆为汉人。陆丽的长子陆定国也有二妻，为河东柳氏与范阳卢氏，都是旧族。次子陆叡嗣平原王，娶博陵名族崔鉴之女。崔鉴曾抱怨平原王青年才俊，可惜是虏姓，然而依然将女儿嫁给他。鲜卑名族与汉族名门的范阳卢氏、博陵崔氏通婚，这一现象值得注意。因为当时的汉人贵族社会中的通婚关系与南朝社会一样，是个重大问题，即婚姻以门地对等为原则，因此婚姻成为确定门地的重要标准。家族的履历主要由祖先的为官经历构成，而为官经历又受到寿命、运气等个人因素影响。此时姻亲的门地就成为重要的辅助参考。陆氏能够和汉族名门通婚，说明他已在汉人贵族社会中受到欢迎，获得了很高的地位。而陆氏自身也一定达到相当程度的汉化。如《魏书》卷四十《陆丽传》所言：

> 好学爱士，常以讲习为业。其所待者，皆笃行之流，士多称之。性又至孝，遭父忧，毁瘠过礼。

宛如一位汉族式士大夫。

三、孝文帝的新官制

北魏孝文帝即位时仅五岁，父亲显祖献文帝作为太上皇总揽政务，显祖的母亲冯太后督政。即位第六年，显祖驾崩，据说是冯太后所杀。及至孝文帝长大，却对祖母冯太后笃行孝养，政治上也唯冯太后马首是瞻。即位第二十一年的太和十四年，冯太后薨，孝文帝才在二十五岁时开始按自己的心意施政。具有北魏政治特色的均田法和三长制，都是与祖母冯太后共治期间施行的。值得注意的是，在他开始自由执政后，其政治重心是北魏的汉化政策。

孝文帝虽对冯太后十分孝顺，但却难掩对冯太后政治方针的不满之情。当时的北魏政治，一言以蔽之，可以说是野蛮而粗暴的。据称冯太后乃五胡十六国时代的北燕王冯氏的后裔，但因其后长期生活在夷狄中间，完全丧失了汉族式的感情，变得与鲜卑人无异。北魏历代延续着皇子立为太子时须处死其母亲的习俗，孝文帝之母李贵人即是在他三岁时被杀。孝文帝的长子恂出生被立为皇太子之际，孝文帝实在不忍处死其母林氏，而冯太后却无动于衷，仍将她杀死。冯太后的品行似乎极为恶劣，曾封宠臣王叡为中山王，死后谥宣王；更奇怪的是将隶户出身的宦官赵黑封为河内王，又封宦官张祐为新平王。通过这几件事，当时北魏朝廷的内情可推知一二。由此看来，孝文帝的汉化政策恐怕未必像后世史家责难的那样过于激进。

冯太后死后第二年的太和十五年，孝文帝迅速下令修订律令，似乎翌年旋即完成。只有《职员令》二十一卷于太和十七年六月颁布，《魏书》卷七下《高祖纪》记载了当时的诏令：

> 事迫戎期，未善周悉。虽不足纲范万度，永垂不朽，且可释滞目前，厘整时务。须待军回，更论所阙，权可付外施行。

说明此《职员令》成文仓促，虽有不足，但胜于没有，因而颁下。《职员令》中记载的官品，应为《魏书》卷一一三《官氏志》中所见的太和中制定而不载年代的官品表。我想暂且称此官品表为"太和前令官品表"。

此前令官品表将百官分为九品，九品分正、从，正、从又各分上中下，总共五十四阶。此官品表最引人注意的特点是官名甚多，仅位列五品以上者已约有三百种，高层的官名大体上沿袭了魏晋旧制，不过第五品里包含了侍御中散、中散等官名。如上所述，这些官名是汉语无疑，却是北魏独特的起家官名称，且为起家官中官位较高者。六品以下中不常见的官名更是层出不穷。而且国子学生为第七品，甚至位列第八品的太学助教之上，很是不可思议，大概是由于国子学生被看作名门子弟起家之官的缘故吧。在官僚制度尚不成熟、门阀思想强烈的时代，这种现象屡见不鲜。

一般的官品表中，且不论实际人员，通常越往上层，官名越少；反之，越往下层，官名越多。然而这份官品表里，位于中层的五品、六品，官名很多，往下则渐渐变少，到从九品则仅列五个官名。显然此官品表将所有的官名悉数列入，无疑是想让当时官府中执行职务的人都得到满足。尤其要考虑不伤害那些担任贱职冗职的鲜卑人的自尊。事实上此官品表似乎仅是由当时实际的制度原封不动总结而成，几乎没有进行任何展现孝文帝理想的改革。

《魏书·官氏志》对此官品表进行了说明，提到勋品流外因地位卑下故不予以记载，好像此外还存在着勋品流外。但这一点略为奇怪。因为在此官品表中，已包含许多相当于勋品的官职，尤其是一般应置于九品或流外的书令史被位列八品，所以此外不应该再有勋品。《官氏志》的这段说明本来恐怕是应放在此后的后令官品表中，却错置于此。该表的特点在于官职不分清浊，杂乱陈列。孝文帝虽自行制定此官品，但同时又认为其不完美，我认为原因正在于此。

鲜卑人中无疑不存在官分清浊的思想。而孝文帝可能是在与汉人官僚的接触中受到启发，逐渐相信官必须要分清浊。特别是宋文帝之子刘昶流亡北魏，向孝文帝陈奏本国故事，又担任仪曹尚书掌理改革朝仪，让孝文帝有充分的机会了解南朝贵族制度的概况。

孝文帝发布太和前令后，即率大军踏上了南征之途。这次远征隐藏着迁都洛阳的意图。他到达洛阳现场考察实际形势后，不久就颁布了迁都诏敕，下令命百官及其家属自平城迁到洛阳。他自己在洛阳虽没有宫殿容身，却并未返回平城，而是在邺的新宫度过了当年冬天。恰好此时，南朝齐国第一名门琅邪王氏的王肃逃亡而来，于邺宫谒见孝文帝。前面曾提过，刘昶乃宋人，而王肃为齐人。在此期间，南朝的贵族制有了进一步的发展，因此王肃可谓是带来了最新的见识。孝文帝为之倾倒也是情理之中，据称此后兴礼乐，采华风，官制威仪文物多由王肃所定。

也许是被来自王肃的新见识刺激，不久后，孝文帝于太和十九年在新建的洛阳宫殿颁布了第二个《职品令》。《魏书》卷七下《高祖纪》载：

十有二月乙未朔，引见群臣于光极堂，宣示品令，为大
选之始。

这次公布的《职品令》我想暂且称为"太和中令"。不过今已散
佚，无只言片语留下，亦无与其内容相关的材料。但此令无疑是
在引见王肃并充分听取其意见的基础上制定的，故应与前令大相
径庭。也可以说，之后颁布的后令与中令相比应无太大变化。中
令设有流外，《魏书》卷五十九《刘昶传》记载，当时刘昶正巧自
彭城前线归来，入朝觐见，孝文帝向他出示新制定的《职品位》，
并进行说明：

士人品第有九，九品之外，小人之官，复有七等。

这可以理解为孝文帝向刘昶展示此品令，说是根据刘昶之前的献
策制定的；也可以理解为是因得到王肃提供的新见解，制定出了
远比刘昶的方案更先进的品令，因此向刘昶夸耀。此流外七等，
与梁武帝官制中的流外七班若合符节。然而太和十九年比天监七
年早了十三年，因此若仅据此条记载，则自然是梁武帝模仿了北
魏孝文帝的制度。然而从当时总的趋势来考虑，无法想象南朝会
模仿北朝。对此我想做出以下解释：至少在南齐就应已存在流外
七班，大概相当于七职，它由王肃引入北魏，成为孝文帝的流外
七等；另一方面，梁武帝的流外七班是直接继承自南齐。孝文帝
的中令里已设勋品流外官，说明官已分清浊。这似乎是为了满足

北方汉人贵族的要求。《通典》卷三十八《后魏官品表·后序》记载：

> 至孝文帝太和十八年定令，方有伦序。

所指无疑正是此事。此处的"太和十八年"，大概是指开始修订品令的年份，完成则差不多应在太和十九年。

孝文帝第三次修订官品表，一说完成于他去世时的太和二十三年，一说是去世前一年。无论如何，实际实施可认为是在下一代的世宗宣武帝时。我想暂且将此职令称为"太和后令"。倘若我的推测无误，则此后令应与中令极为接近。将孝文帝晚年即太和十九年以后实行的官僚制度，当作是后令也并无不妥。

同样是孝文帝制定的官品表，对比前令与后令，可以发现其间有很大差异。一言以蔽之，前令中记载的许多生僻官名大多销声匿迹，保留下来的是魏晋及南朝的常用官名。换言之，此举一扫北魏的夷狄式色彩。结果是，虽然新增加了许多地方军府的僚属、参军等官，官员总数与前令相比却并无太大变化。

后令中的官品，九品分正、从，正四品以下的正、从更分上、下两阶，共三十阶。据《通典》的说明，后令删除了前令各品上、中、下三阶的中阶，只保留上、下两阶，那么事实仅是如此吗？

现将前令与后令进行比较，会发现两种情况，一是官品几乎没有变化，二是发生显著变化。几乎没有变化的是五品以下的将军号，将其中毫无上下变化的将军号取出，制成下表。显然不过是以表中共通的将军号为标准，将其附近的将军号重新安排间隔而已。

表二十六　太和前令、后令五品以下将军号对照表

官品		将军号
太和前令	太和后令	
正五品上	正五品上	鹰扬 折冲 宁远 扬烈
正六品上	正六品上	宣威 明威
正七品中	正七品下	讨寇 讨虏 讨难 讨夷
正八品上	正八品上	殄寇 殄虏 殄难 殄夷
正九品上	正九品上	旷野 横野

前令与后令对比，也有变动极大的官品，主要属于清官类，实属奇事。此事《唐六典》已有关注，分别在"左右光禄大夫""侍中""给事黄门侍郎""九卿""卿丞""少卿""左右卫大将军"和"太子詹事"等条下，注释此乃太和末年革令导致的降品。偶有加品晋级情况，但也仅限于国子祭酒、国子博士等屈指可数的学官。新官品表本应采用贵族主义进行改革，而清官的官品却显著下降，该作何解？只能解释为，这应该是基于和梁武帝新官品共通原理上的必然结果。即如梁朝的新官品表一样，孝文帝的后令无疑也是将以往七品以下的部分舍弃，再将剩下的六品以上重新划分为九品。因此现于此构想下将二者进行比较，会发现如下共同要素。可以认为这些官职表面上虽有所变动，实质上却并无变化，不过是以此为标准，上下变动一二阶，基本没有影响。

表二十七　太和前令、后令官品移动表

前令		后令		官名
第一品	上	第一品		三师 二大
	中			三公
	下	从一品		仪同三司 都督中外诸军事 开府
从一品	上	上		
	中	第二品		左右光禄大夫
	下			
第二品	上	从二品		
	中			
	下	第三品		
从二品	上			前后左右、四平、左卫将军
	中	从三品		武卫将军 将作大匠
	下			中常侍 中尹 少卿
第三品	上	第四品	上	
	中		下	
	下	从四品	上	
从三品	上		下	
	中	第五品	上	
	下		下	
第四品	上	从五品	上	都水使者
	中		下	
	下	第六品	上	驸马都尉 冗从仆射
从四品	上		下	符玺郎中
	中	从六品	上	
	下		下	
第五品	上	第七品	上	
	中		下	
	下	从七品	上	
从五品	上		下	
	中	第八品	上	辨章郎
	下		下	
第六品	上	从八品	上	
	中		下	
	下	第九品	上	
从六品	上		下	
	中	从九品	上	监淮海津都尉
	下		下	治礼郎

如此，前令七品官及以下的文官基本都被舍去，只有几个例外保留在后令官品中，即正七品的尚书都令史、中书主书令史、门下主事令史变为从八品上，从七品中的公主家令变为正九品上。要说被舍弃的官品结局如何，无疑都被纳入了流外勋品之内。后令的流外勋品有多少等，史无明文，可能是将中令的七等进而细分为九等。后面会讲到，北周、北齐的流外均为九等，推测应与北魏同源。据北魏前、中、后令绘制官僚金字塔构造图，如下图所示。

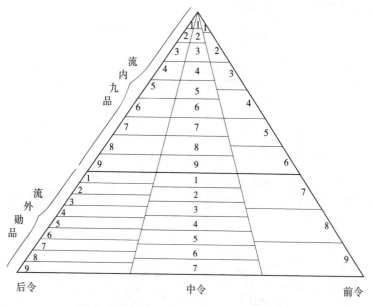

图四　官僚金字塔结构图之四（北魏时代）

将孝文帝后令的九品官制与前令及南朝的九品官制进行比较，

可看出后令九品官制的若干特殊性。第一，前令中几乎被完全无视的清浊之别重新出现了。南朝的官分清浊是贵族社会发展的自然结果，而在北魏，清浊似乎是与官制一起制定的，规定从第一清至第三清为清官。《魏书》卷七十七《辛雄传》记载，辛雄试图起用有才望者担任郡县官，因此上奏：

> 请上等郡县为第一清，中等为第二清，下等为第三清。

同书卷八十八中明亮称员外散骑常侍（正五上）为第三清。又《魏书》卷十九《任城王澄传》有言，奉朝请（从七下）为三清九流之官，奉朝请恐怕也是第三清。然而三品以上则不问清浊，或许不存在浊官，自四品以下则混杂着非清官，《魏书》卷八十四《儒林传序》记载：

> 神龟中，将立国学，诏以三品已上及五品清官之子以充生选。未及简置，仍复停寝。

据《魏书》卷一○三《蠕蠕传》记载，孝明帝正光初年接受柔然可汗阿那瓌投降之际，天子命从五品以上清官随临显阳殿。非清官者称为猥官，此事可从《魏书·官氏志》孝文帝下令勿以鲜卑名门八姓子弟充猥官一事得知。关于清浊一事，北魏时代宦官的品级一般甚高，后令虽对前令作了大幅纠正，但不能同南朝的宦官相提并论。

表二十八　北魏宦官官品前后令比较

宦官＼令	前令	后令
中侍中	正二上	正四上？
中常侍 中尹	正三上	正四上
中给事中	从三中	从五下
中黄门令	正四中	从八上
中谒者仆射 中黄门冗从仆射	正五上	从八上
中黄门	正五中	正九上
小黄门	从五中	从九下
中谒者	从五下	流外
寺人	从六上	流外
中曹吏 中小史		流外

　　宦官的地位高，是其势力的有力证据，进一步说意味着后宫势力的强大。只不过之所以未招致太大弊害，是因为宗室诸王的势力同样强大。魏晋以来直到南朝没有出现皇后、皇太后干政，因此也不见专横的宦官，这一点是贵族制的长处，优于北朝。北魏的上述弊端为其后建立的唐朝继承，因此造成了世人皆知的政治混乱。

　　其次，后令中列记了大量的地方官名。这也是孝文帝比梁武帝具有前瞻性的一点。前令中，除司州、代郡等天子直辖的京畿官职之外，州刺史及郡太守均未被列入官品表，不过州郡的长官也并非完全排除在中央官职系统之外。因为他们同时也带将军号，可以根据将军号保持在中央政府的官品，加入到中央的班列。而将军号与地方长官的地位，最初应大致相等，其后二者之间渐渐失去平衡。此时正值孝文帝末期，早年与南朝的战争导致军功不断贬值。于是，只凭将军号并不能保持地方长官的品级，由此后令中才确定了都督、刺史、郡守、县令的品级。之前允许府主自行辟召都督府的僚属，现在皆由中央指派。后令官品表中详细记载了长史、司马和参军的地位。州郡的僚属，在《魏书》卷六《显祖纪》"和平六年诏"中明确规定由长官自行辟召，故官品表中并未记载，这一点与梁官品表不同。州官既已没有官品，则担任州官一般也不称为起家，而可以说是起家的预备阶段，因此也不受中央干涉。《魏书》卷九《肃宗纪》"熙平二年"条记载，当时政府为了限制官吏的增加：

诏庶族子弟，年未十五，不听入仕。

发布了这样的禁令，而州官被排除在此范围之外，故《魏书》卷八十五中袁跃的养子袁聿脩，九岁就担任州主簿，此时大约为孝明帝中期。州以下的人事不由中央吏部管理，如后所述，这属于州中正的权限范围。

再次，需要注意的是前令、后令共通的一点，即列出了不少散官之名。汉魏时已有无员之官，如并无定员的三署郎或奉朝请这样的官职；又或原本有定员、但于定员之外可设置员外官，如散骑常侍、散骑侍郎等。南朝梁制，也有光禄大夫、太中大夫、中散大夫等无定员之官，数量不多。在南朝，反而是地方府官中设置很多员外官，形成一种官僚预备军。①而北魏多在中央设置无员官、员外官，二者并称散官。这成为唐代文散官的直接起源。

然而散官并非全无实职，也会被分配一些临时职务。《魏书》卷二十一上《高阳王雍传》记载：

> 闲冗之官，本非虚置，或以贤能而进，或因累勤而举。如其无能，不应忝兹高选。既其以能，进之朝伍，或任官外戍，远使绝域，催督逋悬，察检州镇，皆是散官，以充剧使。

可见这些散官有时也会承担繁重事务，与有固定职务的任事、称事之官无异。

与文官的散官相应，武官亦有散官。将军号几乎均为散官。北魏将军号原本如封爵一样允许世袭。据《魏书·官氏志》记载，孝文帝太和十六年世袭被取消。此将军号不分文武均可加授，尤其是地方官长必须要带将军号，此为北魏以武力征服华北的余音。《魏书》卷六十八《甄琛传》记载：

---

① 关于南朝的官僚预备军。《隋书》卷二十六《百官志》"陈"条记载："诸王公参佐等官，仍为清浊。或有选司补用，亦有府牒即授者，不拘年限，去留随意。在府之日，唯宾游宴赏，时复修参，更无余事。若随府王（主？）在州，其僚佐等，或亦得预催督。若其驱使，便有职务。"全文见引于《通典》卷三十一"历代王侯封爵"条。因此若只看《通典》，则参佐似指王国官。而按照《隋书》之意，其中无疑包含督府的参军等。尤其是参佐，主要用以指参军。参照《宋书》卷四十四《谢晦传》参军与参佐互用之事。

> 边外小县，所领不过百户，而令长皆以将军居之。①

徒有空名的将军称为散号，或是戎号。另有实职且带将军号，则能为其头衔起到锦上添花的作用。有时也有仅具将军之名而无将军之实的情况，这种情况下称为虚号。《魏书》卷七十一《淳于诞传》记载，淳于诞于宣武帝延昌末年参加讨蜀大军，除骁骑将军、假冠军将军，都督别部司马，领乡导统军。但他十分谦逊，只受戎号，即仅接受骁骑将军号，以个人身份从军。下级军人立下战功时，代替金银被赐予的将军号完全是虚号，大多不会带来任何实际利益。与此相比，文散官的情况会好一些，有时会被授予临时职务，直接平移至实官的机会也很多。因此与虚号将军相比，文散官多少有些实际利益。《魏书》卷七十五《尔朱世隆传》记载：

> 又欲收军人之意，加汜除授，皆以将军而兼散职，督将兵吏无虚号者。自此五等大夫，遂致猥滥，又无员限，天下贱之。

由此可见，将军带文散官早已不再是虚号。此后，出帝永熙二年，高欢认为不可名实混合，下令整顿，《魏书》卷十一《出帝纪》记载此事：

---

① 地方官的将军号。地方官带将军号，最初只有州刺史，后逐渐扩大至郡、县，这是南北共通的倾向。最初本官与将军号相对应，通常将军号稍高些，随着将军号的贬值，变为带更高的将军号。《魏书》卷七十二《阳固传》记载："熙平二年，除洛阳令，（宁远）将军如故。"洛阳令为从五品下，宁远将军为正五品上。同书卷七十一的王世弼有言："仪同之号，起自邓鹜，平北为郡，始在下官。"平北将军为正三品，上郡太守为正四品下。

　　诏曰："大夫之职，位秩贵显；员外之官，亦为匪贱。而下及胥吏，带领非一，高卑浑杂，有损彝章，自今已后，京官乐为称事小职者，直加散号将军，愿罢卑官者，听为大夫及员外之职，不宜仍前散实参领。其中旨特加者，不在此例。"

此处提到"胥吏"一词。根据高欢的命令，胥吏也可以带将军号，而地位卑贱者不可带文散官。此将军号即成为唐代武散官的直接起源。

　　总而言之，孝文帝的前、后令之间存在着很大差异。前令是在魏晋官制的基础上加入北魏固有的体制而合成，后令是模仿南朝的宋齐制度，先于梁武帝一步糅合建立了新官制。前令成立于太和十七年，后令若颁布于太和二十三年，则其间相去仅六年；而这六年的进步，在南朝堪与西晋末至梁初近二百年的进步匹敌。能取得这样飞跃性的进步，南朝的影响占据举足轻重的地位。重演律指出，个体发展是系统发展的重演，而孝文帝的官制正可谓是这一规律的体现。恰如日本明治之后的历史，直追欧洲产业革命后一百五十年的进程。因此仅就孝文帝的官制而言，与梁武帝的官制几乎毫无差别，关键在于其运作。且孝文帝晚年亲自推行的仅有中令，后令是在其死后实行的，因此实施起来不一定顺利。这一点深深困扰着研究历史的我们，北魏制度一颁布就走向崩溃，如此反复，导致我们很难说哪一种制度堪称北魏的代表性制度。幸而还有南朝的制度，由于孝文帝及其治下的贵族社会都在一心一意地努力模仿南朝，我们得以依靠南朝的制度解读北朝的制度。尽管还有部分的混乱，但历史的潮流还是向着建立贵族制度的方向浩荡前进，这一点想必任何人都看得明白。

四、流外勋品与入流的问题

如上所述，高祖孝文帝官制的中令及后令中，九品之下出现了流外勋品。在南朝，流外有寒士的七班和庶人的蕴位、勋位，而孝文帝的制度中，流外即勋品，这一点从下面的引文中可看出。据《魏书》卷四十一《源思礼传》记载，源思礼于世宗宣武帝景明二年上奏，陈述对朝廷特别重罚流外官犯罪的反对意见：

> 伏寻条制，勋品已下，罪发逃亡，遇恩不宥，仍流妻子。虽欲抑绝奸途，匪为通式。谨按事条，侵官败法，专据流外，岂九品已上，人皆贞白也？其诸州守宰，职任清流，至有贪浊，事发逃窜，而遇恩免罪。勋品已下，独乖斯例。如此则宽纵上流，法切下吏。

文中勋品以下与流外互相通用。此处勋品或指勋一品，也可以解释为勋位全部。当时的北魏社会甚为混沌，虽上层与下层已大致分开，但尚未固定，流动性颇强。因此还无法细致区分寒人与寒士。若要说南朝梁武帝的工作是要将已冷却成块的蜡进行雕刻，那么孝文帝的工作就是要将温热柔软的蜡压模定型。

　　流外勋品包含哪些官职，则几乎不得而知。不过孝文帝的前令中记载了七品以下的官职，可推测后令中被切除的这些官职基本上都进入了流外勋品。此外《魏书》卷六十八《甄琛传》中甄琛给宣武帝的上奏，亦可作为参考。他忧心洛阳城内治安混乱，提议选拔武官八品以下者担任六部里尉、经途尉、里正等相当于警察的职务，并建议提高其品秩。对此，宣武帝答道：

　　　　诏曰："里正可进至勋品，经途从九品，六部尉正九品，诸职中简取，何必须武人也？"

此处提到的"里正"此前为流外四品，因此如果官位是同等级提高的话，则经途尉原来应为流外三品，六部尉为流外二品。[1]上文中的"诸职"又称为"职人"，当时专指流外官，相当于唐代的职掌人。[2]这些流外官想要晋升为流内官虽然困难，但并非不可能。《通典》卷三十三"县令"条记载：

──────────

[1] 关于经途尉。所谓经途，或作经涂，指城内的大道。《魏书》卷二《太祖纪》"天赐三年"条关于平城迁都后的都城记载："规立外城，方二十里，分置市里，经途洞达。"经途尉为都城内的警察。北方时代也设此官，《隋书》卷二十七《百官志》"北齐清都三县"条记载："邺又领右部、南部、西部三尉，又领十二行经途尉，凡一百三十五里，里置正。临漳又领左部、东部二尉，左部管九行经途尉，凡一百一十四里，里置正。成安又领后部、北部二尉，后部管十一行经途尉，七十四里，里置正。"

[2] 关于职人。《北齐书》卷八《后主纪》"天统三年"条记载："九州职人，各进四级，内外百官，普进二级。"职人对应百官，可知其为流外官。相同的用法还可见于"翌四年"一条。据此又可知，《魏书》卷七下《高祖纪》"太和十四年十一月"条所记载的"内外职人，先辨班次"，可知"班次"为百官之意。一般是先写百官，在北朝则从身份低微的职人写起。

太和中，次职令，其禄甚厚。其后令长用人益杂，但选勤旧令史为之，而缙绅之流，耻居其位。

令史即流外勋品，而县的令长不必说，自然为流内官。像这样从流外升入流内称为入流，又称为出身。《魏书》卷七十六《卢同传》记载他上奏孝明帝：

其职人及出身限内，悉令铨除实官及外号，随才加授。

据此可知，担任一定期限的流外，则可获得出身资格。还有以勋功和入粟出身的情况，《魏书》卷一一〇《食货志》记载：

庄帝初，承丧乱之后，仓廪虚罄，遂班入粟之制。输粟八千石赏散侯，六千石散伯，四千石散子，三千石散男。职人输七百石，赏一大阶，授以实官。白民输五百石，听依第出身，一千石加一大阶。无第者输五百石，听正九品出身，一千石加一大阶。

阶，原本与品相同，各品又分为上下阶，因此上下又分别称作半阶，合起来为一阶，二阶称作一大阶。加一大阶出身，意味着本应自从九品出身一跃升为自从八品出身。《魏书》卷一一一《刑罚志》中记载了悬赏逮捕逃亡者的命令：

> 若获刘辉者，职人赏二阶，白民听出身进一阶，厮役免
> 役，奴婢为良。

与之前的入粟制相比，职人进二阶，即授予一大阶，自从八品出
身；白民进一阶，即从正九品出身。与此相似的还有《魏书》卷
十《孝庄纪》"建义元年"条记载：

> 诏诸有私马仗从戎者，职人优两大阶，亦授实官；白民
> 出身外，优两阶，亦授实官。

此处实官指的应是与虚号将军相对的文散官。

北魏职人幸运的话，可以入流，因此视为流内官的预备阶段，
当时特意设置规定以防贱民混入职人中。《魏书》卷九《肃宗纪》
"神龟元年"条记载：

> 诏以杂役之户，或冒入清流，所在职人，皆五人相保，
> 无人任保者，夺官还役。

下令调查职人身份。此处所言"杂役之户"，可能与上文中的"厮
役"同为贱民。

不过流外职人即使入流，按道理也不得就任清官。《魏书》卷
十九中《元顺传》记载，孝明帝时元顺为吏部尚书，录尚书事高
阳王雍试图让尚书三公曹的令史（都令史？）朱晖任廷尉评（正

六下），对此元顺坚持表示反对：

> 朱晖小子，身为省吏，何合为廷尉清官！

自流外而上，容易获得的职位可能为太常博士（从七下）、尚书都令史、门下录事、中书主书（均为从八上）、律博士（正品上），及地方县的令长等。然而即使是流内，将军号也另当别论，职人带将军号也不能称为入流。

五、武官的入选

武官的入选与职人的入流看起来相似，实则有别。武官带将军号，但此将军号多为虚号，与吏部的铨选几乎没有关系。吏部铨选是为了补充空缺，为立功者进官职，每年四次，于每季的最后一月举行。《魏书》卷七下《高祖纪》"太和十六年"条记载：

> 自今选举，每以季月，本曹与吏部铨简。

此时中正也会参与其中，《通典》卷十四：

> 后魏州郡，皆有中正，掌选举，每以季月，与吏部铨择可否。

据此记载，中正拥有否决权。铨选之际，有资格者纷至沓来，以求得一官半职。《魏书》卷八十七《节义传》记载了这样一个可悲的故事：

> 时有元承贵，曾为河阳令，家贫，且赴尚书求选，逢天寒甚，遂冻死路侧。

当时地方长官的任期为六年，期限一到就必须去职，称为"下代""更满"或"代还"等。吏部铨选的主要工作就是补充这样的下一届的空缺，及中央官府升迁者走后的空缺。这当然也意味着对下级的提拔。

有资格到吏部参加铨选的人，最初似乎并无武官。原本武官的将军号分内号和外号，内号将军如同文官，亦有散官，与文散官待遇无差。《魏书》卷十一《前废帝纪》记载：

> 诏员外谏议大夫、步兵校尉、奉车都尉、羽林监、给事中、积射将军、奉朝请、殿中将军、宫门仆射、殿中司马督、治礼郎十一官，得俸而不给力。

此处的"力"为"事力"或"吏力"等，是官府配给的随从。在上述十一种官职中，步兵校尉、积射将军和殿中将军等属于所谓的内号，作为纯粹的武官与仅有虚号头衔的将军完全不同。与此相对，仅有虚号的外号将军，只能凭军功晋升将军号，不能参加吏部的铨选。但是孝明帝神龟二年有名的"羽林之变"以后，灵太后胡氏开始允许禁军羽林武官入选。《魏书》卷六十六《崔亮传》记载：

> 灵太后令武官得依资入选。

进而领军元叉掌握政权，招集代郡迁来的鲜卑人组成勋附队，使其各自依资出身，此事见于《魏书》卷八十一《山伟传》。"入选"与"出身"意思略有不同，而现在的问题是"依资"的"资"到底所指为何。

"资"有两重意思，当"资"作"门资""资荫"等讲时，是指凭家世而自然产生的资格，与"门第""姓第"，或单称为"第"意思相同。此乃先天资格。然而"资"还有依据个人的经历后天取得的资格之意。上述孝文帝的官制改革于太和十九年末颁布中令时，规定必须重新审定天下官吏的现有官品。《魏书》卷五十七记载了崔振的情况：

> 改定职令，振本资惟拟五品，诏曰："振在郡著绩，宜有褒升。"除太子庶子。

此处提到的"本资"，显然是指凭其个人能力到达的地位，同样的用法可见于《魏书》卷十一《前废帝纪》"普泰元年诏"：

> 除名免官者，特复本资，品封依旧。

"武官得依资入选"中的"资"，即为"本资"之意，应为根据武官各自的地位，平迁适当的文职官之意无疑。

据《魏书》及《通典》的记载，这些武官的入选令吏部的铨选变得极为困难。可是仔细想来，在北魏初期，这种铨选方法反而应该是正常的。在以尚武为立国方针的北魏制度中，本就没有文官与武官的区别，无疑所有的官吏都是武官。外号将军的出现，并完全成为另一个系统的虚号，大概是孝文帝中期以后的现象。孝明帝时代，灵太后的改革恢复了北魏的古制，因此这就是北朝与南朝的根本差异。据此还可看出这样一个事实，那就是《魏书》的作者魏收几乎是完全站在南朝人的情感角度去看待北魏的社会及历史的。

六、北魏的中正

孝文帝制定九品官制的同时，为保证其顺利运行，完善了中正制度。北魏的中正制度起源十分古老，据《魏书》卷三十三《李先传》记载，李先于太祖道武帝时任定州大中正，之后太武帝时，崔浩任冀州大中正，长孙嵩任司州大中正，世称得人。但这个时代的中正有何职权尚未明确，大概与当时江南一样，专门掌管州郡僚属的人事。崔浩举冀、定、相、幽、并五州名门数十人起家为郡守，显然不是以冀州大中正的身份，而是以司徒之名举荐的。随着崔浩被诛杀，中央政府中汉人的势力也暂时衰退，但在地方上仍以中正为中心进行州官的人事甄选，此事必然形成对家世的评定，因此中正地位十分重要。孝文帝官制改革的同时，中正突然开始在中央政府的舞台崭露头角。《通典》卷十四概观其情况道：

> 自太和以前，精选中正，德高乡国者充。其边州小郡、人物单鲜者，则并附他州。其在僻陋者，则阙而不置。(中略)及宣武、孝明之时，州无大小，必置中正，既不可悉得其人。

又引崔亮写给外甥刘景安的回信：

> 昔有中正，品其才第，上之尚书，据状量人授职，此乃与天下群贤共爵人也。吾谓当尔之时，无滥举矣，而汝犹云"十收六七"。

可以说孝文帝时中正的职务与魏晋中正的职务完全一致。若果真如此，那么可以认为，中正需要授予官吏候补者从一品到六品以下的乡品。且如上所述，中正参与吏部铨选，拥有否决权。

除参与中央人事外，中正还负责地方僚属的人事推举。《魏书》卷二十七《穆亮传》记载孝文帝尚未迁都洛阳、以平城为都时的情况：

> 于时复置司州。高祖曰："司州始立，未有僚吏，须立中正，以定选举。然中正之任，必须德望兼资者。世祖时，崔浩为冀州中正，长孙嵩为司州中正，可谓得人。公卿等宜自相推举，必令称允。"尚书陆叡举亮为司州大中正。

此后迁都洛阳，司州也迁往河南，遂命咸阳王元禧为州牧。《魏书》卷二十七《穆弼传》记载孝文帝向咸阳王推荐穆弼时的情形：

> 高祖谓禧曰："朕与卿作州都，举一主簿。"即命弼谒之。

可知，州中正的任务是推荐僚属，有时也奉命推荐人才。《魏书》卷七下《高祖纪》"太和二十年"条记载：

> 诏诸州中正，各举其乡之民望，年五十以上守素衡门者，授以令长。

"乡"字屡被用作州郡之意。"民望"并非指庶民，而是指民间有声望的名门。总之，中正以推举人才为职，据《魏书》卷四十三《房坚传》记载，房坚为齐州大中正时，应诏与幽州中正阳尼一起各举其子，孝文帝认为堪比晋大夫祁奚故事，甚是赞赏。中正与州郡的秀才孝廉选举也有关系，容我后述。

虽然中正自身的任免涉及错综复杂的权力关系，但名义上仍由司徒负责。《魏书》卷四十五《裴询传》记载了孝明帝时一事：

> 时本邑中正阙，司徒召询为之。询族叔眪自陈情愿此官，询遂让焉，时论善之。

裴询将中正之职让与其族叔，但并非仅引退，可能还进一步做了推荐，当时的舆论对此大加赞赏。大约司徒在任命中正时，形式上需要有分量的推荐。《魏书》卷六十四《郭祚传》记载：

> 初，高祖之置中正，从容谓祚曰："并州中正，卿家故应推王琼也。"祚退谓密友曰："琼真伪今自未辨，我家何为减之？然主上直信李冲吹嘘之说耳。"

孝文帝欲以第一名门王琼担任并州第一届大中正，因此命郭祚推荐王琼。王琼的后继者为郭祚，此时孝文帝又命宋弁推荐郭祚，此事见于《魏书》卷六十三《宋弁传》。孝文帝试图以一流名家担任州中正，意在借此详定姓族，此事也容后述。

据《魏书》卷一一三《官氏志》记载，宣武帝以后，屡罢中正：

> 正始元年十一月，罢郡中正。①
>
> （正光元年）十二月，罢诸州中正，郡县定姓族，后复。

此二条记录中后者为临时性措施，暂且不表；前者可理解为永久性措施，《通典》卷十四中也曾引用，但事实上此后郡中正依然存在。《魏书》卷九十三《赵邕传》记载：

---

① 关于罢郡中正。《魏书·官氏志》记载："正始元年十一月，罢郡中正。"此句不能理解。若将"罢"字视为"置"字的讹误，理解为姓族的详定逐渐向下层扩展也可以。但如此一来又会产生新的难点，暂且保留。

　　　　邕转给事中、南阳中正，以父为荆州大中正，乃罢。

此应为世宗宣武帝统治中期之事，故无疑在正始元年以后。又据
《魏书》卷六十八《甄琛传》记载，甄琛去世后吏部郎袁翻上奏
皇帝：

　　　　凡薨亡者，属所即言大鸿胪，移本郡大中正，条其行迹
　　功过，承中正移言公府，下太常部博士评议，为谥列上。谥
　　不应法者，博士坐如选举不以实论。若行状失实，中正坐如
　　博士。

此为孝明帝正光五年事。这里说的是当时的现行法，故当时诸郡
一定存在大中正。如其所述，中正管辖内的官吏，从起家之际起
直至死后谥号，中正都一直是其行为、身份的保证人。

　　然而中正如此重要的作用，却渐渐无法认真落实。原本中正
的职务具有双重性，其举荐官吏时既要评价门地，又要评价才能。
若是看重门地，则会被指责为蔑视才能；若只重才能，则又会因
无视门地而遭到反对。《魏书》卷八《世宗纪》所录的"正始二年
四月诏"说：

　　　　任贤明治，自昔通规，宣风赞务，实惟多士。而中正所
　　铨，但存门第，吏部舞伦，仍不才举。遂使英德罕升，司务
　　多滞。

乃是在警戒中正的贵族化。从颁布此诏的宣武帝时期开始，寒人任中正者逐渐增多。《魏书》卷九十三《恩倖传》中的寇猛，为虎贲武人出身，因侍奉天子左右而突然得到晋升，史载：

> 自以上谷寇氏，得补燕州大中正，而不能甄别士庶也。

《通典》卷十六记载了孝明帝时期清河王怿的奏章：

> 州置中正之官，清定门胄，品藻高卑，四海画一，专尸衡石，任实不轻。故自置中正以来，暨于太和之日，莫不高拟其人，妙尽兹选。（中略）今之所置，多非其人。乞明为敕制，使官人选才，备依先旨，无令能否乖方，违才易务；并革选中正，一依前轨。庶清源有归，流序允穆。

该意见认为在谈论才能之前，应该先正门地。有看法认为，这样的批评不如说是批评者在强词夺理；但是若中正收受贿赂，左右人事，那就没有辩解的余地了。《魏书》卷七十八《孙绍传》记载，他于宣武帝末的延昌年间上书道：

> 且法开清浊，而清浊不平；申滞理望，而卑寒亦免。士庶同悲，兵徒怀怨。中正卖望于下里，主按舞笔于上台，真伪混淆，知而不纠，得者不欣，失者倍怨。使门齐身等，而泾渭奄殊；类应同役，而苦乐悬异。

认为中正堕落的原因在于屡屡任命寒人为中正，这种贵族方面的说辞也有一些道理。如上所述，州的属吏中，别驾、治中、主簿以下皆应以该州的名门望族充任。而欲为州刺史只需要在中央积累功绩，任命时不会额外考虑门地。州的属吏由贵族独占，门地低者极难跻身其中。然而中正并非专职，而是兼官，多由中央京官兼领。因此，中正并无官品，亦无俸禄。《魏书》卷一一一《刑罚志》记载：

　　旧制，直阁、直后、直斋，武官队主、队副等，以比视官，至于犯谴，不得除罪。尚书令任城王澄奏案："诸州中正，亦非品令所载，又无禄恤，先朝已来，皆得当刑。直阁等禁直上下，有宿卫之勤，理不应异。"灵太后令准中正。

当时任城王澄任尚书令，说明是孝明帝初期。以中正为比视官，且由中央掌握其人选，故门地低而为高官者常常上下打点，意图成为原籍的中正，以此提高门地。《魏书》卷九十三《恩倖传》的传主基本都是寒人出身，但宣武帝时，王仲兴为雍州大中正，寇猛为燕州大中正，赵怡、赵邕父子为荆州大中正；之后的孝明帝时，侯刚为恒州大中正，其子侯详为燕州大中正。更奇怪的是出现了宦官中正。《魏书》卷九十四《阉官传》记载，杨范任华州大中正，成轨任燕州大中正，均为孝明帝时之事，因此大概为灵太后的任命。北魏末期，尔朱氏专权，《魏书》卷八十八《良吏传》的窦瑗，卷九十一的刘灵助，均为寒微出身，却分别任平州、幽州的大中正。窦瑗虽为寒士，但其父为秀才，在地方上也是有地位的家世。

虽史载北魏中正自宣武帝以后屡遭罢免，但事实上中正制度一直延续到北魏末。在即将消亡的孝庄帝时代，中央政府于徐州设行台时，都督尔朱仲远还请求设置行台中正。尔朱仲远试图摆脱天子掣肘、自由进行人事铨选的意图昭然若揭，但我们也可以由此得知，当时人事安排在形式上必须要得到中正的认可。《魏书》卷七十五《尔朱仲远传》记载：

> 窃见比来行台采募者，皆得权立中正，在军定第，斟酌授官。

可见直至灭亡前夕，北魏制度仍承认中正对官吏任命的否决权。

然而正如魏晋先例所示，中正的职务终有一天走到尽头。因为贵族制度渐具明确形态，开始以家世确定起家官，中正就迅速失去了活动的空间，进而失去推荐人才的积极作用，最多也只能以门地不够为理由对吏部的任命行使否决权。孝明帝时，吏部尚书崔亮已制定停年格，并在《魏书》卷六十六本传中自嘲道：

> 今日之选，专归尚书，以一人之鉴，照察天下。刘毅所云："一吏部、两郎中，而欲究竟人物，何异以管窥天而求其博哉。"

可见决定人事的实权已悉数回到吏部手中。

此外，北魏中正所承担的最重要的职务之一，即详定姓族这个重大问题，容后再述。

七、详定姓族

前文中提到，太武帝末期崔浩全族被诛的一个原因，就是崔浩试图区分姓族，确定贵族的门地高下。当时他的朋友卢玄曾说此事为时尚早，而时机却意外地早早降临。距崔浩的悲剧正好四十年后，孝文帝开始亲政，这次，天子亲自施行了详定姓族。当然这并非天子个人的考量，而是大势所趋。如果放任贵族社会不着边际地争论，可能引起很大的纷争，甚至发展为党争。因此，天子主动介入这一问题，在调停贵族之间的纷争的同时，天子自身也在贵族化，他想将皇室置于贵族群体顶点的这个意图不容忽视。天子向贵族主义示好，门地高低的讨论在朝堂迅速公开化，尤其是吏部铨选之际争论似乎十分激烈。《魏书》卷六十《韩显宗传》记载了迁都洛阳不久后的情况：

> 朝廷每选举人士，则校其一婚一宦，以为升降，何其密也。

即要据其祖先的仕宦经历及婚姻关系确定门地，再依门地确定任官的上下先后。婚姻关系在南朝当然也是确定门地的重要参考，然而南朝的门地大都在悠久的历史中自然确定下来，同等门庭之间相互通婚，因此除非特殊情况，门地一般不存在问题。而北魏汉人社会的情况则比较特殊，他们正处于异族的统治下，在官场的显达受运气左右，不能以此决定门地。反倒是婚姻关系，因更能够正确地反映门地而备受重视。若一不小心与寒族通婚，无论怎样的名门，其门地都会骤降。这会连累整个家族，因此若有与寒族通婚者，全族人必定与之断绝来往。《魏书》卷三十三《公孙表传》记载，公孙表有二子轨与质，他们又分别有儿子叡、邃，即叡和邃是堂兄弟。但是因为他们各自的母亲门地悬殊，因此全族人根本不把公孙邃放在眼里：

> 叡、邃为从父兄弟，而叡才器小优，又封氏之生，崔氏之婿；邃母雁门李氏，地望县隔。巨鹿太守祖季真，多识北方人物，每云："士大夫当须好婚亲，二公孙同堂兄弟耳，吉凶会集，便有士庶之异。"

像这样虐待与寒族通婚者，不外乎是族人的自我防卫手段。

为方便考察，以下将孝文帝的详定姓族，分为针对鲜卑族与针对汉人两种情况。首先是负责的官员，在中央归司徒府，在地方是中正。当时的司徒是冯诞，他自太和十六年至太和十九年去世为止，一直在任。作为冯太后的侄子、孝文帝皇后之兄，他尚孝文帝之妹，可以说是典型的外戚。然而，实际上负责详定汉人姓族的是司徒左长史宋弁。《魏书》卷六十三本传记载：

> 时大选内外群官，并定四海士族，弁专参铨量之任，事多称旨。然好言人之阴短，高门大族意所不便者，弁因毁之；至于旧族沦滞，人非可忌者，又申达之。弁又为本州大中正，姓族多所降抑，颇为时人所怨。

可见人们对宋弁判定姓族颇有异议。从贵族的心理来说，一般会阻抑比己高者，提拔比己低者，无论由谁负责评判都难免受到同样的责难。本来贵族的门地就应在漫长历史过程中自然形成，而统治者却从旁干涉，意图钦定门地，本就毫无道理。这种强行的方式一直持续到唐代。宋弁虽自以名门身份担当此任，本身门地却并不算太高。其本传中孝文帝曾言：

> 卿自汉魏以来，既无高官，又无俊秀。

据此可知其门地不高。这句话值得注意的是"汉魏以来"一词。汉族名门的资格，不仅取决于北魏以来的任官经历，过去的历史依然有效。北魏王朝虽出自异族，但此时已具作为最高统治者的风范，因此谈及汉魏以来的历史时也可泰然处之。

地方的中正负责协助司徒府详定姓族。尤其在与北魏王室渊源很深的并州，似乎问题颇多。此时负责并州的是郭祚，其祖先乃魏名臣郭淮之弟郭亮，家族中虽此后并未再出现高官，但依然被视为名门，这大概是由于与崔浩的姻亲关系。郭祚在并州分定姓族时并无太多异议，可能是因其门地为世人认可。可见州大中正必须任用能够镇住异议、有威望的名门。《魏书》卷五十七《崔挺传》记载：

> 诸州中正，本在论人，高祖将辨天下氏族，仍亦访定，乃遥授挺本州大中正。

崔挺出自博陵崔氏，比清河崔氏稍逊，世称"博崔"，仍为天下望族。当时的州大中正按例由京官兼领，而孝文帝特命光州刺史崔挺兼任定州大中正。

孝文帝详定姓族一事，在太和二十年前后大致有了结论。自然也有不少非议，关于家世的议论直至后世仍不绝于耳。但议论到底也没有结果，朝廷必须按照大致的结论将其落实。那么结论到底是什么呢？首先，确定了天下名门的顶级，称为四姓，分别是范阳卢氏、清河崔氏、荥阳郑氏和太原王氏。四姓之外，再加上陇西李氏、赵郡李氏，共称五姓。以上均属于堪与王室通婚的名门，天子将他们的女儿纳入后宫，又命令近亲诸王进行婚娶。《魏书》卷二十一上《咸阳王禧传》记载，咸阳王娶陇西李辅之女，广陵王羽娶荥阳郑平城之女，颍川王雍娶范阳卢神宝之女，始平王勰娶陇西李冲之女，北海王详娶荥阳郑懿之女。

但也有人认为将崔卢王郑称作四姓是流俗不经之说，另外展开了解释四姓的讨论。《新唐书》卷一九九《柳冲传》引柳芳的观点道：

> "郡姓"者，以中国士人差第阀阅为之制，凡三世有三公者曰"膏粱"，有令、仆者曰"华腴"，尚书、领、护而上者为"甲姓"，九卿若方伯者为"乙姓"，散骑常侍、太中大夫者为"丙姓"，吏部正员郎为"丁姓"。凡得入者，谓之"四姓"。

即"膏粱""华腴"属于甲姓中的特殊形态，甲乙丙丁四级即为"四姓"。四姓的条件于表二十九中清晰可见。

表二十九　北魏汉人四姓表

姓第	三世有官	后令品
膏粱	三公	正一品
华腴	尚书令	正二品
	仆射	从二品
甲姓	尚书	正三品
	领军、护军	正三品
乙姓	九卿	正三品
	方伯（上州刺史）	正三品
丙姓	散骑常侍	从三品
	太中大夫	从三品
丁姓	吏部郎中	正四品上
	正员郎	正五品上

方伯有各种意思，这里解作上州刺史，盖上州刺史一般由都督兼任。此姓族分定结束时，后令尚未颁布，因此应是用了中令。而中令里的官品不明，故权以后令替代，亦并无特别不妥之处，由此可知中令与后令的内容应无太大变化。柳芳认为北魏的四姓是像上面所说四级贵族的总称，反对以崔卢王郑为四姓之说。其实二者并存亦无妨。因为自古以来中国提到四姓时，就存在这两

种用法。①不过总的来说，柳芳所说的四姓具有更大的社会意义。四姓的阶级一旦确定，根据其阶级就会产生任官权的差异。柳芳继续论述道：

> 魏太和时，诏诸郡中正，各列本土姓族，次第为举选格，名曰"方司格"，人到于今称之。

评定姓族是为选举之用。具体而言，因为确定起家官时所必要，故为方司格。

　　针对北方民族进行的详定姓族按照汉人的标准执行。负责此事者也应为司徒，然而因事情棘手，因此在孝文帝的亲自指挥下，调动司空穆亮、领军元俨、中护军广阳王嘉、尚书陆琇等人负责这一难题。首先，王室的分支有九姓，加上王室共为十姓，被认为是同姓，不通婚。其次，鲜卑及相当于鲜卑的各族，据称开国之初有三十六国九十九姓，恐是传说。据《魏书》卷一一三《官氏志》所见，孝文帝时期，包括后来的归降者在内，共一百一十姓左右。其中地位最高的有八姓。王室由"拓跋"改为"元"姓，八姓也将复姓改为汉式的单姓，即：

---

① 关于四姓，列举某地四家名门一事的起源十分古老。《华阳国志》卷四记载："公孙述时，三蜀大姓，龙、傅、尹、董。"虽未称四姓，但列数四族。三国时吴国称"张、朱、陆、顾"。不仅在中原，北方民族亦有同样记载。《后汉书》卷一一九《南匈奴传》有言："其大臣贵者，左贤王，次左谷蠡王，次右贤王，次右谷蠡王，谓之四角。"其后还有"异姓有呼衍氏、须卜氏、丘林氏、兰氏四姓，为国中名族。"这样的记载，可见于古老习俗。《华阳国志》中列举了各县的四姓，即使不称四姓，也多是列举四家大姓。

　　　　穆（丘穆陵）　陆（步六孤）　贺（贺赖）　刘（独孤）
　　　　楼（贺楼）　　于（勿忸于）　嵇（纥奚）　尉（尉迟）

此八姓等同于汉族的四姓，被视为可与王室通婚的名门。咸阳王禧等娶汉族名门之女时，孝文帝之弟河南王干选穆明乐之女为妃。朝廷向司州和吏部下达旨意，表明上述八姓与汉人四姓相同，不得充任猥官。

　　至于其他各族，要看其祖先中是否有三世登贵位者，以此来划分等级。《魏书·官氏志》记载：

　　　　原出朔土，旧为部落大人，而自皇始已来，有三世官在给事已上，及州刺史、镇大将，及品登王公者为姓。若本非大人，而皇始已来，职官三世尚书已上，及品登王公而中间不降官绪，亦为姓。诸部落大人之后，而皇始已来官不及前列，而有三世为中散、监已上，外为太守、子都，品登子男者为族。若本非大人，而皇始已来，三世有令已上，外为副将、子都、太守，品登侯已上者，亦为族。凡此姓族之支亲，与其身有缌麻服已内，微有一二世官者，虽不全充美例，亦入姓族；五世已外，则各自计之，不蒙宗人之荫也。虽缌麻而三世官不至姓班，有族官则入族官，无族官则不入姓族之例也。

这段引文甚为难解，但以表格形式展现则一目了然。从结果来看，北方民族第一阶级为姓，第二阶级为族，第三阶级为姓族五世已内的旁支亲属，第四阶级为缌麻服亲内一、二世有微官者，应与汉人的四姓对应。

表三十　北魏北方民族姓族表

姓族 ＼ 条件	始祖	皇始以来三世有官、品
（一）姓	部落大人	（1）给事、州刺史、镇大将以上 （2）王、公
	非部落大人	（3）尚书以上 （4）王（中间不降官绪）
（二）族	部落大人	（1）中散监、太守、子都以上 （2）子、男
	非部落大人	（3）令、副将、子都、太守以上 （4）侯
（三）族	（一）（二）姓族支亲（五世以内）	
（四）族	缌麻服以内有一、二世微官者	

由此可见，要列入（一）姓（二）族之内，必须满足四个条件其中的一种。（三）（四）相当于姓族，以上被视为士族。然而姓与族在名称上的区别，实际上并不会严谨地遵守，二者屡屡互换。分定北方民族姓族的诏书颁布于太和十九年，命司空穆亮等详细审定，翌年大概基本完成。然而随后异议不断，于是世宗时，再度命令尚书于忠、尚书元匡、侍中穆绍、尚书元长等人重新裁定。整体来看，对北人的条件比对汉人宽松得多。因为北魏北方民族的地位恰如清朝的八旗一般，自然会受到一定程度上的宽待。

如上所述，详定姓族是为了用于选举，无论是汉人的四姓还是北人的姓族，均可根据其门地起家。这种权利或者说资格，称为"姓第"，或单称为"第"。《魏书》卷十《孝庄纪》"建义元年"条记载了招募武勇之士时的情况：

> 但射槊翘关一艺而胆略有施者，依第出身外，特优一大阶，授实官。若无姓第者，从八品出身，阶依前加，特授实官。

前面的"第"与后面的"姓第"为同义。通过这段记录可知，事实上若非战时，北人即便有姓第也不容易任官。

根据姓第进行选举是非常贵族化的人事方式，对于孝文帝的这种贵族主义，朝廷中也有很多异议。太和初年被举为秀才、自著作佐郎起家的韩显宗论述了重门地的不合理之处，其言论载于《魏书》卷六十本传：

> 夫门望者，是其父祖之遗烈，亦何益于皇家？益于时者，贤才而已。苟有其才，虽屠钓奴虏之贱，圣皇不耻以为臣；苟非其才，虽三后之胤，自坠于皂隶矣。

韩显宗乃燕郡公韩麒麟之子，为当时的望族；但是政治上却反对贵族主义。他还曾在孝文帝面前，与著名的宰相李冲等人一起讨论是否应该以门地取官。李冲也是陇西的望族，为五胡十六国时代西凉的后裔，但他是凭个人的才华受到孝文帝重用的。讨论的内容稍长，现引用《魏书》卷六十《韩显宗传》如下：

　　高祖曾诏诸官曰："自近代已来，高卑出身，恒有常分。
朕意一以为可，复以为不可。宜相与量之。"李冲对曰："未
审上古已来，置官列位，为欲为膏粱儿地，为欲益治赞时？"
高祖曰："俱欲为治。"冲曰："若欲为治，陛下今日何为专崇
门品，不有拔才之诏？"高祖曰："苟有殊人之伎，不患不
知。然君子之门，假使无当世之用者，要自德行纯笃，朕是
以用之。"冲曰："傅岩、吕望，岂可以门见举？"高祖曰：
"如此济世者希，旷代有一两人耳。"冲谓诸卿士曰："适欲请
诸贤救之。"秘书令李彪曰："师旅寡少，未足为援，意有所
怀，不敢尽言于圣日。陛下若专以门地，不审鲁之三卿，孰
若四科？"高祖曰："犹如向解。"显宗进曰："陛下光宅洛邑，
百礼唯新，国之兴否，指此一选。臣既学识浮浅，不能援引
古今，以证此议，且以国事论之。不审中、秘书监令之子，
必为秘书郎，顷来为监、令者，子皆可为不？"高祖曰："卿
何不论当世膏腴为监、令者？"显宗曰："陛下以物不可类，
不应以贵承贵，以贱袭贱。"高祖曰："若有高明卓尔、才具
隽出者，朕亦不拘此例。"

　　从上述问答来看，高祖孝文帝似是向臣下展示门阀与起家的对照
表草案以求赞成，而不是没有主见地一起讨论对错。虽然几乎所
有的官僚都表示反对，但孝文帝不予其话语权，驳回反对意见。
这段问答之所以能留下比较详细的记录，大概是依据了孝文帝创
设的起居注官的笔录。孝文帝还向宋王刘昶阐述了同样的意见。

据《魏书》卷五十九《刘昶传》记载，太和十九年十月，孝文帝
根据新颁发的中令，亲临光极殿进行大选，其时他说道：

> 我国家昔在恒代，随时制作，非通世之长典。故自夏及
> 秋，亲议条制。或言唯能是寄，不必拘门，朕以为不尔。何
> 者？当今之世，仰祖质朴，清浊同流，混齐一等，君子小人，
> 名品无别，此殊为不可。我今八族以上士人，品第有九，九品
> 之外，小人之官，复有七等。若苟有其人，可起家为三公。
> 正恐贤才难得，不可止为一人，浑我典制。故令班镜九流，
> 清一朝轨，使千载之后，我得仿像唐虞。

此为孝文帝的贵族主义拥护论。其意见甚为大胆，参照当时的实
情，亦有不得已之处。坚持贵族主义否定论的人，比如韩显宗，
如果究其本意，可见《魏书》卷六十本传：

> 今令伎作家，习士人风礼，则百年难成；令士人儿童，
> 效伎作容态，则一朝可得。是以士人同处，则礼教易兴；伎
> 作杂居，则风俗难改。

士人之家代代学问相传，礼教不堕，家风优良，这是一般庶民在短
时间内不可能模仿的。考虑到当时的文化非常封闭且不对普通人公
开的情况，他的话确实言之有理。若果然如此，则虽言求才，结果
却只能向士族中寻求，与以门地为尊没有实质上的差别。只是对于

孝文帝来说，他的烦恼在于北方民族的名门不一定是与汉人士族同样拥有教养的贵族，这也是北方民族出身的帝王所共通的烦恼。

八、北魏的秀孝制度

孝文帝的贵族主义背后，隐藏着皇室欲趁汉族贵族制之便，将北方的名门提升为贵族、形成特权阶级，从而使其成为王室藩屏的意图。因此我认为孝文帝完全明白原则上贵族主义是不合理的。为纠正这种不合理，孝文帝采用的就是汉魏以来的秀才孝廉制度。北魏自道武帝平定并州以来，安抚汉人，其后太宗明元帝永兴五年时也曾分遣使者寻求俊逸之才。世祖太武帝时，曾命州郡举贤良，虽为"贤良"之名，但应类似制科，并非秀才那样的定制。北魏秀才的起源不明，大约应始于孝文帝初期、太上皇显祖听政的时代。《魏书》卷七上《高祖纪》"延兴二年六月"条记载：

> 诏曰："顷者州郡选贡，多不以实，（中略）今年贡举，尤为猥滥。自今所遣，皆门尽州郡之高，才极乡闾之选。"

此处所指显然是秀才孝廉。当时尚无汉人以姓第起家之制，除秀孝出身之外未见其他途径。依以上诏文，秀孝应也是依门地取人。但是既然已经详定姓族，那么秀孝就必须转向按照个人的才能来选拔。强烈持此主张的正是前面提到的韩显宗。《魏书》卷六十《韩显宗传》记载了他的上奏：

今之州郡贡察，徒有秀孝之名，而无秀孝之实。而朝廷但检其门望，不复弹坐。如此则可令别贡门望，以叙士人，何假冒秀孝之名也？

仅就这一点而言，孝文帝似也无异议。《魏书》卷七下《高祖纪》"太和十五年八月"条记载：

诏诸州举秀才，先尽才学。

换言之，即要把门地置于才学之后。接着在太和十六年一月，孝文帝亲临思义殿策问秀孝，大约是想通过考试了解前一年诏令的实施情况。

秀才的策问有别于孝廉的策问，沿袭魏晋之制规定秀才问论议、孝廉问经义。《魏书》卷六十五《邢峦传》记载：

有司奏策秀、孝。诏曰："秀、孝殊问，经权异策。邢峦才清，可令策秀。"

策权的秀才居于策经的孝廉之上。然而秀才与孝廉之间更重要的差异在于，虽说先尽才学而不问门地，但实际上却仍然受到门地高下的影响。当时南朝也是如此，门地高的贵族爱好文学，寒士则学习经学。大概是因为经学比较固定，只要有经书就能学习，而文学需要不断追随新潮流，在印刷术尚未普及时，寒士很难获

得参考书。且贵族子弟恐怕没有研读枯燥章句的耐心，而寒门子
弟似乎天生富有韧性。因此修文学者举秀才，与此相对，习经学
者察孝廉，二者之间产生了阶级性差别，朝廷上也反映出重秀才
轻孝廉的倾向。于是经学遂为寒士之业，孝廉与经学，连同以经
学为专业的博士官都受到轻蔑。《魏书》卷七十七《羊深传》记载
了前废帝时他对时政的评论：

> 至如当世通儒，冠时盛德，见征不过四门，登庸不越九
> 品。以此取士，求之济治，譬犹却行以及前，之燕而向楚。

《魏书》卷八十四《儒林传》所载董征的情况正是此种情况。《魏
书》卷八十五《文苑传》记载了许多自秀才起家的名士，而前面
的《儒林传》则多记载孝廉出身的寒士，少有荣达之辈。可见被
举为孝廉，既是荣耀，似乎也令人苦恼。《魏书》卷八十四的刘献
之举孝廉后，被郡太守强命上京，而他不应策问，称疾逃返。孝
廉出身却意外飞黄腾达者，大约只有同卷的孙惠蔚，被封为开国
县男，食邑二百户，肃宗孝明帝时官至光禄大夫。

　　秀孝的推荐及其成绩的认定与中正有关。《通典》卷十四
记载：

> 后魏州郡，皆有中正。（中略）其秀才对策，第居中上，
> 表叙之。

上文中称秀才成绩中等亦予录用，这实际始于孝明帝初期,《魏书》卷七十二《阳固传》云：

> 肃宗即位，除尚书考功郎，奏诸秀孝中第者听叙，自固始。

据《魏书》卷九《肃宗纪》记载，此为熙平元年之事。大约当时北魏国势衰颓，因此朝廷试图通过进一步优待地方豪族出身的秀孝，以结豪族之欢心。

九、北魏的封建制度

孝文帝的官品表中，列有封建诸侯的爵位。这些爵位会关系到子孙的起家官品。原本爵为封建制度，与官僚制度的官品分属不相关的系统。然而魏晋以来，有比照官品将爵位写入官品表的先例，北魏也沿袭了此法。先前在道武帝天赐元年时，过去的公、侯、伯、子、男五等爵被改为王、公、侯、子四等，王比第一品，以下累降，至子比第四品。后来又在该制度基础上，加上之前被省去的伯、男二等，成为王、公、侯、伯、子、男六等，这应为孝文帝初期事。据《魏书》卷七下《高祖纪》"太和十年八月"条记载，赏赐尚书与五等品爵以上者朱衣、玉佩等，此处的五等无疑是指除王之外的自公以下五等。

除赏赐国吏，以及有利于子孙起家之外，北魏的封爵几乎是毫无实际利益的空名，因此爵位滥授。例如《魏书》卷六十《程骏传》记载了这样的习惯：天子死后，庙中执事官也会被授予爵位。孝文帝亲政以后，改革这种封建制度，意在综核名实，故有必要整顿以前滥赐的封爵。因此于太和十六年，下令将过去的封爵一律下降一等或二等，[①] 又称为"开革"或"例降"。"开革"一词见于《魏书》卷四十二《薛辩传》；降一等之例见于同书卷三十八《王琼传》，降二等之例见于同书卷六十一《薛安都传》。

如此例降之后，又于太和十八年颁布了食邑制，称为"开建"，见于《魏书》卷七下《高祖纪》"同年十二月"条：

> 诏王、公、侯、伯、子、男开国食邑者：王食半，公三分食一，侯伯四分食一，子男五分食一。

食邑制伴有实际利益，然而仅限拥有开国食邑特权者，因此徒有空名者依然存在，称为"散爵"。散爵的官品要比开国爵低一等。

王仅封给天子的宗室，不予异姓。以前存在的异姓王爵均被例降，唯有长孙观被允许保有其祖道生的王爵，事见《魏书》卷二十五本传。但是孝文帝时长孙观去世，其子袭爵时被降为公。

---

① 关于北魏太和年间例降封建诸侯一事。《魏书》卷七下《高祖纪》"太和十六年正月"条记载："制诸远属非太祖子孙，及异姓为王，皆降为公，公为侯，侯为伯，子男仍旧，皆除将军之号。"而《南齐书》卷五十七《魏虏传》更详细地记载了诏文："诏：'王爵非庶姓所僭，伯号是五等常秩。烈祖之胄，仍本王爵，其余王皆为公，公转为侯，侯即为伯，子男如旧。虽易为本，而品不异昔。公第一品，侯第二品，伯第三品，子第四品，男第五品。'"可见，伯爵就是此时恢复的。

后来孝庄帝时，封母后之兄李延寔为濮阳郡王，李以异姓臣子不宜接受此爵为由推辞，事见《魏书》卷八十三《外戚传》。王爵会根据与天子的亲疏关系分等，皇子为亲王，至其子一代则为始蕃王，孙子辈为二蕃王，曾孙辈为三蕃王，其妻皆称为妃（《魏书》卷十九上《广平王匡传》）。

王爵中没有散爵，皆赐食邑。《魏书》卷七十八《张普惠传》记载：

> 初封之诏，有亲王二千户、始蕃一千户、二蕃五百户、三蕃三百户，谓是亲疏世减之法。

此为一般规定标准，实际情况则各式各样。既有亲疏世减之法，则承袭之际就应当减邑，公以下臣子均须如此。根据《魏书》卷八十三下《胡国珍传》记载，其子袭爵时，特免减邑，获得全封。这样不符合本来的封建制度的精神，说明北魏的封建制多少会以官僚制的方式运行。

公爵以下可授予异姓臣子，公爵分为开国郡公、开国县公、散公三种；侯以下只有开国县侯和散侯两种。[①]一旦实施开国食邑

---

① 关于开国郡侯。孝文帝开建五等之初，设有开国郡侯。《魏书》卷二十九《奚绪传》记载："开建五等，封弘农郡开国侯，食邑三百户，后例降为县，改封澄城县开国侯，增邑九百户。"同书卷六十一《薛达传》记载："及开建五等，以（父）安都著勋先朝，封达河东郡开国侯，食邑八百户。后以河东畿甸，改封华阴县侯。"郡侯改为了县侯。北魏官品表中并无郡侯之名。且郡侯爵位低于县公，因为爵，故以爵名为主，郡县为从。

制，相应地就必须有国官管理食邑。因此后令中出现了前令所没有的国官名称，郎中令、大农、中尉、常侍、侍郎以下，基本与南朝相同。

因北魏封爵制并无完整记载，故常常引起后世误解。如《文献通考》卷二七三末尾记载，太武帝时高允虽被封为汝阳子，却仅居草屋，衣为缊袍，生活贫苦，据此断言北魏没有食邑制，大约是忽略了太和十八年的开建。《通考》又以北魏封爵所用的郡名为江南地名而认为并未赐予食邑，这一论证也不充分。北魏的食邑未必仅限于封爵名义下的土地。《魏书》卷二十一上《广陵王羽传》记载：

> 及五等开建，羽食渤海之东光二千户。

广陵即后来的河南息州，当时位于与南朝接壤的国境，其食邑却是在与此毫无瓜葛之地。

高级的封建诸侯，其收入很是可观。据《魏书》卷二十一下《彭城王勰传》记载，孝文帝末年，由于军费不足，他请求将自己一年的国秩、职俸、亲恤献出以作军国之用，孝文帝则保留其职俸，只接受其国秩和亲恤的三分之一。国秩即来自食邑的收入，职俸为他任使持节都督、中军大将军等官职的俸禄，亲恤为此外每年赏赐的绢和谷物等，这三种皆为正规收入。据《魏书》卷七十一《夏侯道迁传》记载，宣武帝时，他被封为丰县开国侯，食邑一千户，国秩岁入三千余匹。此外，封建诸侯似乎可从食邑征发劳力，例如上述彭城王勰死后，其子劭嗣位，在孝明帝时献上粟九千斛、绢六百匹、国吏二百人以作军费。此处的国吏，大概指从食邑作为徭役征发的人夫。

十、起家之制

贵族制度下的起家具有十分重要的意义，在北魏也是一样。北魏初期，尚未完全脱离氏族制度，既有封建制倾向，又有官僚制色彩，同时也被认为具有浓厚的贵族制趋势。道武帝时代起，名门子弟要首先担任天子的近侍，见习武艺与政治，才有机会被委以重任。近侍分为内侍、猎郎、羽林郎、中散等名目。猎郎可能是形容擅于骑射者，然而这一官名很早就消失了，有可能改为了羽林郎。要成为羽林郎、中散等，需要一定的特殊资格，或凭父荫，或为功臣之子，其实是一样的。汉族功臣之子偶有被任命为中散者，寒微出身者的子孙也可被任命为中散，可见并未建立起如南朝那般的贵族制度。据《魏书》卷二十六《长孙肥传》记载，其家作为王室的一支，又为开国功臣，代代羽林郎、中散辈出。长孙肥的长子翰为猎郎，其子平成凭父任为中散，平成之子长孙浑也是中散。长孙肥的三子陈为羽林郎，其子长孙头为中散；四子兰同样为中散。长孙肥之弟亦干及其子石洛两代皆为羽林郎，石洛之子真及其孙吴儿两代皆为中散。最晚的吴儿任中散是在孝文帝初期，因此到此时为止还延续着北魏传统的制度。根据孝文帝的太和前令，羽林中郎、羽林郎将均为从四品上，侍御中散为正五品上，中散为正五品中，但这些官名在后令中都消失了。因此起家制度无疑也发生了巨大变化。

此职官表的最终版本即太和后令甫一颁布，孝文帝就驾崩了，因此实施应是在下一代世宗宣武帝的事。孝文帝在太和十九年发布了中令，有三四年的时间供实践，所以朝臣们应该大致了解要如何执行后令。孝文帝行将驾崩前，任命南朝流亡者王肃为尚书令，大概就是专门要他负责新官制的实行，指导朝臣执行的方法。

执行官品表时最先出现问题的是起家官。孝文帝似是想要大致按照南朝的方式实施。对此可参考《通典》卷十六所引清河王怿给孝明帝的上表。原文应引自《魏书》，然而现今的《魏书》缺少这部分，自《北史》移录至《魏书》的补充部分中并无此上表的记载。内容为：

　　孝文帝制，出身之人，本以门品，高下有恒，若准资荫，〔缺四字？〕自公卿令仆之子，甲乙丙丁之族，上则散骑秘著，下逮御史长兼，皆条例昭然，文无亏没。

文中的"门品"及"资荫"二词为可以互换的同义词，"公卿令仆之子"即为前文中提到的"膏粱""华腴"，甲乙丙丁接在其后。起家的最高官职为散骑，散骑分为散骑常侍（从三品）、通直散骑常侍（正四下）、散骑侍郎、员外散骑常侍（均为正五上）、通直散骑侍郎（从五上）、员外散骑侍郎（正七品上）六种。其中一般作为起家官的是员外散骑侍郎。据《魏书》卷二十一上《咸阳王禧传》记载，其子昶之所以能自通直散骑常侍起家，是因为王室近亲的身份，情况特殊。员外散骑常侍一般也很少赐予臣子作起家官，《周书》卷二十五的李基由于尚公主，故于大统十年自员外常侍起家。换言之，只有宗室或与其相当的王室近臣才能够自五品以上起家，一般臣子多自六品以下，尤其是七品以下起家。前面清河王怿上表中的"上则散骑秘著"，指的是员外郎、秘书郎、著作佐郎，均不过正七品上。

可以让名门子弟年少起家的是挽郎制度。此处撷取若干事例制成下表。他们的起家官均为七品，官名之所以不同，我想大概是出于门地高低的考量。

表三十一　北魏挽郎起家表

姓名	挽郎	起家官（品）	摘要
（1）寇俊	孝文帝	奉朝请（从七下）	《周书》卷三十七
（2）谷士恢	宣武帝	奉朝请（从七下）	《魏书》卷三十三
（3）邢邵	宣武帝	奉朝请（从七下）	《北齐书》卷三十六
（4）崔巨伦	宣武帝	冀州镇北府墨曹（行）参军（正七下）	《魏书》卷五十六
（5）刁柔	宣武帝	司空行参军（从七下）	《北齐书》卷四十四
（6）崔悛	宣武帝	太学博士（从七下）	《北齐书》卷二十三
（7）裴宽	孝明帝年十三	员外郎（正七上）	《周书》卷三十四

孝文帝时大致制定了北魏的门地，然而众人对此一直颇有微词，负责实际起家的当权者难以判断。孝文帝死后十年，即宣武帝永平二年十二月，为弥补不足，制定了据封爵起家的制度。(《魏书》卷八《世宗纪》)

表三十二　北魏封爵起家表

种族	公（一品）	侯（二品）	伯（三品）	子（四品）	男（五品）
同姓者出身	正六下	从六上	从六下	正七上	正七下
异族出身	从七上	从七下	正八上	正八下	从八上
清修出身	从八下	正九上	正九下	从九上	从九下

上表中的"异族"自然指的是鲜卑族北人，"清修"则为汉人之意。①可知此表从宗旨上以北方民族为本位，强烈抑制汉人晋升。孝文帝的鲜卑与汉人并用的政策，在他去世十年后从根本上发生了动摇。毕竟孝文帝从南朝引进的贵族主义，让北魏朝廷的鲜卑人无所适从。孝文帝制定的何为起家之官这一政策不久后即分崩离析，这一点从前引清河王怿的上表中可知：

---

① 关于清修。《魏书》卷二十一上《咸阳王禧传》记载："于时王国舍人，应取八族及清修之门。"根据《资治通鉴》卷一四〇"建武三年正月"条胡注称，"舍人"乃"妃嫔"之意，"八族"为代北八家，因此清修指汉族名门，即此条下文中出现的"卢、李、郑"诸氏。

> 自此或身非三事之子，解褐公府正佐；地非甲乙之类，
> 而得上宰行僚。自兹以降，亦多乖舛。且参军事专非出身之
> 职，今必释褐而居，秘著本为起家之官，今或迁转以至，斯
> 皆仰失先准，有违明令。

可见，在孝明帝时代，已经不再像南朝那般井然有序地进行迁
转了。

宣武帝据封爵起家的制度，无疑对北方民族有利，然而也并
未对汉人造成重大打击。尤其是一旦成为一流名门，凭借门地起
家的权利即受到认可。《周书》卷十八的王思政，在孝明帝正光
中起家员外郎；卷三十的窦毅、卷三十四的裴汉，均在孝武帝初
期起家员外郎。同书卷三十五的崔谦则在孝明帝孝昌中起家著作
佐郎。

御史选拔制度可称得上是北魏起家制度一大特色。御史由御
史中尉（从三品）统辖，分为治书侍御史（正六上）、殿中侍御
史（从八上）和检校御史（正九上），其中用作起家官的是殿中侍
御史与检校御史。自前引清河王怿上表可知，御史为低级起家官。
因此门地低微的寒士自此起家，由其长官即中尉辟召任命。据
《魏书》卷九十一《王显传》记载，这项制度似乎始于他向宣武帝
请求允许辟召，他推举的人选常遭到异议，反而使自己的声望受
损。另一方面《魏书》卷七十九的冯元兴、卷四十四的薛昙尚等
人均由他举荐任用，因此很难一概认为他为请嘱所动，所用非人。
宗室东平王匡以精选御史闻名，据《魏书》卷八十五《温子升传》

记载，孝明帝熙平初年，东平王任御史中尉，招募御史，应征者八百余人，经过射策考试，温子升、卢仲宣、孙搴等二十四人定为高第，任命为御史。当时有落第者申诉不公，朝廷命温子升与其应对，众人无不折服，只好偃旗息鼓甘心作罢。

为录用特定官吏而进行特殊的就职考试之事，不见于南朝，也是孝文帝没考虑到的，因为这并不符合贵族主义精神。当时北方社会的贵族主义根基深厚，但受到北方民族的入侵，终未能形成像南朝那样纯粹的贵族主义。孝文帝建立的贵族制度，虽以南朝的贵族制度为范本，但仍然可见试图进行北魏式改造的痕迹。孝文帝死后，该制度的运作更加入了新的理解。

尽管北魏人未能充分理解南朝式贵族制度的意义，却对秀才孝廉制度能公平地检验个人能力这一点深有同感。自秀才起家一事，在孝文帝前期与后期差别极大。孝文帝初期即太和十九年中令颁布以前的起家官，可以根据其官名推测得知。例如《魏书》卷七十二的李长仁、卷八十八的裴佗，均以秀才高第自中书博士起家；《周书》卷三十五中裴侠的祖父裴思齐举秀才拜议郎也是一例。中书博士即国子博士，据前令为从五品上；议郎指中书议郎，为正五品中。看起来秀才似是从较高的官品起家，而实际上前令的正五品上只相当于后令的正七品上。孝文帝的中令、后令修改了官品表后，秀才的起家官似确定为以著作佐郎为首的正七品上以下官职，现收集若干实例制成表三十三。

表三十三　北魏后期秀才起家表

姓名	起家官	起家官品	摘要
（1）裴延俊	著作佐郎	正七上	高第，《魏书》卷六十九
（2）李叔宝	公国郎中令	正七上	《魏书》卷七十二
（3）卢观	太学博士	从七下	甲科，《魏书》卷八十五
（4）裴敬宪	同上	同上	高第，《魏书》卷八十五
（5）裴景融	同上	同上	高第，正光初，《魏书》卷六十九
（6）邢臧	同上	同上	上第，《魏书》卷八十五
（7）李述	太常博士	从七下	《魏书》卷七十二
（8）宋世景	国子助教	从七下	上第，《魏书》卷八十八
（9）裴侠	奉朝请	从七下	正光中，《周书》卷三十五
（10）孙灵晖	员外将军	从八下	高第，《北齐书》卷四十四

秀才的成绩可见甲科、高第、上第等说法，所指大约都相同。邢臧于神龟中举秀才，问策五条。当时似乎五问为常态，成绩分为上、中、下三等，最初只授予上第官职，孝明帝时起，中第也开始授官。不过并未见到中第的实例。以奉朝请起家者似乎最多，（10）的员外将军非常罕见，或许实际上是中第，但《列传》中记为高第。

其次，在孝文帝前期，孝廉的地位似乎并没有明显地低于秀才。《魏书》卷八十四《孙惠蔚传》记载，太和初，他至中书对策，因成绩优秀被委任为中书学博士，由此也可印证。及至孝文帝后期，孝廉固定为寒士应举，起家官职甚低。现收集数个实例制成表三十四。

表三十四　北魏后期孝廉起家表

姓名	起家官	起家官品	摘要
（1）徐纥	主书	从八上	上第,《魏书》卷九十三
（2）刘道斌	校书郎	正九上	《魏书》卷七十九
（3）李业兴	同上	同上	《魏书》卷八十四
（4）权会	四门博士	正九上	武定初上第,《北齐书》卷四十四
（5）公孙景茂	襄城王长兼参军	正九下?	《隋书》卷七十三
（6）刘桃符	历碎职		甲科,《魏书》卷七十九

上表中（1）徐纥出身寒微,勉强得以留在流内,任浊官主书令史;（6）刘桃符似乎同样为浊官,仅记为碎职,甚至未列官名。襄城王不知所指为谁,但应不是皇子,若为始蕃王,则其长兼行参军为正九品下。对比秀才一般自七品起家,孝廉大体上从八、九品起家。由此可推知二者在官场中地位的差别。

十一、励行考课

南朝贵族制度之所以盛行的一个消极原因,是考课并未充分执行。考课自然是指审查官员的政绩,并对其加以赏罚。若官吏的人事进退很大程度上依靠考课的话,则贵族制度难以维系。因为贵族未必都是有才能的官吏,反而无能之辈居多。因此在贵族制度下,如果不是犯下太大过错被御史弹劾,官员的政绩被视作下属的责任,御史可以对此睁一只眼闭一只眼,只看重门地与人品，依据贵族间的舆论徇私人事。正是在这样的环境下，贵族制度才得以发展。

北朝虽不断模仿南朝，但最终没有彻底形成南朝式的贵族制度，是因为朴素的北方民族中存在着一种正义感，或者说尊重公平的观念极强，不肯承认不合理特权的意志力在有效地发挥着作用。这绝不意味着政治在公平地运行，而是说这种观念成为阻碍贵族制度建立的原动力。其中一个值得注意的问题就是接下来要论述的励行考课。

北魏自建国之初就重视考课。以下主要撷取《魏书》本纪中的实例。早在太宗明元帝泰常二年时，就派遣使者巡行天下，省问诸州，观民俗、问疾苦，考查太守县令政绩。又世祖太武帝太延元年十二月，下诏进行考课，要求郡太守覆检属下能力，向州汇报，刺史明察属下优劣，抑退奸吏，提拔贞良，于岁末将考课结果上报中央。

两年后，即太延三年，下令彻底执行考课，允许天下吏民状告郡守县令中的不法者，若所述为实，则予以赏赐。然而之后这一政策似乎矫枉过正，导致了不少麻烦。可想而知，建国之初，地方官中必定有许多贪婪暴虐者，而朝廷毫不留情地予以取缔的用意值得肯定。高宗文成帝太安元年，命尚书穆伏真等三十多人巡行州郡，太安四年又下诏严惩牧守贪秽，地方长官中有贪污受贿者则处以死刑。在实行贵族主义的孝文帝时代，如此重视考课的政策依然未曾改变，这一点值得我们注意。

《魏书》卷二十一上《广陵王羽传》记载，孝文帝太和十八年前后，将百官政绩分为九品，从上上直至下下。广陵王有言：

> 朝廷既有九品之制，故计其丝发之差，以为品第。

即指此制度。但据孝文帝所言，上第三等予以赏赐，下第三等则加以惩罚，中等无赏无罚。实际上只有七等。孝文帝开始亲政的太和十五年，十一月第一次依考课对郡太守进行人事黜陟，上上者，则假四品将军、赐乘黄马一匹；上中者假五品将军；上下者皆赐衣一袭。

进而太和十八年，孝文帝先下诏实行考课，命令每三年根据政绩黜陟百官，据《魏书》卷七下《高祖纪》记载：

> 各令当曹考其优劣，为三等。六品以下，尚书重问；五品以上，朕将亲与公卿论其善恶。上上者迁之，下下者黜之，中中〔衍？〕者守其本任。

十天后，孝文帝驾临朝堂大考百官，亲自处理人事。此时赏罚似乎极为严格，据《通典》卷十五和《魏书》卷四十《陆叡传》记载，孝文帝的亲弟弟广陵王羽被免去录尚书事一职，行尚书令陆叡被剥夺一年俸禄，仆射以下遭黜退者多达二十余人。[1]这样的

---

① 对免官者的处置，《魏书》卷七十八《张普惠传》记载："故事免官者，三载之后，降一阶而叙；若才优擢授，不拘此限。"他亦被免官，但据说没有降阶，敕除宁远将军。

做法可以说是法家流派，在这种状况下，贵族主义是无法成长的。因此孝文帝的贵族主义也有一定的界限，其思想归根结底依然存在着北方民族的观念。

《魏书》卷二十一上《高阳王雍传》中记载其上表，孝文帝的考课规定，任事者得上第三年进一阶，散官得上第者四年升一级，因此太和二十一年正值考课之年。但适逢与南齐战事，因此并未实施。不久，孝文帝于太和二十三年驾崩，世宗宣武帝即位，第二年景明元年又正值考课之年，虽《魏书》本纪并未记载，这一年应该也勉强进行了考课，事实上变成了六年一次的考课。《魏书》卷七十八《张普惠传》记载：

> 三载之考，兴于太和；再周之陟，通于景明。

所指即为此事。

下一个六年是正始三年，在这前后与南朝萧梁再兴战端，因此无暇实行考课，宣武帝遂将百官官品全部提升一级作为代替。《魏书》卷十九《任城王澄传》记载：

> 初，正始之末，诏百司普升一级，而执事者不达旨意。

即指此事。此称为"泛阶"，或单称为"泛"，由于事关考课，后来关于如何具体实施引起了大问题。

再下一个六年是延昌元年，在此前一年即永平四年宣武帝下令，将从景明二年到永平四年这十一年间的考课一并进行。结合前面的"泛阶"，应如何实行考课的议论纷纭，因此延昌元年似乎并未能按照预定实施大考，仅是撤换了政绩不佳的守令而敷衍了事。

宣武帝驾崩前一年的延昌三年，曾于八月亲临朝堂大考百司，黜陟人事。此事可见于《魏书》卷八本纪、卷六十七《崔鸿传》、卷八十八《明亮传》、卷九十四《段霸传》等。此后史书上并没有关于大考事宜的记录，但是考课也并非停止了，在卷九《肃宗纪》"孝昌元年"条所录的诏书中：

> 其令每岁一终，郡守列令长，刺史列守相，以定考课，辨其能否。

可见历代以来重视考课的方针依然不变。

虽说朝廷重视考课，但考课制度的执行并非很理想。既然政策上重视考课，那么至少在事关考课时，应对贵族与寒士一视同仁。若依门地黜陟官吏，则门地低微的寒士将无从知晓朝堂之事；而如果有了考课，结果不公平时他们就可以申诉不满。但这样的方法极易引起其他弊害，结果就会导致那些遇事就爱喧哗吵闹的人得到社会的认可。面对这种境况最为难的是名门士族。因为若名门士族与寒士一同呼吁，则有丧失贵族体面之虞，若一直沉默则将为时代所抛弃。《魏书》卷五十七《崔挺传》记载：

> 详摄选，众人竞称考第，以求迁叙，挺终独无言。详

曰："崔光州考级，并未加授，宜投一牒，当为申请。"（中略）挺对曰："阶级是圣朝大例，考课亦国之恒典。（中略）至于自炫求进，窃以羞之。"

崔挺出身于博陵崔氏，为保全贵族尊严而不参与奔竞求官。这可称得上是贵族主义的优点，谨言自重，待人推荐，不自我吹捧，此为贵族的风节。贵族制度下的选举，均基于他人推荐的原则推行，而严格执行考课却生出相反的原则。自荐的制度给予众人发言权，从得以主张自己的权利这一点来看十分民主（？），但是这些主张并非总是正确的。因此最客观的方法最终归于考试制度。前文中提到过选拔御史时采用考试的方法，而选拔其他官吏之际也会进行考试。《魏书》卷八十一《宇文忠之传》记载了北魏分裂进入东魏后、孝静帝武定初年的情况：

> 遇尚书省选右丞，预选者皆射策，忠之入试焉。既获丞职，大为忻满，志气嚣然，有骄物之色，识者笑之。

上文中最后的批评可能是作者魏收代表贵族社会发表的意见。在前述的御史考试，或者此处尚书右丞的录用考试中，参加者是被别人推荐、还是出于自己的意愿，史书无明确记载。且不论形式，我认为实质上应为自荐。这种厚颜自荐的方式，从贵族社会的感情来说是极为痛苦的。然而在承认实力竞争的政策下，贵族最后必然也不得不认可自荐。这一趋势日渐强盛，终于发展为后世的科举制。

十二、北魏末期的选举问题

孝文帝的贵族制度是参照汉人社会，尤其是南朝的贵族制度建立的。然而有一点不能忘记，即王室通常被尊为第一贵族，并重用北族大臣作为王室辅佐。其结果，必然是使孝文帝的政治成为亲贵政治，中央的司徒、太尉、司空三公，及尚书令、仆射等职若非宗室诸王，则来自北方民族的陆、穆二氏。因此太和二十三年孝文帝死后，朝廷的政治被有势力的诸王左右，不受天子支配，宣武帝一代尚能勉强维持，下一代孝明帝时，灵太后胡氏干政，宗室元乂专横跋扈，北魏末期由此陷入混乱。

宣武帝即位时面临着其父孝文帝遗留下来的各种难题。据《魏书》卷一一三《官氏志》记载，孝文帝时对北方姓族的判定不公正，世人非议不断，这使宣武帝不得不命令尚书于忠等重新考量改定。汉人对于姓族也颇为不满，《魏书》卷七十八《孙绍传》记载，孙绍于延昌年间上表：

> 且法开清浊，而清浊不平；（中略）士庶同悲，兵徒怀怨。

即使吏部选举，也时有贿赂公行之事，《魏书》卷十九上《元修义传》记元修义为吏部尚书，又《魏书》卷七十一《裴玚传》记裴玚为吏部郎，二人均表示存在受贿卖官，大小官职均有定价。在堆积如山的难题中，最大的难题是如何处理身为王室世袭亲信的代人。

　　北魏初年道武帝时，解散鲜卑系诸部族，部民从族长手中解放出来，直属于王室。这方便于国家面临紧急情况时动员大量军队，但同时天子也要肩负起他们的生计和任官责任，加重了天子的负担。这些代人，于北魏而言恰如清朝的八旗。从代人的角度考虑，他们作为北魏王室的爪牙出力，令北魏成为华北的统治者，因此理应成为拥有一国一城的封建诸侯，至少也应保留其封建武士的特权。可是事实上他们与汉人编户一样，只能依靠被给予的若干土地自行谋生，又要服沉重的徭役，即便立下军功也很难在短期内得到县令等官职的赏赐。而且令人意外的是，孝文帝的贵族主义使王室和北方贵族垄断了高官，中下级官员由汉人充任，结果北方民族的寒人被排除在所有官位之外。

　　对此朝廷并非完全没有加以考虑。然而将他们当作累赘，一味地显示施恩态度，终究不能令其满意。孝文帝迁都洛阳时，命令代都平城的国人全部移居新都，引起代都北人的大恐慌，事态发展到连孝文帝的心腹大臣也试图拥立皇太子恂发动叛乱。奉天子之命移居洛阳的国人在陌生的土地上生活窘迫，难以为继，因此朝廷不得不将其收进军队，扩充羽林、虎贲等禁军。太和十九年，下诏选天下武勇之士十五万人为羽林、虎贲。翌年的太和二十年，下令代迁之士均入羽林、虎贲。《魏书》卷二十一上《高阳王雍传》记载：

　　　　武人本挽，上格者为羽林，次格者为虎贲，下格者为直从。

"本挽"意思不明，"挽"无疑指挽弓之力，因此"本挽"应指本艺。据此可知羽林和虎贲之间有地位的上下之分。扩充禁军的同时，还采取了从国人中录用文官的措施。《魏书》卷十九中《任城王澄传》记载：

> 及幸代，车驾北巡，留澄铨简旧臣。初，魏自公侯以下，迄于选臣，动有万数，冗散无事。澄品为三等，量其优劣，尽其能否之用，咸无怨者。

可见似乎大量的北人流入官场。然而此事必定对汉人官僚不利，因此更激化了北人与汉人间的暗斗。

孝明帝神龟初年，冀州大中正、征西将军张彝之子张仲瑀上封事，请求铨别选格，排抑武人，使其不预清流。据《魏书》卷六十四《张彝传》记载，张彝的家族四世奉国，尽忠达八十多年，可借荫出仕，也就是可依门地起家，对此引以自豪。神龟元年，朝廷命令所在职人皆须五人相保，以证身份。这被理解为专门用来约束北人，加上张仲瑀上书，足以激起全体北人的愤怒。神龟二年二月，羽林、虎贲千余人相率袭击张彝宅第，烧死其长子始均，重伤张彝，不久后张彝不治而亡。而朝廷仅将主谋的八人处以死刑，不问其他。此即著名的"羽林之变"。如上所述，之后朝廷为迎合代人，准许武官因资入选。

围绕任官权，北人与汉人的主张背后各有理由。为公平妥善地处理这一实际问题，必须要有一个客观的标准。为此出台的是

吏部尚书崔亮所制的停年格，《魏书》卷六十六本传记载他曾六次
担任吏部郎，三次为吏部尚书，堪称吏部专家。这位专家冥思苦
想提出的方案即停年格，其要旨如下：

> 乃奏为格制，不问士之贤愚，专以停解日月为断。虽复
> 官须此人，停日后者，终于不得；庸才下品，年月久者，灼
> 然先用。沉滞者皆称其能。

其实就是排队等待，从等待时间久的人开始，按顺序依次采用，
可谓是相当公平的方法。然而习惯了特权意识的贵族阶级猛烈抨
击这一方法，《魏书》中也批判道："魏之失才，从亮始也。"虽然
如此，《魏书》中还是记载了崔亮与其外甥刘景安之间的问答，读
过后我们会对他的苦衷深表同情。据崔亮所言，立有军功的勋人
已数量众多，羽林的武人们也被给予了入选的资格。他深知这些
人不谙书计，不适合为官，因此他曾向天子进言，应仅授予其爵
位、厚其俸禄，使他们脱离官职，然而天子并未听从。武人众多，
而官位极少，即便十人共为一官也仍然不够。故而崔亮指出当务
之急是平息武人的不满与怨恨，因此才需要将所有的官职悉数公
开，使其按顺序为官，除此之外别无他法。可见实际事态已迫在
眉睫。另一方面，汉人的退让也是不得已的结果。正因为停年格
是由华北第一名门清河崔氏出身的崔亮提出并执行的，所以汉人
贵族才能勉强接受。

　　但停年格适用的对象并不是朝廷的所有官员，而是限于吏部

铨选范围内，大概是六品以下的下级官吏，主要是确定了任期的地方官。由于汉人的起家官是在正七品的秘书郎以下，因此他们并不能像往常那样毫无障碍地飞速晋升，名门才会不禁发出"贤愚同贯"的感叹。

从代都移居至洛阳的所谓"代迁人"的问题，随着停年格实施，暂时告一段落。而更加困难的问题是如何处置镇人。北魏不断受到来自漠北柔然的威胁，遂于北境设六镇，将北方民族及中原汉人的豪族迁居过去以镇守国境。移居到北边荒凉沙漠中后，不久汉人也被鲜卑化，与北方民族并无二致。最初他们拥有免役的特权，不少人在征战中建立军功，其间名将辈出。但北魏平定华北后偃武修文，不再倚重他们，尤其是孝文帝迁都洛阳后，因六镇距离国都路途遥远，不知不觉间他们仿佛被遗忘了一般。他们也早已失去了进入官场的机会，来自中央的军需输送断绝后，不得不自行耕种来维持生计。有人对此表示厌恶试图另谋他职，然而却被"府户"这一身份所束缚。原来的同族移居洛阳后，成为地方官或武官，赴任六镇，他们依靠官权，无情地对府户横征暴敛。这就导致本是同源的鲜卑人集团，迁往洛阳者追逐成为统治者的繁荣，而驻留北边的镇人、府户集团在比汉人还要悲惨的境地中沉沦。命运的捉弄，令二者之间产生了最为尖锐的对立。（《北齐书》卷二十三《魏兰根传》）

《魏书》卷七十八《孙绍传》记载，孙绍于延昌年间上书天子提出警告，认为将来国家的祸根正是镇守北边之人，结果不幸言中。孝明帝正光四年，爆发了沃野镇民破落汗拔陵的叛乱。朝廷惊慌失措，这才开始制定对策，下令改军镇为州，府户除籍为民，并允许其自愿加入中央军队，可论功行赏。但此时已失去最佳时机。不久叛乱扩大到六镇，东部又发生了葛荣叛乱，朝廷几乎茫然若失，不知所措。

平定这一叛乱、带来短暂和平的是残留在北魏北边的封建势力。北魏建国初，曾赐予不同的北方部族头领酋长、庶长的称号，许其子孙世袭对领土及人民的支配权，称为"领民酋长""领民庶长"。他们与镇人不同，与朝廷的关系若即若离，有时向朝廷朝贡，必要时也会受命率兵从军。朝廷于六镇大乱之际，向秀容的第一领民酋长尔朱荣求援，尔朱荣遂率其族下部民出兵，逐一击破强敌，朝廷授予其大都督、仪同三司，封为博陵郡公。

其后从胡太后杀害孝明帝，到尔朱荣进入洛阳将胡太后沉河，这段时间的事态还算是好的。之后他又杀害了朝士一千三百多人，令后来被他拥立即位的孝庄帝也不明其真实意图，心怀恐惧，表面上将尔朱荣任命为柱国大将军、封为太原王以示尊崇，而事实上是为使他放松警惕，而后召入宫中，将其暗杀。此后激愤的尔朱荣一族杀害了孝庄帝一族，天下再度陷入混乱，出现如战国时期的群雄割据状态。其中，以占据西边长安的宇文泰和以东边邺城为都的高欢这两股势力最为强大，他们均拥立北魏皇室，为争夺洛阳进行了长达数年的血战，依然未决出胜负。北魏就此东西分裂，实质上已然灭亡了。

孝明帝时代起，内乱不断，北魏朝廷的贵族制度不知不觉变得如无根之木，此时官制上出现了值得注意的倾向。社会上再度武人横行，军队实际掌权者则地位颇高，具有很大的发言权。部队长官的职务等级虽并未记载于朝廷官品表上，却可以直接反映武人的地位。比如，上校、中校这样的官衔如同预备役、后备役一般，完全是个头衔而已，获得了也不感激。而团长、营长成为实际指挥部队的现役长官，无疑受到尊敬。这种现役长官的名称成为衡量官品上下的标准，其级别大致如下：

大都督—帅都督—都督—子都督—都将—别将—统军—军主—幢主

州刺史、郡太守均兼本州、本郡的都督，开设都督府。一旦这种职名如官名一般固定下来，便出现了自都督、子都督起家的情况。① 到了唐朝，这一系列的官名被称为"勋官"。虽其名称酷似南朝建立的勋品，但是必须对二者加以严格区分。

十三、北齐统治下的新倾向

东魏不久后为北齐所篡，但北齐相对忠实地继承了孝文帝以后的北魏政治。因此北齐的制度可大致上按照北魏的制度来理解。

---

① 都督起家有以下数例，如《周书》卷二十九《王杰传》"魏孝武初，起家子都督"，同卷《高琳传》"魏正光初，起家卫府都督"，卷三十《赵昶传》"孝昌中，起家拜都督"，卷三十六《裴果传》"魏太昌始，起家前将军、乾河军主"等。因为是军人，所以应如最后一例那样带将军号，但因不受重视，故被省略仅书职名。

不过北齐在进一步推进北魏贵族制度时，却出现了完全不同的情况，这使得贵族制度迅速出现了崩坏的迹象。这一点也是值得我们注意的。

首先汉人社会中的贵族主义依旧盛行，关于门地高下的讨论反复进行。《北齐书》卷四十二的阳休之、卷四十四的刁柔，均以深谙氏族著称，尤其是阳休之任吏部尚书，选用之人妥当地兼顾才地，备受好评。门地的高下是贵族社会最为关心的事情，魏收编撰的《魏书》一书问世时被广泛议论，就是因为对贵族门地的划分不公平。因此，判定门地的中正一职成为人们开始竞相争夺的目标。《北齐书》卷四十三《许惇传》记载：

> 齐朝体式，本州大中正以京官为之。同郡邢邵为中书监，德望甚高，惇与邵竞中正，遂冯附宋钦道，出邵为刺史，朝议甚鄙薄之。

外官是不能成为州中正的，只有《北齐书》卷四十的唐邕是个例外，他曾短暂地以并州大中正担任赵州刺史。《北齐书》卷四十三的羊烈曾经与尚书毕义云竞争兖州大中正，毕义云强调自家的门阀时称，我家累世为本州刺史，而卿家世世为我家故吏。对此羊烈答道：

> 近日刺史，皆是疆场之上彼此而得，何足为言。

羊烈意在说明凭借军功后来居上者，完全无法与汉魏以来传百代之美的旧家相提并论。总而言之，当时贵族社会的共识是，州刺史可以遽然而为，而州的僚属必须由名门担任。

　　州除大中正之外，另有单称为中正者，似乎仅是仕途资历导致的上下差别的问题。《北齐书》卷四十二《袁聿脩传》记载，袁聿脩年十八领本州中正，即为这种情况，不过此事有可能是北魏末年之事。郡也设中正。《隋书》卷二十七《百官志》记载，郡中正被列为太守属官，其任命自然应由太守辟召。《北齐书》卷四十七《宋游道传》记载，宋游道被河南尹李奖辟为中正。州郡的中正不是正式的品官，而是被视作相当于品官的流内比视官。现将《隋书》中的等级整理为表三十五。

表三十五　北齐州郡县中正视品表

州郡县		视正五品	视从五品	视正八品	视从八品
（1）诸州		州大中正	州中正		
（2）畿郡			邑中正		
（3）清都郡	邺			（县）中正	
	临漳				
	成安				
（4）诸郡					（邑）中正

　　上表中（3）本文记为清都郡中正，正如表中所示，应理解为三县的中正。关于县中正此处需做一些说明。北魏末期详定姓族，是由州至郡，又由郡及县，依次往下推广。《魏书》卷一一三《官

氏志》记载：

> 十二月，罢诸州中正，郡县定姓族后复。

若以上引文无脱误，则可理解为朝廷也令郡县的下层豪族区分门地之别，因此才专门委任郡中正负责，为避免州中正干涉，所以一度将州中正罢免。可见贵族制度并不限于贵族上层，也渗透到郡县中，这一点值得注意。《金石萃编》卷二十九"北魏正光三年张猛龙清颂碑"（曲阜孔庙）记载：

郡中正爰孝伯　　　　中正颜文远（下略）
鲁郡士望等　　　孔文憘 韦帝（下略）
鲁县族望　　　　□戬　　□从援（下略）
汶阳县族望　　　鲍黄头 高文景（下略）
阳平县族望　　　吴安世 聂□（下略）

"鲁郡士望"与"鲁县族望""汶阳县族望"之间明显存在着门地差异，士望为公认的郡一流名家，而族望肯定是县内的名家。同时《金石萃编》卷三十"东魏兴和二年敬史君碑"（长葛县）中还可见"都民望""民望"等名称，可能也是豪族的等级划分。不过"都民望"是否相当于前面的"士望"，"民望"是否相当于"族望"，仅凭这些材料尚难以断言。

　　继承了这种情况的北齐，不仅在郡，在县里也设置中正。《通典》卷十四中也说北齐的人事选举大多沿用后魏之制，凡州县均设中正。县中正应不只上表中所见的清都郡下之邺、临漳、成安三县，而是普遍设置于领内各县。正如郡中正由太守辟召，县中正应该也是县令任命的。碑刻铭文中所见的"邑中正"，也许有的即指县中正。但单称"中正"者，应为县中正。

如同前代，中正在参与州郡或县僚属人事甄选的同时，还要就本地出身官员的任官给予最后认定。《北齐书》卷四十五《樊逊传》记载，樊逊与其父祖皆出自无人做官的寒陋门地，无任官经历，他自临漳小吏起家，被大司马襄城王元旭辟召为参军时，樊逊以家无荫第为由固辞，其后被左仆射杨愔辟为府佐时，他也说：

门族寒陋，访第必不成，乞补员外司马督。

"访第"，即任官之际，向地方中正介绍、由其询问门地。其资格称为"荫第"或"姓第"，又或单称为"第"。若无此资格，则中正不能允许其任官的制度依然存续。员外司马督在北齐为从九品官，可能是勋品能够晋升而上的官职，因此樊逊才出此言。不过杨愔特奏请依然任命樊逊为府佐。

北齐的官品于《隋书》卷二十七《百官志》和《通典》卷三十八中均有记载，与北魏官品差别不大。尤其北齐有流内九品，其下又有流外勋品，也分为九品。《隋书》卷十一《礼仪志》据北齐河清中的定制叙述服色，多次提到流外九品以上，据此可知。

北齐继承北魏末年的制度，扩充地方学校。但从《北齐书》

卷四十四《儒林传序》的记载来看：

> 齐制诸郡并立学，置博士助教，授经学生，俱差逼充员，士流及豪富之家，皆不从调。备员既非所好，坟籍固不关怀，又多被州郡官人驱使。

似乎成绩并不理想。博士助教亦非品官，其后有言：

> 诸郡俱得察孝廉，其博士、助教及游学之徒，通经者推择充举。射策十条，通八以上，听九品出身，其尤异者亦蒙抽擢。

此处所言的九品指四门博士（正九品）、太学助教（从九品）。《北齐书·儒林传》中记载，邢峙于天保初被举为孝廉，授四门博士，即为其例。又同传马敬德，初举孝廉而不满，又至州求举秀才，州的预考及第后，上京接受策问，仅得中第，更请试经业，应是重新参加了孝廉的考试。幸而这次十道题目全部通过，被提升为国子助教（从七品）。

马敬德自求举秀才，州刺史对其进行预考之后予以向上推荐，这显示了此后考试制度的方向，此事实不容忽视。这说明秀才考试的难度增大，州刺史为避免承担责任，不敢轻易推荐，而是等待举送毛遂自荐者。据《北齐书》卷四十五《樊逊传》记载，北齐规定下州每三年一次推荐秀才，由此可知，中州每两年一次，上州每年一次。《隋书》卷四十二《李德林传》记载，李德林于天保八年以秀才身份上邺都：

> 时遵彦铨衡，深慎选举，秀才擢第，罕有甲科。德林射
> 策五条，考皆为上，授殿中将军。

可见评分严格而起家官不高。起家官还要参考门地，《隋书》卷
七十六的崔儦因为清河崔氏的出身，能够以秀才身份自员外散骑
侍郎（正七上）起家。《通典》卷十四记载有关于北齐的考试制度：

> 其课试之法，中书策秀才，集书策贡士，考功郎中策廉
> 良。天子常服乘舆出，坐于朝堂中楹，秀孝各以班草对。字
> 有脱误者，呼起立席后；书有滥劣者，饮墨水一升；文理孟
> 浪者，夺席脱容刀。

这与《隋书》卷九《礼仪志》的内容多少有些出入，开头一段所
述考试负责人不同，可能是暂时的制度，其中提到的"贡士"即
为孝廉，"廉良"可能为地方上的上计吏。①之后提到的天子，应
指世祖武成帝高湛。《武成纪》"大宁二年"条记载他亲临朝堂，

---

① 何谓廉良，《隋书》卷九《礼仪志》几乎与《通典》所载相同："后齐每策秀孝，中书
策秀才，集书策考贡士，考功郎中策廉良。""考贡士"应该是"孝廉"二字的讹误。虽
时代不同，北魏孝明帝时，《魏书》卷十三《宣武灵皇后胡氏传》记载"亲策孝秀、州
郡计吏于朝堂"。廉良乃州郡计吏，即相当于上计吏。《隋书》同上卷别处记载："正会日，
侍中黄门宣诏劳诸郡上计。劳讫付纸，遗陈土宜，字有脱误者，呼起席后立；书迹滥劣
者，饮墨水一升；文理孟浪无可取者，夺容刀及席。既而本曹郎中，考其文迹，才辞可
取者，录牒吏部，简同流外三品叙。"本曹郎中应该就是考功郎中。

策试秀才。可见北魏以来，朝廷一方面致力于完善贵族制度，另一方面和贵族制度精神完全相反的考试制度日益严格，出现了根据客观材料进行人事进退的动向，这一点值得注意。如上所述，东魏在高欢统治下，为尚书省选拔右丞时也举行过考试。又《北齐书》卷四十五《樊逊传》记载：

> 八年，诏尚书开东西二省官选，所司策问，逊为当时第一。

即录用中书（集书？）、门下二省之官时也进行过考试。随着考试制度的发达，旧贵族制也不断走向崩坏。

北齐时更出现了导致贵族主义崩坏的特殊现象，即流动资本的兴起开始对选举进行影响。对这一问题，我们必须回到北齐成立之初来重新审视。高欢建立北齐时，自称出自渤海名族高氏，而他实际上是出身不明的鲜卑军人。他依靠个人才能组织起了强大的鲜卑军团，凭借他们的力量平定了华北东部，因此若是不取悦麾下武将则很难维持自己的地位。这些武将大多贪婪放纵，但对此也只能视若罔闻。《北齐书》卷二十四《杜弼传》记载，杜弼认为不能坐视不理，向高欢提出忠告，而高欢答道，若严加管束，武将们会悉数投奔宇文泰，士子则全部出走南梁。立下军功的所谓勋人，刀头嗜血，九死一生，才爬到今天的地位，因此对于他们的些许贪鄙行为，只能选择视而不见。到下一代的高澄时期，高氏的权威逐渐确立起来，如《北齐书》卷三十九《崔季舒传》所说："时勋贵多不法，文襄无所纵舍。"但为时已晚。《北齐书》

中所见，到处皆是官吏贪婪的事实。《北齐书》卷三十《崔暹传》说"天下贪婪"，卷二十四《杜弼传》言"文武在位，罕有廉洁"，卷四十二《袁聿脩传》云"台郎多不免交通馈遗"，卷二十《尧雄传》"于时禁网疏阔，官司相与聚敛"。卷二十五《张耀传》记载中军大都督、瀛冀二州刺史韩轨的州府僚佐及左右皆贪浊，以赃罪受处罚者有百余人。官纪的混乱自然也会波及人事，卷四十六《循吏传序》说，太宁以后，卖官鬻狱之风兴起，及至末年，黩货益盛；卷四十记载冯子琮任吏部尚书，"请谒公行，贿货填积，守宰除授，先定钱帛多少，然后奏闻"。

一旦涉及官位，极易伴有金钱授受，这是随处可见的现象。甚至在南朝的贵族社会，也称地方官为外禄，敛财无数，归来时将"归资"的一部分献给天子，此为惯例。《南齐书》卷三十七刘悛，倾资贡献世祖，到郁林王时贡献减少，郁林王大怒，竟打算杀掉他；卷四十一《张融传》记载，宋孝武帝兴建新安寺时，张融只献上百钱，帝不悦道："融殊贫，当序以佳禄。"遂出其为封溪令，结果他在赴任途中为獠贼所虏，差点被吃掉。不过，南朝贵族社会也有其豪爽之处，买官的报酬都是后付的。北魏已有这种风气，而北齐更甚，用现金交易，先定报酬的金额再买卖官位。这种交易存在问题，而官位被谁买走，则是更大的问题。

《北齐书》卷八《幼主纪》如此叙述北齐末年的弊端：

> 乃赐诸佞幸卖官。（中略）于是州县职司，多出富商大贾，竞为贪纵，人不聊生。

买官者并非名门贵族，而是富商大贾，不得不说这是十分特殊的现象。相同的情况还见于《北齐书》卷十《襄城王淯传》：

> 齐氏诸王，选国臣府佐，多取富商群小、鹰犬少年。

同书卷十四《上洛王思宗传》记载，其弟思好于武平五年起兵反叛之际，寄书并州诸贵，斥责弊政：

> 商胡丑类，擅权帷幄，剥削生灵，劫掠朝市。

又《北齐书》卷五十《恩倖传序》论及齐末倖嬖：

> 西域丑胡、龟兹杂伎，封王者接武，开府者比肩。

综合以上史料判断，明显可知北齐时出现了中国史上前所未有的西域人、商人买官的特殊现象。该如何理解呢？中国历史包含着仅靠中国内部无法解决的因素。因此不能总是用中国来说明中国，用中国来理解中国。我大胆的看法是，当时中国的形势受到了西方的波斯萨珊王朝与东罗马帝国两大势力对立的影响。北齐时代，东罗马帝国与萨珊王朝均处于文化成熟时期，双方频频爆发战争。受战争影响，东罗马与波斯之间贸易断绝，无法购入丝绸的东罗马，意图开辟绕过波斯与东方通商的路线。而这又与北方突厥势力的扩张有关，北方出现了统一政权，即便这个统一政权是由游牧民族建立的，也能够促进东西贸易。恰在此时，一手垄断东西交通的粟特人被突厥征服，甘于为突厥驱使。另一方面，在中国，北魏迁都洛阳，宫廷、王公奢靡的消费生活促进了消费文化的发展，山东齐鲁地区的丝织业也极为繁荣。突厥境内的粟特人从北方迁回进入北齐领地，无疑就是为了寻求这些丝织物。所谓胡商，即指这些粟特人。北齐建国的次年，即公元551年，蚕卵传入东罗马，据此可知当时的东罗马是何等热心地寻找中国的丝织品。丝织品出口西方，当属胡商获利最大，他们积累起巨大财富，而自封邑征收丝织品的王公，及从农民手中收购零散丝物的中间商人也无疑利益均沾。作为出口丝的货款，大量的黄金滋养了北齐社会，出现了意外的经济繁荣。商业势力愈接近政权，就愈有利。如此必然导致买官活动盛行。

那么，这种形势是如何影响旧贵族群体的呢？他们拥有土地和隶民，生产丝织品，自然会享受到经济繁荣带来的恩惠。与此同时，他们又对本来作为他们特权的官位被商人买走一事愤慨不已。他们断定这种事态都应归因于鲜卑军人出身的官吏身上，因而排挤武人。《北齐书》卷三十的高德政常说，宜用汉人，摈除鲜卑。卷二十四的杜弼甚至在答天子问时公然道："鲜卑车马客，会须用中国人。"毫无忌惮。对此鲜卑军人同样反过来憎恨汉人贵族。据《北齐书》卷四十五《颜之推传》收录的颜之推所著《观我生赋》的原注记载："武职疾文人，之推蒙礼遇，每构创痏。故侍中崔季舒等六人以谏诛，之推尔日邻祸。"后来勉强脱身。

总而言之，贵族是保守的，无法迅速应对新形势。他们面对黄金漫天、政商暗结的情况，除茫然失措之外别无他法，而庶民出身的汉人更具适应性。后主的宠臣高阿那肱称尚书郎中源师为"汉儿"，可知他大概出自鲜卑，或为伪装成鲜卑人的庶民出身的汉人。高阿那肱蓄财的情况不见于《北齐书》，而是载于《隋书》卷四十二《李德林传》。据此记载，李德林在北齐灭亡后入隋，出仕高祖，深受信任，上奏高阿那肱原来在卫国县市的店铺八十坯，称此店：

> 枉取民地，造店赁之。（中略）此店收利如食千户。

高阿那肱在县市显眼处营造店铺，租给商人收取租金，获得堪比千户侯的收益。前文中举过食邑千户收入为每年绢三千匹之例，成为房东收取租金收入与之相当。随着这些新兴势力的出现，旧贵族的政治地盘渐被蚕食，双方势力进进退退，一直延续至隋唐。

十四、北周的复古主义

随着令人瞩目的新倾向在东方北齐出现，西方的北周也发展出毫不逊色的重大变化。北魏分裂为东西魏，在东魏灭亡八年之后，宇文氏篡西魏建立了北周。然而这次革命并无太大实际意义，因为从一开始西魏的实权就掌握在宇文氏手中。

北齐表面上全盘继承了北魏的贵族制度，而北周则采取了完全相反的态度，即全盘否定贵族制度。该政策确实有一定的道理，但它令人困惑地否定汉人社会，使之鲜卑化，统治者宇文氏及其身边的鲜卑集团中似乎坚持朝这个方向发展。《周书》卷二记载革命的前两年，即魏恭帝元年时写道：

> 魏氏之初，统国三十六，大姓九十九，后多绝灭。至是，以诸将功高者，为三十六国后，次功者为九十九姓后，所统军人，亦改从其姓。

即要回归北魏立国的精神，如此一来汉人将无立足之地。此时，为与之对抗而提出的方案，是回归更为古老的夷夏未分离的周代之制。首先提倡此方案的是宇文泰的谋臣苏绰。他居然要回归二千年前的周代之制，在嘲笑这个空想政策之前，我们必须先充分体谅其苦衷。虽然无论哪种方案都会否定贵族制度，然而对社会上当时风靡的贵族主义，也确实存在着对其排斥的充分理由。《周书》卷二十三《苏绰传》中记录了其上奏：

> 今刺史守令，悉有僚吏，皆佐治之人也。刺史府官则命于天朝，其州吏以下，并牧守自置。自昔以来，州郡大吏，但取门资，多不择贤良；末曹小吏，唯试刀笔，并不问志行。夫门资者，乃先世之爵禄，无妨子孙之愚瞽；刀笔者，乃身外之末材，不废性行之浇伪。（中略）今之选举者，当不限资荫，唯在得人。苟得其人，自可起厮养而为卿相，伊尹、傅说是也，而况州郡之职乎。

基于这样的精神建立起来的，是颁布于恭帝三年即革命之年的正月拟《周礼》的六官制。此时苏绰已殁，继承其志完成此官制的是《周书》卷二十四的传主卢辩。

据六官制所定的北周官品表，可见于《通典》卷三十九、《周书·卢辩传》卷末。其主要内容是将流内官分为九等，称"九命"。各命又分为二等，结果和过去的正从九品无异，仅数字顺序颠倒，原来的正一品称为正九命，从一品为九命，正二品为正八命，从一品为八命，直至末尾的从九品为一命。这无疑是遵照周官的名称，和梁制十八班一样，它期待产生同以前官品绝缘的效果。

这些官名中，分为发生了新的巨大变化的官名，和几乎原样保留了从前名称的两类。发生变化的是中央政府有实职的官，它们完全按照《周礼》分为"天地春夏秋冬"六官，附以大夫、上士、下士的等级。与之相反，几乎没有变化的是爵位和文武散官，以及地方官的名称。值得注意的是，别将、军主等以前仅作为职名而不被列入官品者，借这次机会列入命官中。这同时意味着这些官职已经散官化。地方官称为"外命"，中央官称为"内命"。

九命之下还有流外勋品，分为九等，称为"九秩"，《北史》卷九"废帝三年正月"条对此记载：

改流外品为九秩，亦以九为上。

但据此不能明确其具体内容。《通典》卷三十九记载：

　　三^①千九百八十九人诸色官，万八千八十四人府史、学生、算法生^②、书生、医生、伜长、虎贲、骁骑、羽林、游击、奉车、驭夫、武环、武候、卜筮、占梦、视寝、相生等人也。

所列举的应是列入九秩的流外官。但是，虎贲、伜长等官名出现于正一命下士中，想来这应是特殊的伜长，普通的伜长没有列入九命之中。北齐、北周的官僚金字塔构造如图五所示。

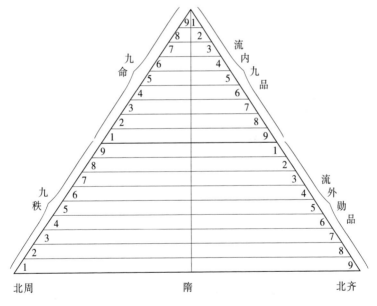

图五　官僚金字塔结构图之五（北齐、北周、隋时代）

---

① 中华书局本《通典》作"二"，校勘记曰据北宋本、明抄本、王吴本改。——编者注
② 中华书局本《通典》作"算生"，校勘记曰据北宋本、明抄本、明刻本删。——编者注

北周政策排斥贵族制度，官不分清浊，这样的话结果只能根据功绩来决定人事的进退。说到功绩，当时常与北齐发生战争，因此最容易想到的功绩就是武勋。《隋书》卷五十一《长孙晟传》云"周室尚武"，卷四十六《张奫传》云"周代公卿，类多武将"。卷六十二《柳彧传》记载，当时"刺史多任武将"。由此可见，无论中央还是地方，长官几乎都由武将占据。这必然造成汉人贵族势力的衰退。

《周书》卷三十二《唐瑾传》记载，唐瑾"未曾十旬，遂迁四职，搢绅以为荣"。而实际上仅是在中大夫这一等级内平迁，级别并不提升。而这样都会受到当时搢绅的羡慕，可见汉人贵族是如何地被压制于底层。当时的实际情况可见于《周书》卷三十四的裴汉于北魏末自员外郎起家，此般名家却八年不得升迁；此外还有卷四十七的黎景熙，任史官十载而不得调动，这样的例子不少。当然即便是汉人，只要建功立业亦可录用为官。西魏末年设八柱国、十二大将军，柱国中有李虎、李弼、赵贵，大将军中有李远、杨忠、王雄等汉人。

虽说排斥贵族制度，事实上彻底执行却有困难。即使是拥有武勋的八柱国、十二大将军，其官位也仅限一代，然而要让他们的子孙没有任何特权、与庶民一样从最低级的官开始做起，根本是无稽之谈。《隋书》卷六十一的宇文述在周武帝时，依父亲的军功起家，官拜开府（九命），其父宇文盛为上柱国。开府乃散官，但官位已经为九命，因此不能授予宇文述太低的实官，他的实际职务是中大夫（正五命）。《隋书》卷六十五中的权武，其父为开

府，在与北齐作战时战死沙场，他以忠臣之子自开府起家。另一
方面《周书》卷三十一记载的梁士彦，有一苍头（仆人）名为梁
默，梁默跟随梁士彦立下军功，周代时位至开府。他们的出发点
即为梁默的终点，两者有着云泥之别。若此制度长期持续，也会
形成另外一种贵族制度。据《周书》卷十六《赵贵传》后面关于
八柱国的记载可知，实际上它已经形成了：

> 当时荣盛，莫与为比。故今之称门阀者，咸推八柱国家云。

从北周至隋唐，迅速形成了完全不同于以往汉人贵族的门阀系统。
自不必说，唐王室即是这八柱国之一李虎的子孙。

　　关于北周的官僚以何标准起家这一问题，遗憾的是完全没有
找到相关记载。以散官起家，也许自九命开府以下均可起家。《周
书》卷三十五的薛胄自帅都督（正七命）起家；《隋书》卷六十二
的元岩从宣威将军（正四命）起家。然而以实官起家似与此不同，
《隋书》卷四十七韦孝宽之子韦寿，以贵公子身份出任右侍上士
（正三命），大概即是起家官。根据列传，自上士、中士起家者居
多，未见大夫以上起家者。

　　虽说北周官不分清浊，可以自由登用人才，但还是承认士庶
之别，士族大概从上士至下士（正一命）起家，而庶民则无疑只
能从其下的九秩出仕。不过只要建功，则可毫无障碍地从流外进
入流内。上述梁默以仆人身份升至开府，入隋后更从大将军升为
柱国。又《隋书》卷六十二的赵绰，周初为天官府史（流外），后

沿着夏官府下士（正一命）、内史中士（正二命）的路线向上晋升。所谓府史，即前述九秩中最靠前的流外官。

学校及秀才孝廉制度因与贵族制度没有关系，因此北周将北魏之制直接保留下来。中央政府的实官几乎全改为大夫、士等古名，唯有学官不同，下大夫级有太学博士（正四命），上士级有太学助教和小学博士（同为正三命），中士级有小学助教，几乎都保留旧名，令人印象深刻。武帝天和二年，更立露门学，置学生七十二人，大概是代替国子学用以教育王公子弟。据《周书》卷四十五《沈重传》记载，天和六年沈重作露门博士，为皇太子讲论。此露门博士亦为下大夫，记载可见于同卷《熊安生传》。

关于秀孝制度，同书卷七《宣帝纪》"宣政元年"条记载：

> 州举高才博学者为秀才，郡举经明行修者为孝廉，上州、上郡岁一人，下州、下郡三岁一人。

这并不意味着该制度从这一年才开始实行，而是因前一年平定北齐，于是以宣帝即位为契机，宣布将在包括新领土在内的全国范围内实行从前的制度。

关于秀才的起家，《周书》卷三十五记载裴肃于天和中举秀才，拜给事中士（正二命），此外几乎没有见到其他记载。至于孝廉，则完全没有看到实例，从上文所引诏书来看，明经中有可能包含孝廉。《隋书》卷六十二记载梁毗在周武帝时期被举为明经，卷五十四的田仁恭以明经任掌式中士（正二命），所指应均为孝廉。不过《隋书》卷四十七的柳謇之，入国子学，以明经擢第，任宗师中士，应指学馆的试经。若所述属实，也是罕见之例。可以说，秀才、孝廉、太学试经的及第者一般自中士起家。《隋书》卷五十六的令狐熙起家后，因通经任吏部上士，大概因其父为大将军，而非因举孝廉。

关中地区为北周领土，除长安附近，并无上层贵族愿意居住的地方。虽有许多大族分布于各地，但都是一些没有接受过贵族文化洗礼的地方豪族，可以说是文化明显落后的土地。因此苏绰、卢辩等人提出的周官制度，虽脱离时代，也勉强能够实行。坚持这个复古方针的宇文氏政权历经西魏和北周，持续了五十年左右，结果也形成了一个传统。该传统能建立并维持下来，依靠的是以八柱国、十二大将军为中心的军阀势力，其上层逐渐门阀化，而实质明显与山东、江南的贵族不同。这个军阀集团消灭了山东的北齐，在之后的隋朝时又平定了江南的陈朝，称霸全国，这必然切实地打击了被征服地的汉人贵族群体。魏晋以来真正的贵族的既得利益开始受到来自各个方面的威胁。

十五、隋代的新制度

北周完成平定北齐的伟业，仅四年之后就被外戚杨坚篡权。杨坚虽建立隋朝，而政局并没有发生大的变动，因为北周宇文氏与隋朝杨氏是属同一集团的军阀贵族，不过是原来的地位低下者现今居上而已。但是，统治者是鲜卑人，抑或汉人，依旧是一个大问题。

　　隋文帝虽略有鲜卑化，但其谱系为汉人。因此没有必要像鲜卑宇文氏那样实行复古北魏立国精神的无聊之举。北周时有三十六国、九十九姓等，甚至授以汉人官僚虏姓，隋文帝将这些统统废除，恢复旧姓。于是，用以建立周官制度的复古主义也将不复存在。持续了三十多年的六官制度，文帝即位后立即下令作废，官名仍依汉魏旧制，但实际上吸收了不少北齐之制。①九命因此改为正从九品，九秩也改为流外勋品。

　　隋文帝最注重实用主义，毫无恢复官品的清浊、流品思想之意。《隋书》卷五十六《卢恺传》云："自周氏以降，选无清浊。"卷七十二《陆彦师传》云："隋承周制，官无清浊。"所言即为此意。如此，隋朝的政界也如同北周，武将横行，《隋书》卷七十五《辛彦之传》云："时国家草创，百度伊始，朝贵多出武人。"

　　于是，隋朝的论功行赏制度开始发达，即散官与散实官制度。散官在汉代早已有之，最初类似候补官僚的集合，其后性质发生变化，逐渐演变为单纯的位阶，实职文武官带散官则可加重头衔；无实职者带散官，则可享受官吏待遇。在南朝，作为武散官的将军号分属其他系统，作为文散官的大夫、员外郎和奉朝请等均直接保留在百官官品表中。北魏的制度是将文武散官均收进官品表，而北周的制度则逐渐发展为区别对待，即中央政府的实官中除学

---

① 北齐制度对隋的影响。《通典》卷二十五"总论诸卿"条云："隋九寺与北齐同（隋氏复废六官，多依北齐之制度）。"卷三十二"州牧刺史"条云："隋雍州置牧，余州并置刺史，亦同北齐九等之制。"可见隋代从中央到地方的制度多延续北齐之制。又有陈寅恪的《隋唐制度渊源略论稿》，是一本论述隋唐制度源于北齐者多矣的优秀论著。

官外，皆改为大夫、士之名，散官原样保留以前的名称。为方便起见，根据《周书》卷二十四《卢辩传》制成文武散官一览表，如下所示。《卢辩传》的官品表与《通典》卷三十九所录一致，根据现下的目标将无关紧要的六官官名一并省略。

表三十六　北周散官表

	散员（文散官）	散号（武散官）	戎秩
正九命		大将军	柱国大将军
九命		骠骑、车骑大将军	开府仪同三司
正八命	左、右光禄大夫	骠骑、车骑将军	
八命	左、右金紫光禄大夫	四征、中军、镇军、抚军将军	大都督
正七命	左、右银青光禄大夫	四平、前后、左右将军	帅都督
七命	太中、中散大夫	冠军、辅国将军	都督
正六命	谏议、诚议大夫	镇远、建忠将军	别将
六命	左、右中郎将	中坚、宁朔将军	
正五命	左、右员外常侍	宁远、扬烈、伏波将军	统军
五命	奉车、奉骑都尉	轻车将军	
正四命	武贲、冗从给事	宣威、明威将军	
四命	给事中、奉朝请	襄威、厉威将军	军主
正三命	左、右员外侍郎	威烈、讨寇将军	幢主
三命	武骑常侍、武骑侍郎	荡寇、荡难将军	戍主
正二命	强弩司马	殄寇、殄难将军	
二命	武威司马	扫寇、扫难将军	
正一命	殿中司马、员外司马	旷野、横野将军	
一命	淮海、山林都尉	武威、武牙将军	

上表中，列入戎秩的是应被列入武散官的一些名号，它们不见于以往的将军号中，在柱国以下形成一个系列，这一点值得注意。如前所述，在北魏末期，这些是实际的职务名称而非官名，然而不久就化身为不一定拥有通常性职务内容的散官头衔，随着散官化，它们被记入北周的官品表。不过这种新散官可以直接平移为实职，因此具有很强的候补武官性质，与从前那种单纯是头衔的武散官不同。隋文帝将之列入其他系统，命名为散实官。《隋书》卷二十八《百官志》记载：

> 高祖又采后周之制，置上柱国、柱国、上大将军、大将军、上开府仪同三司、开府仪同三司、上仪同三司、仪同三司、大都督、帅都督、都督，总十一等，以酬勤劳。（中略）凡上柱国已下，为散实官。

大将军及开府仪同三司是古来已有的官名，加入其中形成了散实官的系统。这些散实官可以说如同勋章，之后经隋炀帝改动，又为唐朝继承，称为勋官。

关于其他的散官，以上引文接着说道：

> 又有特进、左右光禄大夫、金紫光禄大夫、银青光禄大夫、朝议大夫、朝散大夫，并为散官。

此为文散官，其下还有郎以下的文散官。据《唐六典》卷二记载：

隋开皇六年，始置六品已下散官，并以郎为正阶，尉为从阶；正六品上为朝议郎，下为武骑尉。

以下省略。关于武散官，《隋书·百官志》记载：

六品已下，又有翊军等四十三号将军，品凡十六等，为散号将军，以加泛授。(中略) 军为散号官。

将散实官、文散官和武散官分为三个系统，即以下表三十七、表三十八所示。

表三十七　隋文帝时代散官、散实官表（五品以上）

官	散官	散实官
从一品		上柱国
正二品	特进、左光禄大夫、右光禄大夫	柱国
从二品	金紫光禄大夫	上大将军
正三品	银青光禄大夫	大将军
从三品	朝议大夫	上开府仪同三司
正四品	朝散大夫	开府仪同三司
从四品	谏议大夫	上仪同三司
正五品	员外散骑常侍	仪同三司
从五品	员外散骑侍郎	上大都督

表三十八　隋文帝时代散官、散实官、散号将军表（六品以下）

官	散官		散实官	散号将军	
	文	武		上	下
正六品上、下	朝议郎	武骑尉	大都督	翊军、翊师	四征、内军、镇军、抚军
从六品上、下	通议郎	屯骑尉	帅都督	四平、前后左右	冠军、辅国
正七品上、下	朝请郎	骁骑尉	都督	镇远、安远	建威、宁朔
从七品上、下	朝散郎	游骑尉		宁远、振威	伏波、轻车
正八品上、下	给事郎	飞骑尉		宣威、明威	襄威、厉威
从八品上、下	承奉郎	旅骑尉		威戎、讨寇	荡寇、荡难
正九品上、下	儒林郎	云骑尉		殄寇、殄难	扫寇、扫难
从九品上、下	文林郎	羽骑尉		旷野、横野	偏、裨

　　如上表所示，由于各自设立的原因不同，因此整体来看很不齐整。位于散实官上层的柱国称号，最初授予了平定北魏六镇葛荣叛乱、立下回天之大功的尔朱荣，为北周以来最受重视的称号。据《隋书》卷三十七《李敏传》记载，李敏为上柱国李崇之子，且为文帝女乐平公主之婿。公主为李敏向文帝求官，并告诫李敏说如果授予的不是柱国，就不要接受。文帝召李敏，先拜为仪同，李敏不应，又予以开府，亦不答，最后封为柱国，李敏方才拜谢。散实官实行任子之制，据《隋书》卷七十三《梁文谦传》记载，梁文谦为上柱国（从一品）嫡子，依例授仪同（正五品）。这些也与纯粹的散官不同。

　　文帝之后，炀帝即位，他将散实官及散官全部整合制成散职的官品表，并将开府置于最高位的从一品，废柱国、都督、将军等官名，统一为大夫和尉。其散职表如下所示。

表三十九　隋炀帝散职表

	散职
从一品	开府仪同三司、光禄大夫
正从二品	左光禄大夫、右光禄大夫
正从三品	金紫光禄大夫、银青光禄大夫
正从四品	正议大夫、通议大夫
正从五品	朝请大夫、朝散大夫
正从六品	建节尉、奋武尉
正从七品	宣惠尉、绥德尉
正从八品	怀仁尉、守义尉
正从九品	奉诚尉、立信尉

散实官及散官，不论文武皆授予实职，但依惯例有一定规则。《隋书》卷七十三《柳俭传》记载：

> 于时以功臣任职，牧州领郡者，并带戎资，唯俭起自良吏。帝嘉其绩用，特授朝散大夫，拜弘化太守。

炀帝末年，隋朝早已名存实亡，唐兴之际，又恢复了隋文帝的官制。改散实官为勋官，将其中的开府改为轻车都尉，开府仪同改为骑都尉，上大都督以下改为骑尉。又将开府置于文散官之首，恢复将军号，分为勋官、文散官、武散官三个系统。再加整理，即形成了《唐六典》及新旧《唐书》中所见的制度。然而入唐后，三者地位发生了变化，散官另外成为实职者所带名号，勋官可自身独立，甚至可以作为从军的奖赏授予普通兵卒，与流外勋品并无区别。现将唐初的勋官、散官制成表四十。

表四十　唐初散官、勋官表

官	文散官	武散官	勋官
从一品	开府仪同三司	骠骑大将军	
正二品	特进	辅国大将军	上柱国
从二品	光禄大夫	镇军大将军	柱国
正三品	金紫光禄大夫	冠军大将军	上护军
从三品	银青光禄大夫	云麾将军	护军
正四品	正议大夫、通议大夫	忠武将军、壮武将军	上轻车都尉（旧上开府）
从四品	太中大夫、中大夫	宣威将军、明威将军	轻车都尉（旧开府）
正五品	中散大夫、朝议大夫	定远将军、宁远将军	上骑都尉（旧上仪同）
从五品	朝请大夫、朝散大夫	游骑将军、游击将军	骑都尉（旧仪同）
正六品	朝议郎、承议郎	昭武校尉、昭武副尉	骁骑尉（旧上大都督）
从六品	奉议郎、通直郎	振威校尉、振威副尉	飞骑尉（旧大都督）
正七品	朝请郎、宣德郎	致果校尉、致果副尉	云骑尉（旧帅都督）
从七品	朝散郎、宣义郎	翊麾校尉、翊麾副尉	武骑尉（旧都督）
正八品	给事郎、征事郎	宣节校尉、宣节副尉	
从八品	承奉郎、承务郎	御武校尉、御武副尉	
正九品	儒林郎、登仕郎	仁勇校尉、仁勇副尉	
从九品	文林郎、将仕郎	陪戎校尉、陪戎副尉	

隋朝的当务之急是应如何统治北齐旧土，这是从北周起就一直持续认真思考的问题。要统治新领土，就必须任用当地的人才，此为自古以来的定律，连夷狄出身的北魏道武帝也如此实行过。因此北周武帝平定北齐之后，立即下诏给山东诸州，命令每州举明经干治者二人；继而命令各县举荐有才干者，上县六人，中县五人，下县四人，更使山东发遣明一经以上的儒生。翌年，宣帝即位，下诏令伪齐七品以上官员，已敕收用，八品以下流外官欲入仕者，皆听预选，降二品授官。第三年即为隋文帝开皇元年。

入隋以后，录用山东人才这一政策虽并无改变，但开皇三年，中国地方制度史上发生了划时代的变革。这就是废郡，开始实行由州直接统辖县的制度。如此发展自然有其理由，即魏晋以来州和郡都不断分裂，数量增多。根据《隋书》卷二十九《地理志》记载，北周末大象二年，华北有州二百一十一个，郡五百零八个，县一千一百二十四个。平均下来一州管辖两郡有余，一郡管辖两个多县。因此即便废除中间的郡，一个州也不过管辖大约五个县。这是实用主义者隋文帝自然会想出的结论。这场改革的背后，隐藏着两大目的：一是整顿冗员，二是压制贵族制度。

关于这场改革的经过，滨口重国博士发表于《加藤博士花甲纪念东洋史集说》的《论隋朝废除乡官》一文最为中的，因此下面将借用这篇论文来展开讨论。北魏的地方制度是在州郡县之上设都督府，北魏末年开始以州刺史兼任州都督，一府一州现象普遍。《北齐书》卷十八《高隆之传》记载：

> 魏自孝昌已后，天下多难，刺史太守皆为当部都督，虽
> 无兵事，皆立佐僚，所在颇为烦扰。

甚至郡太守都可有府。自古以来，地方长官均由中央任命，而府州僚属，如《周书》卷二十三《苏绰传》所说：

> 刺史府官则命于天朝，其州吏以下，并牧守自置。

都督府的长史、司马等府官由中央任命，州的别驾、治中以下则由刺史辟召，郡亦如此。北齐应该也是相同情况。然而，早在北魏末就逐渐兴起了上层州官（即纲纪）由中央任命的风气。《北齐书》卷四十记载，赫连子悦于孝庄帝永安中凭军功被任命为济州别驾，这只能是中央任命的。北周《庾子山集》卷十五《周大将军闻喜公柳遐墓志》中亦有记载：

> 敕用君为本州治中。

所谓"敕用"即根据天子之敕由中央任命，若治中为"敕用"，则其上别驾更应为"敕用"。北齐也是同样情况，《北齐书》卷三十八赵彦深任尚书郎，但因门地寒微而被改出为沧州别驾，本来别驾多是州刺史辟召名门望族担任，因此这一任命应出自中央。《隋书》卷七十五《刘炫传》记载：

> 往者州唯置纲纪，郡置守丞，县唯令而已。其所具僚，
> 则长官自辟，受诏赴任，每州不过数十。

这说的应是北周至隋初的实际情况。在这一点上，北齐末年更进一步，甚至连郡官也由中央派遣。据《北齐书》卷八《幼主纪》记载，幼主令诸佞幸卖官，分配给他们郡守县令职位若干，之后说道：

> 下逮乡官，亦多降中者，故有敕用州主簿，敕用郡功曹。

此处所说的"乡官"，应为州郡官之意，"乡"字当时屡被用作指代州或郡。[①]

　　隋文帝的地方制度改革，不仅废郡，且连府一并废除，[②]因此一时间失业者剧增。不止如此，他还趁此机会将过去由长官辟召的州县上级僚属，全部改为由中央派遣品官担任。但是，其中原来由中央任命者可返回中央参加吏部铨选，而由长官辟召者则安

---

① 乡官的"乡"，常用作州或者郡的意思。例如《北齐书》卷四十二《袁聿脩传》"出除信州刺史，即其本乡也"，《周书》卷三十七《郭彦传》"大统十二年初，选当州首望，统领乡兵"，都是州和乡同义的事例。《周书》卷二十二《柳庆传》："僧习为颍川郡，地接都畿，民多豪右，将选乡官，皆依倚贵势，竞来请托。"是郡和乡同义的事例。

② 军府的废止。隋文帝在废郡的同时也废止了军府，《通典》卷三十三"总论郡佐"条云："隋初以州为郡，无复军府，则州府之职，参为郡官。"这里使用了两个"郡"字，应理解为直接管理县的衙门。名目虽然不同，但实质应当作郡。因此隋炀帝时将州名改为郡名。

置为乡官，似乎暂且给他们以原官待遇，令其谋求仕途。此事见于《隋书》卷二十八《百官志》：

> 罢郡，以州统县，改别驾、赞务，以为长史、司马。旧周、齐州郡县职，自州都、郡县正已下，皆州郡将县令至而调用，理时事。至是不知时事，直谓之乡官。别置品官，皆吏部除授，（中略）十五年，罢州县乡官。

以前由长官辟召的官吏先是被转为无实职的乡官，之后又被废止。在上述开皇三年至开皇十五年之间，开皇九年还发生了平定南陈的大事件。陈朝境内当然也实行与华北相同的政策，废郡，以州统县，冗员全部退为乡官。

这项改革意义重大，且不仅在于改革地方制度方面。在以往的贵族制度中，州郡僚属的辟召制度正是贵族所倚据的大本营，尤其是州官为一流贵族把持。他们作为当地土著势力，故而比中央任命的刺史更为尊贵。若中央不优待贵族，则贵族就不会勉强出仕，而是满足于担任州官，并趁机培植自己的势力。其间若时机来临，得到朝廷重用，则接受礼遇而出仕。华北的贵族群体就是采用此战术应对五胡十六国持续到北魏的乱世，忍耐这样的艰难局面，才得以维持贵族的特权。然而，隋文帝为了有效地统治新领土，首先必须驱除盘踞在州郡的贵族势力，因而彻底废除了贵族仰赖为最后根据地的州郡僚属辟召制度。不必赘言，废除辟召制度即意味着不用当地人，贵族以后就不可能出任本地僚属了。

　　文帝的最终目的在于打破州县的封建势力，形成中央政令能够原原本本直达末端的体制。若地方长官或者僚属长期居于任地，也会向着土著势力演化，那么，一切又将如旧。因此隋朝同时规定了地方官的任期。《隋书》卷二十八《百官志》记载：

> 每岁考殿最。刺史、县令三年一迁，佐官四年一迁。

长官以六年或者三年为任期，为南北朝一贯的制度，然而对参佐僚属任期的规定是自此开始的。为了更加彻底地贯彻该制度，《隋书》卷二十五《刑法志》记载：

> 上又以典吏久居其职，肆情为奸。诸州县佐史，三年一代，经任者不得重居之。

下级胥吏的任期也以三年为限，同样的规定还可见于《隋书》卷二《高祖纪》"开皇十四年"条。僚属中的品官之后改用外乡人，但佐吏无疑仍使用本地人。①正是此时，地方衙门中品官与胥吏的

---

① 佐史与佐吏。《隋书·刑法志》作"州县佐史"，同一事在《隋书》卷二《高祖纪》"开皇十四年"条则记作"制州县佐吏，三年一代，不得重任"，为"州县佐史"。佐史、佐吏皆通，但《隋书》中多言"佐史"，《通典》中多用"佐吏"。地方衙门中品官与佐吏的区别从北齐时代就已经分明，《隋书》卷二十七《百官志》"北齐"条云"上上州，府州属官佐史合三百九十三人"，将属官和佐史对列；卷二十八《百官志》"隋"条记同类事为："雍州置牧，属官有别驾赞务（中略）等员，并佐史合五百二十四人。"如此，属官之员与佐史相对。

身份开始截然有别，这在中国地方制度上是一个划时代的大转变。

与此同时，文帝厉行考课，若偶得循吏则礼遇优待，无所不至。这样的事迹在《隋书》卷七十三《循吏传》及卷四十三《杨达传》中皆有记载。

要说文帝的这些政策是否达到了预期目的，《隋书·循吏传序》在记载循吏之前，先对当时的情况进行了讽刺：

> 绝亿兆之命，遂一人之求者，谓之奉公，即时升擢。其或顾名节，存纲纪，抑夺攘之心，以从百姓之欲者，则谓之附下，旋及诛夷。

当然这是针对炀帝而言，但也不能断言文帝时绝无这样的现象。自古以来的史家都认为是隋炀帝的恶政使天下大乱，并且也为他招致了杀身之祸的悲剧。但我认为事实上文帝断然实行的地方制度也难逃其咎。

北魏在州之上设都督诸军事，有都督诸州诸军事与都督一州诸军事。这一官名见于太和前令，都督诸州为正二品上，都督一州为从二品下。此官在后令中不见踪影，但并没有消亡，而是成为官职名称，因此其官品应该是通过所带的将军号来体现。如前所述，孝明帝孝昌以后，刺史兼任当州都督，因此，如果要正确写出刺史的头衔，则应按《金石萃编》卷三十《东魏兴和二年敬史君碑》那样的方式，写作：

使持节都督颍州诸军事、骠骑将军、颍州刺史、当州都督崔叔仁。

可能是都督诸军事指挥中央军队，当州是都督指挥州兵的头衔。然而《魏书》卷一一三《官氏志》又说：

永安已后，远近多事，置京畿大都督，复立州都督，俱总军人。

当州都督之下又设州都督，总领州的属兵。然而，州都督并非府官，似乎是州刺史管理下的州官，因此应由州刺史辟召，同时要求为本州人。《周书》卷三十九《皇甫璠传》记载，永安中辟皇甫璠为州都督，当指此事。据记载州都督应有二人，前引《敬史君碑》中可见以下名字：

颍州郡丞孟延和。（中略）州都陈始和。（中略）州都郭德虬。

州都即为州都督。又在《金石萃编》卷三十三的北齐《西门豹祠堂碑》中，司州牧清河王岳之下有"州都渤海高叡、州都魏郡元韶"二人之名。因为是司州，所以不问属官籍贯。此制一直延续至隋初，《隋书》卷四十六《韦师传》记载，晋王为雍州牧，辟司空杨雄与尚书左仆射高颎为州都督。《通典》卷三十二"总论州佐"

条将其略称为州都。①但《通典》如果是按照晋代的思路将此州都视为大中正的话，则为谬误。

又有州都督相关记载，见于《周书》卷二十三《苏椿传》：

> 十四年，置当州乡帅，自非乡望，允当众心，不得预焉。乃令驿追椿领乡兵。

这种情况为中央任命，苏椿当时为帅都督，因此大概也称为州帅都督。②《周书》卷三十七郭彦、卷三十九韦瑱的例子与此相似，二人均领乡兵。这些乡兵比较接近于警察队。

州下面的郡设郡尉，县设县尉，隋初将其分别改为郡正、县

---

① 州都的问题。关于隋代废止乡官的记录，古来很多史家将其解释为废止乡亭一职，我对此抱有疑问，在《史林》二十一卷一号的《读史札记——汉代的乡制》（收录于全集第十七卷）中解释为废止中正。因此我在前文中一直将州都、郡正、县正理解为州中正、郡中正、县中正。之后，浜口重国博士在《加藤博士花甲纪念东洋史集说》中发表的论文《论隋朝废除乡官》，指出废除乡官是普遍地废止州县的属官辟召。这个说法是正确的，但仍然遗留州都是什么的问题。最近，福岛繁次郎收录于《东洋史学论集》的《隋朝州都考》，及《滋贺大学学艺学部研究论集》所收录的《北齐课试制度考》两篇论文进行了论述，如果我没有读到它们的话，也许会延续过去的错误。福岛氏的论文启发了我，我的结论是州都乃州都督，郡、县正为郡、县尉，都相当于警察的长官。《通典》卷三十三"总论县佐"条开头"隋炀帝改县尉为县正"一句恐怕不能作为依据，而应从其后的"北齐郡县置三尉，隋改为正，后置尉"。即隋初文帝时将郡正、县正改为郡尉、县尉，在废除郡的同时，郡、县正滑落至乡官，另由中央派遣品官为县尉。如果这样的话，则州都、郡县正与中正无关。但是我最初提出的开皇十五年中正被废除这一结论并无错误。

② 州都的阶级。作为州官的州都督会根据其人经历作"帅都督"或"大都督"。《周书》卷三十九《韦瑱传》云："以望族兼领乡兵，加帅都督。"这是州都督作帅都督的事例。《新唐书》卷七十三"东眷韦氏"条记韦鸿胄为"后周仪同三司、本州大都督"，则是州都督作大都督的事例。但两者略称时大概皆是"州都"。本文所引用的杨雄、高颎等大人物，也单称作"州都"。

正，都是类似警察局长的职务。北魏末以来，不将州都督作为府官而是作为州官，以本地人充之，令其统领乡兵，此中别有深意。为了维持地方治安，选择精通本地事务、人脉又广的当地人作为长官，是最为有效的。并且州中贵族与豪族也会明里暗里表示支持，保证了一方安宁。正是因为有这样的合作关系，才可能继续维持奴婢及部曲等制度。然而文帝破坏了这样的组织，所有的州县僚吏均由中央直接派遣外乡人空降，去负责困难的警察工作。若是在太平时期尚可，但当时的天下形势并不像天子坐在宫里想象得那么乐观。确实中央派来的官僚能充分理解中央的意图，更好地服从中央命令，然而如果以为这样就能立即实现中央集权的话，就大错特错了。中央政府应该掌握的是人民，而不是官僚。无能的官僚无论多么顺从中央，都有无济于事的时候。炀帝征伐高丽失败后，地方疲弊，叛乱四起，新制度下地方官僚的无能暴露无遗。以往盗贼的抓捕易如反掌，现在却变得艰难，只能任其肆意猖獗，叛乱因此慢慢扩散开来。或许这其中混杂了一些贵族不满分子。隋朝好比驱逐了已驯服的熊，却又无法控制横行的野狼，只好在混乱中自取灭亡。

可以说过于急躁的地方制度改革加速了隋朝的灭亡，贵族在这场革命中受到了切实的伤害。自此以后，贵族日渐走向衰落。不过换个角度来看，也可以说隋朝之所以能够断然实施如此大胆的地方制度改革，是因为改革之前贵族势力已经被周围恶劣的环境重创，开始走上没落之路，因此，改革才成为可能。前面已经提过，北齐时代，旧贵族群体在经济上遭遇动荡，其地盘为新兴商人阶级扰乱。自上而来的政治权力与自下而起的新兴势力对旧贵族的攻击，入隋后依然持续。这期间，代表旧贵族势力的清河崔氏值得注意。清河崔氏在《隋书》中，唯有崔儦一人于卷七十六《文苑传》中留下了记载。他在北齐灭亡后出仕隋朝，隋朝权臣杨素看重其门地，为儿子杨玄感娶其女为妻。杨素出自华阴杨氏，是声名显赫的豪族，然而这桩婚事并非门当户对的联姻，而是掌权者与名门的政治婚姻。此外，据《隋书》卷八十《列女传》记载，崔儦之女为赵元楷之妻，这是因为赵元楷之父看重崔氏门望而以厚礼聘娶，可以说是买婚。当时应该给了崔儦不菲的聘礼。如此，崔儦将一个女儿嫁与当权者，一个女儿卖与金钱，可谓视门地为待沽之奇货。此风气延续至唐代。这种情况下，买方往往比卖方强势。因为贵族想保有昔日的风光，唯有出卖门地维持生活；要想另辟蹊径，则必然要将人生重新来过。因此他们除了化身为忠诚的中央官吏外，别无他法。

十六、中正的终结与科举的成立

一旦州郡僚属不用本地人的原则成立，中正自然亦不能成为例外。自北周以来，中正的任务已消失了大半。因为北周不认可官分清浊，不允许贵族特权，因此在中央任官时就没有必要让本地的中正来为其担保身份，这种情况下中正也无法使用否决权。中正只剩下参加地方僚属人事甄选这一职务，这也是以不承认贵族制度为方针，不必了解姓族谱系，只需作为长官的僚属工作即可。也许是由于其职务重要性的下降，相应地，关于北周时中正的历史记载也寥寥无几。唯有《庾子山集》卷十四《周上柱国宿国公河州都督普屯威神道碑铭》中记载，普屯威于建德四年任河州大中正，以及《新唐书》卷七十二上《宰相世系表》"丹阳李氏"条所记载的李崇义为后周雍州大中正等两三条史料。及至隋代，开皇三年中正滑落为乡官，因此其存在时间较短，只留下《新唐书》卷七十二中《宰相世系表》"中山王氏"条王元季任隋大中正的记载。《宰相世系表》"中山王氏"的这一记载承蒙宫川尚志先生赐教。《新唐书》卷七十二上"襄阳杜氏"条记载，杜顒与其子杜景秀二代均任北周刺史，杜景秀之孙杜淹为本县中正，应为北周或隋代之事。据此我们可知，西部也像东部的北齐一样在县里设中正。

北周时，选官之际若无须身份担保，州郡中正应该也就失去了存在的必要，只是仅作为一个头衔保留下来。普屯威任刺史、都督，兼州大中正，这一职务在甄选僚属时稍稍起些作用。然而隋代以后州县官由中央任命，中正则毫无事务可处理了。换言之，中正作为州县僚属，因此与其说中正与其他僚属一起被弃置，不如说是因为其职责的消失令官职本身消失了更为妥当。因为其他僚属过去的职责由中央新派来的品官接替，而中正并无任何事务转交。但品官以下胥吏的人事必须有人负责，此时功曹参军取代以往的功曹书佐，掌管了人事。曹魏当初设置的中正，维持了三百六十多年后，最终消亡了。《通典》卷十四注有言：

　　　　九品及中正，至开皇中方罢。

然而九品官人法，在魏晋确立之初，与中正权限逐渐缩小的末期，其内容有天壤之别。

隋文帝的地方制度改革必然也会对秀才孝廉制度造成很大影响。如果所有的地方僚属都由中央派遣，则中央每年必须调动庞大的人员数量，为此必须掌握大量的预备官僚。而且，若其人选由中央负责，就必须进行某种形式的资格审查。何况中央的方针在于打破以往的贵族制度，门地不再是为官的条件，因此必须进行完全基于个人才能的资格认定。这必然要扩大过去也曾实施过的考试制度，这种变化可谓是能够与九品官人法的确立相提并论的大变革。

此外秀才孝廉的名称也必须进行变更。自汉代以来，一直都是州举秀才、郡察孝廉，而现在郡已经废除了。这不仅仅是名称问题，而是推荐的主体必须由过去的州、郡两种途径并行变为州这一种途径。关于上述变化，《隋书》卷一《高祖纪》"开皇七年"条记载：

> 制诸州岁贡三人。

此处所说的"制"，并非临时命令，而是永制、常制之意。其次，每年州举三人的数目也与以前不同。以前规定上州每岁举秀才一人，上郡每年察孝廉一人，与州郡的大小成正比，而开皇七年之制对各州一视同仁。然而不同的仅是数量吗？事实似乎并非如此。此时应该已经形成了唐代那样的科目制。首先，在岁贡里确有秀才。《隋书》卷七十六《文苑传》记载杜正玄、杜正藏兄弟被举为秀才，即为一例。其次，明经在隋代业已存在。《旧唐书》卷七十五、《新唐书》卷一〇三《韦云起传》记载，他于开皇中举明经，即是此种情况。再次，进士从开皇中开始也已存在。一般认为进士科为炀帝大业年间设置，这种说法基于《新唐书》卷四十四《选举志》中杨绾所说的进士科起于隋大业中，《文献通考》也采用此说，其实是错误的。因为《旧唐书》卷六十六、《新唐书》卷九十六《房玄龄传》均有记载，房玄龄十八岁举进士，这是开皇十五年之事。《新唐书》又说数年后他受汉王谅叛乱牵连，因此其进士及第的年份应在开皇中，这是不可动摇的事实。

既然开皇年间已存在秀才、明经、进士等名目，那么它们应为开皇七年之制所定，而且可推断皆为科目之名。因为当时推荐主体已经统一在州一级，不可能像过去那样根据推荐的主体是州或郡，再以不同的名目推举人才。那么，各项科目的内容又有怎样的不同呢？

秀才自古推举的便是高才博学者，在隋朝也是一样。《隋书·杜正玄传》记载：

> 开皇末举秀才，尚书试方略，正玄应对如响，下笔成章。

由此可知，秀才需问方略策，与唐代相同。明经自然考的是经学，相当于过去的孝廉。孝廉试经学，这一点在前文中已多次举出实例。但必须指出的是，明经在北周时期便已自孝廉中独立出来，成为一个单独科目。《隋书》卷六十的崔仲方，在北周初年通过明经成为晋公宇文护的参军事，《隋书》卷六十二的梁毗也在周武帝时被举为明经。这应当是同孝廉有别的临时性选举，也就是所谓的制举。北周时期，尤其是在平定北齐之后，下令从山东举明经，或是明一经以上的读书人。总而言之，隋时的明经，在性质上同后来唐的明经已一般无二。

由此，我认为第三项的进士，也和唐代一样是考查文学的。就像是把经学称为明经或经明一样，文学以前便常常被用作学科的称呼。《周书》卷三十九《辛庆之传》中提到：

> 少以文学征，诣洛阳，对策第一，除秘书郎。

此为北魏末年之事。附传中还提到，辛庆之的族人辛仲景也在十八岁时举文学，对策高第。这应当和后世的制举一样，是临时性的选举。这种趋势在进入北周后也依旧，据《周书》卷四十二《萧撝传》中记载，他被迎入露门学担任文学博士。过去的学校有传授经学的任务，但在露门学中不仅设立了经学，还设立了文学。可能是文化较为落后的关中地区，更加需要鼓励文学的学习。尤其是在北周世宗明帝之后，好学之风渐起，在教育贵族的露门学中设立文学科也是可以理解的。而《隋书》卷五十八《魏澹传》记载，魏家世代以文学为自业。由此推断隋代的进士考查的是文学，这一点应当无误。

这些贡士的成绩以及起家官职是如何确定的，由于没有多少实例，所以还不好说。前文提及，韦云起以明经任符玺直长（从七上），如果这是起家官的话，则是最高的。房玄龄以进士任羽骑尉（从九下），《隋书》卷七十六《杜正藏传》中记载，杜正藏以秀才任纯州行参军（正九上至从九上），同卷还记载了王贞以秀才任县尉（从九上到从九下），卷五十八《陆爽传》后附的《侯白传》记载侯白以秀才任儒林郎（正九上）。由以上各例来看，大多为九品官。总之，起家官职较低，是因为当时隋朝廷需要大量的下级官吏。唐朝的秀才、明经、进士三科的成绩与起家之间的关系，如表四十一所示。

表四十一　唐代科举起家官品表

科目	正八上	正八下	从八上	从八下	正九上	正九下	从九上	从九下
秀才	上上	上中	上下	中上				
明经				上上	上中	上下	中上	
进士							甲	乙

换言之，唐朝把进士置于三科中的最低层。虽不能以唐朝的情形一概地推论隋朝，但恐怕进士科是隋新设的科目，而新设此科的目的似乎在于能够随时任用最基层的县尉，故而可以认为，是按照秀才、明经、进士这样的上下顺序排列的。

那么，归根结底，科举这样按科目选拔人才的考试，可以说是形成于隋代开皇年间。虽然我曾对科举始于隋代这一常见说法抱有疑虑，其实只是因为对"开设进士科标志着科举开始"的论调感到排斥。然而唐代最为重要的秀才、明经、进士三科既然在隋代已齐备，那也不得不承认实际上隋代确有科举。过往定论便也无须修订了。

科举也被称作常举，顾名思义，这是一种定期举行的选举。与之相对的则是临时性的人才选拔，后世称之为制举。常举与制举的区别也是在隋代开始明确的。值得注意的是，在文献中称制的是常举，称诏的乃制举。下诏选拔人才的例子可见于《隋书》本纪开皇十八年七月丙子诏、仁寿三年七月丁卯诏、大业五年六月辛亥诏、大业十年五月庚子诏等。现引大业五年诏如下：

> 诏诸郡，学业该通才艺优洽，膂力骁壮超绝等伦，在官勤奋刊理政事，立性正直不避强御四科举人。

唐代出现了制举的称呼。《新唐书》卷四十四《选举志》将其定义为：

> 其天子自诏者曰制举。

此处想要附加说明的是，有说法认为隋朝的秀才科是非常难考的，事实也确实如此，但此说的论据却将秀才和制举的秀异混淆了。《隋书》卷七十六《文苑传》中记载：

> 弟正藏，（中略）弱冠举秀才，授纯州行参军，历下邑
> 正。大业中，学业该通，应诏举秀才〔异〕。兄弟三人俱以
> 文章一时诣阙，论者荣之。

此段中的第二个"秀才"，应为"秀异"之误。因为曾经举秀才的官员是不可能第二次被举为秀才的。且文中提及是应诏举荐，而应诏举荐的人才并不属于常举的秀才。《文苑传》下面接着说：

> 有隋总一寰宇，得人为盛，秀异之贡，不过十数，正玄
> 昆季，三人预焉。

由此可知此时制举的科目应为秀异①。或者也可将此处的秀异称作大业五年诏书中的"学业该通"。若不将其理解为制举，"得人为盛"也无从谈起。《文献通考》卷二十八以及《旧唐书》卷七十、《新唐书》卷一〇六《杜正伦传》没有注意到这个文字的错误，直接记作终隋一朝所举秀才不过十数、杜正玄一门三秀才，对后世的误导就太过严重。在此我也必须承认，自己也曾经是受害者之一。

如此来看，隋朝开皇年间是中国选举制度发生重大变革的时期。九品官人法和中正制度被废止，科举取而代之，登上了历史舞台。然而，回首仔细想来，若单纯将九品官人法理解为按照九

---

① 关于秀异。隋代的秀异是制举的科目，《新唐书》卷九十五《窦威传》记载："内史令李德林举秀异，授秘书郎，当迁不肯调者十年。"李德林任内史令是在隋开皇初年至开皇十年间，因此窦威被举为秀异必然不和杜正玄在同一时期。

品官制选用人才，而不特别要求中正所定的乡品，那么在这层意义上，九品官人法一直持续至后世，只要九品官制存在，它就一直存在。同时，若将科举单纯理解为按科目进行考试的制度，则秀才、孝廉在某种意义上也是科目，就可以说是始于汉代。如此一来，开皇新制也不过是改变九品官人法的形态，对秀才、孝廉制度加以改进罢了。而且从原理上而言，也正是如此。时至今日，我们依旧忍不住感叹中国社会中传统的强大和广泛。幅员辽阔的中国也在不断发生着巨大的变化，而其变化方式，不似扶梯一般笔直前行，而是如铁轨一样划出巨大的曲线。如果必须要找出一个转折点，那么开皇年间堪称选举制度的重要节点。然而，这层影响仅限于制度上，要想对社会产生实际影响，使社会本身产生变化，还需要漫长的时日。

第三编

余 论
——再论由汉至唐

一、官僚制与贵族制

由三国至唐的中国社会，大体上可谓处于贵族制度时代，但绝非一切现象都能以贵族制度来概括。与此同时，与贵族制对立的君主专制牢固存在，不断削弱贵族制度，努力使之转化为纯粹的官僚制。事实上，正是君主专制的存在，才使贵族制止步于贵族制。如果君权再微弱一些，那么贵族制也许会进一步发展为更加割据化的封建制度。当时的社会确实有向封建制发展的倾向。由三国至唐，封建食邑制虽然衰微却一直存在，就是一种迹象。我们不妨这样理解，本质上应当出现封建制的社会，却因为君主权的强硬存在而被迫采取了贵族制这种特殊形态，这样的思路也许更加接近实际情况。

中国历史上，君主专制一直是强大的，但也不能对此评价过高。在我们研究的贵族制时代里，必须要把与君主专制相对的贵族制度与每一位贵族区分开考虑。君主相对于每一位贵族个人，拥有绝对强势，更有着足以迫害、摧毁他们的权力。然而，消灭个别贵族，也并不意味着破坏了贵族制度。通常来说，消灭一个贵族，便会有另一个贵族补充空隙，贵族制本身并不会动摇分毫。若对贵族个体的迫害过度，连天子自身都有下台的可能。在当时的环境里君主制不可能凭个人意志一蹴而就。若是忽视这个环境，为所欲为，哪怕贵为帝王也会走向自我毁灭。必须承认，帝王的权力也有限度，在贵族制度的时代，难免会受到贵族制度的制约。当然环境并非一成不变。它随着历史的积累而产生，自然也会随着历史的积累而继续变化。

　　弱小力量会被强大力量驱动，这是历史的原理。为收拾东汉末年的乱世，曹操建立了官僚军阀集团，其力量无疑是强大的。它短暂地展现出强大的破坏力和建设力，却不能持久。这一集团是出色的短跑选手，不善于长跑。曹操借法家的统制建立的曹魏官僚军阀集团，一旦遇上汉代以来中国社会贵族化这一巨大潜流，转瞬间便被巨浪冲走、吞没了。其中最具代表性的即九品官人法。

　　九品官人法是曹操将在魏国摸索了二十年的方法，借汉魏革命之机扩张到全国各地而颁布的法令。其精神是纯粹官僚的，其目的在于专门考量个人的才德、选拔合适的人才，并置于最合适的官位上。即目的是选拔人才，而非选拔人才的背景。然而在当时，撇开背景考量个人是不可能的。在曹操的部将之中，李典率宗族、部曲三千余户归顺曹操，许褚也率宗族数千家归顺，他们据此才能发挥作用。蜀国的诸葛亮亦是如此。若非出自琅邪名家，想必诸葛亮对刘备而言也不会有那样大的利用价值。但把个人与其背后的宗族亲戚当作共同体来看待，就产生了贵族制度。这同时也是汉代以来数百年间的现实状况，要在曹魏二十年的历史间发生改变，本就不可能。因此九品官人法也迅速贵族化了。

最能明确体现九品官人法贵族化的事实，在于九品官制上下界限的界定发生了变化。根据最初立法的宗旨，将界限定于五品以上和六品以下之间，五品以上属于特权阶级，相当于过去的公卿大夫，其家族也可免除徭役。然而九品官人法一旦贵族化，贵族子弟几乎皆由六品官起家，六品、七品之间出现了巨大断层。自六品官起家相当于乡品二品，故六品官进而被称作"二品"，"二品以上"一词也屡被使用。

《宋书》卷十四《礼志》记载，孝武帝时期，"释奠礼毕，会百官六品以上"。同书卷十五记载，东晋成帝时，杜后崩逝，"选公卿以下六品子弟六十人为挽郎"。《通典》卷十九记载，宋制允许二品以上者在遇父母之疾时，可立即去官。《南齐书》卷七《东昏侯纪》"永元元年正月"条载，"诏二品[①]清资官以上应食禄者，有二亲或祖父母年登七十，并给见钱"。上文中提及的六品与二品，意思完全相同。有时应称"六品以上"或"二品以上"也会略称为"二品"。《宋书》卷十七《礼志》载，"宋孝武帝孝建元年十月戊辰，有司奏章皇太后庙毁置之礼，二品官议者六百六十三人"。《南齐书》卷十七《舆服志》载，"三台五省二品文官，皆簪白笔"，卷四十一《张融传》载，"大明五年制，二品清官行僮干杖，不得出十"。此处二品皆指二品以上，即六品官以上，"以上"

---

① 此处之"二品"，中华书局本《南齐书》作"三品"。

二字被省略。即使如此，意思依然通顺，可见六品以上的分界已非常普遍了。若将画在五品以下的线称为官僚线，六品以下的称为贵族线，那么通过以上事实可知，官僚线在不断淡化，而贵族线则日益加深。

贵族线不断深化的同时也使门地二品这一特权阶级成立了。这就是获得乡品二品、自六品官起家者家世的称谓，又可称士族、士类。贵族线同时意味着免除徭役的特权。当然，非士族出身却倚仗自身势力免役的人也不少。在门地二品成立之后，问题便在于是什么样的门地二品。

梁武帝的新官制根据这条贵族线，将过去九品中的六品以上分离出来，重新分为九品十八班。如此一来，过去被称为"二品以上"者就必须要用新的称呼。《梁书》卷三《武帝纪》"普通七年"记载下诏命"在位群臣各举所知"，卷四十七《刘昙净传》中记载，诏"士姓各举四科"。《陈书》卷六《后主纪》"太建十四年三月"条记载，"内外众官九品以上，可各荐一人"。其中"在位""士姓""九品以上"等词意思相同，不外乎是指新制下的所有品官。

根据贵族线，旧六品以上成为流内，将其再按照九品区分，就成了新的九品官制，而在新的九品官制中，又划分了一道官僚线。按照陈朝之制，首先三品（十三班）以上是诏授官，接下来是五品（九班）以上，礼数又不同，这可能与前代的梁朝是相同的。若南朝历史得以永续，那么新官制中画在五品以下的新官僚线应会进一步发展。然而陈朝转瞬灭亡，新官僚线的强化则由北朝实现了。

表四十二　魏晋南北朝士庶线变迁表

魏、西晋	公卿大夫					上士		下士		庶民	北魏前令
	1	2	3	4	5	6	7	8	9	流外	↓
东晋、宋、齐	1	2	3	4	5	6	7	8	9	流外	后令
梁、陈	1	2	3	4	5	6	7	8	9	流外勋品	
	士								庶民		

　　南朝经年累月才得以成熟的贵族线，在北魏以极短的时间就得以实现了。也就是说，根据北魏孝文帝太和十七年的前令制定的九品官制，似乎基本上是按照五品的官僚线来进行上下区分的。从贵族线还不明确出现这一点来讲，可以说其性质与魏晋的九品官制基本相同。但之后太和二十三年的后令的九品官制，则和前令的主旨大异，改为从六品以上切断再划分为九品。换言之，新九品制建立在南朝式的贵族线上。此后的改朝换代，虽然每次更替都会发生一些变化，但九品官制一直稳居贵族线之上这一基础没有发生变化。九品官制在北朝的运用，虽然有时极为官僚制，但其基础还是贵族制度。《通典》卷十八中引用了唐朝礼部员外郎沈既济的话：

　　　　近代以来，九品之家皆不征。

是说九品以上为士，同时可以免除徭役，这是当时的实际情况。

　　但此处需要注意的是，自北周经隋朝至唐朝，九品官制专门用做官僚制的趋势越来越强了。九品以上视为士，但究竟是按照官僚制度的思想只承认一代的身份，还是按照贵族制的思想看作是家族特权，不同的看法会带来极大的差异。北周以来的趋势是想仅承认其为一代人的特权。但官品有一品到九品之分，因此无法采用统一标准对待。故而在五品以上切断，在五品之下划定官僚线。这虽然是在北魏时期便已出现的做法，但官僚线也随着时代的变化日益强化。唐朝的制度是在各种情况中都要划分五品以上与六品以下的区别，其中最大的区别当数免役的规定。按照唐令的严格解释，五品以上的官员与其家属都可免役，六品以下的官员仅限本人免除徭役。这与当时在社会上仍保持一定势力的旧贵族阶级的观念有着明显不同，因此恐怕很难完全按照规定实行。一直以来作为士族享受特权的阶级，突然要去遵从这种令制，这是难以想象的。

这时候出现了一种倾向，即试图将五品之下的官僚线直接等同于贵族线。《旧唐书》卷八十二《李义府传》记载，李义府以成于太宗时期的《贞观氏族志》中未载自己祖先之名为耻，因此对其进行修订，将仕于唐朝五品以上者皆定为士流，收录其中，连兵卒凭借军功升至五品者也悉数编入，引得缙绅们鄙笑，唤之为"勋格"。终唐一代，官僚制与贵族制的争论从未停歇过，但大趋势逐渐向着对贵族制不利的方向发展，确实是无法阻挡的。

虽然官僚制在最终能够压倒贵族制，但这个官僚制若是原样延续了北周、隋朝以降的军阀性质官僚制，是无法赢得胜利的。官僚制自身不断发展、吸收贵族制的优点，通过自身的贵族化，才打败了旧贵族制。唐代的官僚制度中不知不觉间出现了清浊的流品区别。《唐六典》卷二"吏部"条中规定：

> 凡出身非清流者，不注清资之官。

科举及任子出身者为清流，流外及视品出身的人则为非清流。而清资官，在八品为左右拾遗、监察御史、四门助教；在七品为左右补阙、殿中侍御史、太常博士、詹事司直、四门博士、太学助教。与此相反，寺监丞、左右卫及金吾长史，却比中书的主书、门下的录事、尚书的都事更容易晋升。而主书、录事、都事自不必说，又比令史更容易晋升。像这样，将贵族主义的武器——流品取为己用，又通过科举制，把比起门地贵族更具有贵族特质的读书人纳入己方阵营，官僚制才能够完全打倒贵族制。同时，官僚也不仅仅是官僚，他们成为比起旧贵族更具有贵族教养的读书人官僚。

二、贵族与豪族

　　贵族是豪族发展后与政权结合而产生的，因此也难免随着政治变动而受到巨大的影响。然而，所谓豪族，回溯其起源会发现或多或少是和政权勾结在一起的。《华阳国志》是了解蜀地豪族生态的宝贵资料，其卷二的"涪陵郡"条记载，韩蒋家是世代掌握部曲的大姓，其祖先为三国蜀国的督将。邓芝讨伐南蛮，将俘虏中赢弱者编为部曲，这些部曲后来就成了韩蒋家的隶民。书中还记载，有的豪族拥有鱼池盐井，若想保有山泽之利，不与政权勾结是做不到的。

豪族想要和中央政权接触，首先要以县级政府为踏板，爬上郡级政府。而此事也会受到中央政策的极大影响。《三国志》卷十六的注引《魏略·严干李义传》，冯翊郡被西部各县名族把持，东部各县的豪族长期受到打压，但中央政府将冯翊郡分为东西两郡后，严干、李义得以出仕新东郡，担任右职。郡中右姓的形成，有时凭借的是这样非常偶然的机会。而州郡的分割似乎是中央政府有意弱化豪族势力而采取的行动。汉代的郡直属于中央，若成为郡的名家，在地方上就是第一流，但后来，原本是位于郡之上、起监督作用的州成为行政区划，若不能在州政府出人头地，便无法直接接触中央政府。如此一来便出现了州的名门。而郡、州在南北朝时期被多次细化分割，到了南北朝末年，所谓的州也已经比汉时的郡要小得多了。熬过州郡制度的变革，击败种种困难，到了唐朝时仍能维持一州名门地位的，是唐代所谓的郡望。自隋以来，州、郡的内涵基本一致，只不过是名称时常变化而已。

一地的名家一般从第一排到第四，只排四家，自古以来就有"四姓"之称。《三国志》卷十三《魏书·王肃传》注引《魏略·薛夏传》说，天水有姜、阎、任、赵四姓，常被郡中推举。在汉语中四字句最适于句读，古有以四岳四牧作为东西南北四方势力象征的说法，基于这样的古代习惯形成了"四姓"的观念。后来又出现了一个关于"四姓"的新解释，认为天下士族分为四个阶级，

"四姓"是其总称。关于这四个阶级的含义，又有两种解释。其一是前文引述过的唐代柳芳的观点，即按照官位分为甲乙丙丁四姓。而按照《资治通鉴》卷一二八所引的梁代裴子野的观点则认为：

> 三公之子，傲九棘之家；黄散之孙，蔑令长之室。

此处的三公、九卿、黄散、令长也可以说是四姓。

其他的解释还可见于《隋书》卷三十三《经籍志》"谱系"条对北魏时期汉人姓族的记载：

> 第其门阀，有四海大姓、郡姓、州姓、县姓。

这也是四姓的一种解释。据《晋书》卷七十五《范宁传》，范宁任豫章太守后开设学校，取郡内四姓家子弟为学生，这里的四姓指的可能是县姓以上。

按照四姓的一种解释，即四海大姓及其以下所指的情况，那么四海之大姓便是贵族化程度最高而豪族要素较少，排名最末的县姓则是贵族要素较少而豪族要素较多的。似乎只有县的大姓不被中央承认为贵族。南朝时的流寓贵族王谢二家，已经成为纯粹的贵族，早已不再残留豪族的要素。虽然如此，他们也许利用自己的权力获得土地、隶民，想要在某种程度上恢复为豪族。然而，一旦成为了贵族，想回到豪族身份是不可能的。王氏的始祖王导，因功获东晋元帝赏赐钟山之麓的良田八十余顷，但他的子孙并未共同居住在这片土地上，而仅仅是将其作为公共财产，以不在地主的身份收地租。梁武帝将这片地用于建造大爱敬寺时，要求王骞出卖这片地，王骞回应称，如果皇上下敕征召则无计可施，但出卖土地却无法实行，回绝了此事（《梁书》卷七《太宗王皇后传》）。这恐怕是因为王导的子孙之间所有权关系错综复杂，光靠王骞无法理清关系，而并非是因为这片土地对于王氏一族极为重要。

像王家这样的流寓贵族，早就不再具有全族共同行动的凝聚力了。族人各自行动，其中地位最为显赫者担任一族代表。为了飞黄腾达，有时和皇室通婚是最佳捷径，但形势逆转时，则不惜将皇室弃若敝屣。齐初的王俭就是如此，梁初的王莹也一样。梁末的王克背叛梁朝，出仕侯景，官至侍中，侯景败落后，王僧辩斥骂他"百世卿族，一朝而坠"。同时期的王褒在江陵被北魏柱国于谨围困时，将梁元帝的太子作为质子交出，并一同前往于谨的军中，自称"柱国家奴王褒"。贵族制度的优势在于，贵族有着不屈服于任何人的强硬，面对帝王、当权者也能够恣情任性、奋而反抗。但是南朝的贵族制持续下去，贵族只一味地寄生于权力，最终堕落到上演王克、王褒之丑态的地步。这对于漂泊无依的流寓贵族而言也许是注定的命运。仅此一点，可以预见，如南朝这般以流寓贵族为代表的贵族制度早晚将走向崩溃。

然而，在南朝贵族之中，也有像吴中四姓那样的土著势力，最后上升到四海之大姓，仍保留着豪族的一面。《南齐书》卷二十四《张瑰传》记载，张瑰出身吴郡名族，吴郡的宅中时常有父亲留下的数百部曲，宋末吴郡太守刘遐聚众三千人叛乱，是他率部曲讨伐平定的。

再进一步向下，各地有名无名的贵族、豪族，哪怕是在中央政府看来不值一提的贵族，在地方上都会按照门地排序。身处偏远地方想接触中央政权、得利受惠，更是难上加难。《宋书》卷八十四《孔觊传》中记载，孔觊的部下中有一位叫孔璪的军主，可能是会稽郡的土著豪族。孔觊以会稽郡为据点谋反，孔璪被任命为龙骧将军与官军作战。叛乱最终失败，孔璪要被处以死刑，他死前说："吾年已过立，未霑官伍，蒙知己之恩，以身许之，今日就死，亦何所恨。"之后从容赴死。即便平时不受关注，但在天下大乱时，地方豪族也能够凭借实力迅速崭露头角。梁末的侯景之乱时便是如此，大大小小的豪族纷纷起兵，一时出现了群雄割据的局面。地方割据势力中的熊昙朗、留异、陈宝应等人皆是各郡著姓、雄豪。如果是没有类似背景的新生势力，例如周迪，就必须要拥护郡内豪族周敷，假其名声。

梁元帝派王僧辩、陈霸先为先锋攻陷侯景，成功夺回首都建康，但元帝继续留在危险的江陵，踌躇不回建康，是因为江陵土著势力的妨碍。周弘正等人倡议还都，但江陵土人却反对称，周弘正等为东人，是为自身之便而图归建康。因此，留在江陵的梁元帝遭到北周的攻击之后，转瞬间便灭亡了。乱世中，割据势力变强，割据势力变强则混乱愈发加剧。这种割据势力在贵族制度之下，常常作为潜伏势力深深盘踞于地方，这一点需要注意。

北朝的贵族，总体上而言并没有完全成为纯粹的贵族，而是保留了一定的豪族特质。隋朝的杨素、杨玄感父子出身于华阴杨氏，韦孝宽出身于长安韦氏，都是北朝贵族的代表。尤其是长安韦氏历史悠久，唐代依然继续存在，还出了有名的中宗韦皇后。

华北豪族的贵族化进程，自五胡内迁以来受外族帝王的统治，受到了很大的阻碍。华北豪族羡慕南朝的贵族制度，但未能完成像南朝的贵族制度。他们以地方上的州政府为舞台，织起贵族网络，为随时进入中央做好了准备，在孝文帝统治的后期成功同中央政府取得了联系。但这绝非是像在南朝那样紧密的联系。北魏很快灭亡，北齐表面上标榜尊重贵族制度，但混乱的政治使经商的胡人、汉人在政界横行跋扈，出现了抛弃保守的地主贵族的倾向。《北齐书》卷三十八《元文遥传》记载，元文遥家贫，拥有田地十顷。虽然对于贫富的看法各有不同，但可能在当时看来，光有地主身份还远远不够，没有手段获取现金收入是落后于时代的。

然而，对贵族主义威胁最大的是北周政权，它排斥贵族主义，并大胆地实行军阀官僚主义。另一方面，贵族们自己也逐渐演变为军阀贵族。从某种意义上来说，这是北方民族入侵华北的最终成果。很难从中原本来的社会中找到能够对抗贵族制度的足够强大的力量。他们的政治力量，比曹操在短期内人为创造出的集团还要强大。这强大的力量，扎根于中原以外的、北方民族的社会观念之中。到了北周之后的隋朝，北方民族的能量引爆了对贵族制度的破坏行动，这就是隋文帝实施的地方制度和选举制度改革。其爆发力过于强劲，不仅贵族制度遭到了沉痛打击，连隋王朝自身都遭受了重创。这个创伤也是隋朝灭亡的原因之一。

隋朝灭亡之后，唐朝兴起，唐实际上是隋的继承者。唐朝采取的政策虽然间接上受到了北齐和南朝的文化、制度影响，但其主要精神却继承自北周与隋朝。换言之，唐朝并非呈现魏晋以来中国传统发展的正确姿态，而是继承了北方民族带来的支流，并以此压倒了主流。在研究唐代的律令、制度时，若不考虑这一点就会偏离重点。譬如嫁接一样，接穗贴得紧，才会从砧木上吸收营养。中国悠久的传统，也迫不及待地向唐朝这个新壶中注入古老传统的美酒。

唐朝对贵族的祛除，并没有采取隋朝那样露骨的政策。但确立官僚制以此来排挤贵族制这一基调却并无改变。如此一来，旧贵族意外地迅速没落了，然而却出现了新问题，那就是应当如何处置围绕着皇室的新贵族。恰如日本在明治维新之后，堂上贵族和大名贵族都已不再是问题，反而藩阀贵族成为要打倒的目标。唐代也出现了任子官僚和科举官僚之争，也就是所谓的牛李党争事件。在众多贵族势力被纷纷摧毁之后，宋以后的官僚政治才终于登上历史舞台。

三、士人与胥吏

《礼记·曲礼》中有"礼不下庶人，刑不上大夫"，这不单单是一种古代的理想，也是汉代实际实施的原则。然而二者之间的士，同时处于礼和刑的适用范围内，这究竟意味着什么呢？自古以来普遍的看法是中国文化即士阶级的文化，认为士庶之间存在巨大的断层。而且在讨论所谓的社会阶级时，也十分自然地这样认为。但按《曲礼》所述，其中存在两大断层，而士被夹在中间。于是产生了一个问题，即士人阶级究竟应当算作统治阶级，还是应当算作被统治阶级？

针对这一问题，我想从自身看法出发，这样解释：在古代的都市国家中，士意味着统治阶级的壮丁，因此，士以上为统治阶级，其下的庶民属于被统治阶级。然而，自春秋末期至战国时期，庶民得到解放，这种解放主要是由军制改革带来的。为了让庶民参加军事作战，其代价便是必须赋予庶民自由。于是庶民也成为士，更有建立功勋升为大夫者，但后者是极为少见的情况。事实上，庶民一般最多只能上升为士。一直以来的统治者与被统治者的对立，或者说是特权阶级与平民阶级的差别就延续下来。当这种对立与区别投影在汉代的官僚制度上，就形成了特权阶级可以一出仕便获任郎官，但平民阶级却最多只能升至令史的制度。郎与令史虽均为士，但这两种士中间存在断层。身为上级士人的郎，是大夫的候补；而下级士人的令史则是庶民出身的人在长期辛劳后所能达到的最高职位。换言之，在官僚制度上二者虽同为士，但从社会阶级的角度来看却是两种不同的士。

汉时，郎与令史之间的断层还不至如此悬殊，流品的思想尚未发展起来，这一断层可以凭借个人才能轻易逾越。《三国志》卷三十五《蜀书·诸葛亮传》记载，诸葛亮称赞丞相府令史董厥为"良士"，任用为主簿，在诸葛亮死后，董厥升任为尚书令。

因此，上层阶级也将郎和令史都看作单纯的士，且将二者并称为郎吏。而士如同《曲礼》所说，是可以施以刑罚的。更具体

地说，此处刑指的是杖刑，前文已提及。《晋书》卷九十《胡威传》
记载，胡威谏言武帝对时政过于宽松。武帝称：

> 尚书郎以下，吾无所假借。

对此，胡威再进言道："臣之所陈，岂在丞郎令史。"这里的"无
所假借"，即指施以杖刑。按照当时的官制，郎是六品，六品以下
属于士。

　　然而，随着贵族制度的发展，五品和六品之间划下了官僚线，
也就是大夫和士之间的界限，这条官僚线渐渐模糊，而六品之下
的贵族线则大大强化了。之后，形成了六品起家的门地二品这一
特权阶级，此阶级被通称为士族或士类。虽然在这之下还存在寒
士阶级，但寒士的待遇可能与士人相当。其下又有庶民，士庶间
的区别大到被断层隔绝的程度。《宋书》卷四十二《王弘传》中有
一句话屡被引用：

> 至于士庶之际，实自天隔。

士与庶民之间横亘着天壤之别。这已经不再属于人事现象，而是
如同自然现象一般的血统差异。不仅如此，士人也不再是古时所
指的士人，当然应从施刑的范围中剥离出来。梁武帝将六品以上
重新划分为九品，也不过是在官制上按原状反映了士庶区别而已。
其后，品官几乎均由士人担任，以礼相待，确立起了应当维护士

人体面的原则，鞭笞士人成为极少见的暴虐行为。士的社会地位被确定下来。中国文化即是士的文化，士即为统治阶级这一命题，自此以后才开始无误地通用。

这种新的原则也被北魏采用。品官可以通过赎罪免除实际刑罚，这个方针延续到唐律中。但异民族王朝的野蛮朝廷中则屡屡出现鞭笞士人之事。《北齐书》卷四十《唐邕传》记载，唐邕任宰相时，司空从事中郎封长业与太尉记室参军平涛二人受命征缴官钱，因错过期限分别被杖二十：

> 齐时宰相未有挝挞朝士者，至是甚骇物听。

在齐代时，鞭笞朝士还属于值得被载入正史的骇人听闻之事。然而到了北周、隋朝时，蛮风更盛。《隋书》卷二《文帝纪》"开皇十七年"条记载了文帝的诏书：

> 其诸司论属官，若有愆犯，听于律外斟酌决杖。

允许长官可以不依据律法来鞭笞属官。这是隋文帝思想中与贵族制度最违悖的一点，隋王朝之所以失去了天下贵族之心，原因也在于此。隋与贵族正面对峙，仅凭这一点就足以招致亡国的危险。后世的史学家试图将隋朝灭亡的主要原因归咎于隋炀帝的暴政，但灭亡的根本原因在更深处。不以礼待士所代表的隋朝政治落后性，再加上过激的改革，才应当是隋朝灭亡的真正原因。

汉朝时期，"令史"要比"郎"低一等，但如前所述，"令史"与"郎"共同被称为"士"。然而身为"上士"的郎不知何时身份与大夫齐平，成为免于受刑的士族；但令史以下的人却依然处于受到刑罚的境地，随后的情况更加恶化，一步步陷入不受礼遇的地步，也就是说，令史不再是"士"。第一步就是"勋位"的出现。令史地位虽低，也是官职，却从宋开始被改称为与品官相当的勋位，当时尚且还有与其对应的官品，然而，到了梁武帝的新官制出台，令史又被降到了新品官之下，成为流外官。在晋制中，原来的流外官被置于第九品之下，亦可称作第十品。根据梁朝新制，令史等勋位沦落到相同的地位去了。这样一来，令史完全变成为庶民，不再是士。这是身份上的巨大变化。

为了称呼新规定的令史以下的身份，需要一个新的词语。由此，"胥吏"一词便应运而生。如前所述，"胥吏"一词梁时就已使用，北朝开始使用这个名称也是在这个时期。《北齐书》卷十《彭城王浟传》出现了"守令参佐，下及胥吏"。到隋朝时，胥吏成为日常用语，《隋书》卷三《炀帝纪》"大业二年"条载"下至胥吏，服色皆有差"，卷十二《礼仪志》记载服色为"胥吏青衣"，卷二十八《百官志》"流外"条载"极于胥吏"。

在当时也有将"胥吏"简化，只称"吏"的叫法，也指胥吏。《隋书》卷二十七《百官志》"北齐"条记载：

> 诸省台府寺，各因其繁简而置吏。有令史、书令史、书吏之属。

此处的"书吏"在当时是一个官职。《隋书·百官志》"陈"条记载："中书省有书吏二百人，书吏不足，并取助书。"这个时代的书吏，和后世所说的"胥吏"含义不同。

中央的官与吏的分离逐渐普及到地方。在北齐时代，根据隋朝的地方制度改革，地方长官手下的属官和佐吏之间的分别已然十分明了。品官是从中央派下来的外地人，佐吏则是由长官任命的本地人，二者之间有着明显的界限。

那么，胥吏的就任是自愿的，还是强制的呢？与之前相同，这要根据供需关系来决定。不管是在中央还是地方，只要有利可得，必然求职者众多，这时就由长官来进行选拔任命，这也被称作"乐为""乐补"。《晋书》卷三十三《孙铄传》有言"少乐为县吏"，《南齐书》卷三十四《虞玩之传》称台坊之役"乐补稍绝"，皆为其例。若没有求职者，就由长官来进行强制任命，这被称作"役召"或"呼订"。《宋书》卷五《文帝纪》"元嘉十七年"条记载"役召之品，遂及稚弱"，《南齐书》卷四十《竟陵王子良传》称"呼订万计"等，均为此例。对于穷人来说的肥差，富人可能并不愿担任。《梁书》卷五十三《沈瑀传》记载，沈瑀在担任余姚县令时，为了惩治当地飞扬跋扈的豪族，召老者为仓监，少者为县僮，使跋扈之徒号泣于路。在这样的县令的管辖下，若有作奸犯科之举，必然免不了一顿鞭打。总而言之，非品官的胥吏，可以作为民间差役进行强制召补。但若条件允许，最好招募自愿之人，这样对双方都有好处。这一点在入隋后也没有改变。

品官（即士）与流外（即胥吏）之间的分离，堪称是中国近世官僚制度的一个显著特色，这种分离在经过了以上的过程后终于实现。我曾于《桑原博士花甲纪念东洋史论丛》上发表《论王安石的吏士合一政策》一文，在文中笼统地推测胥吏起源于南北朝时代。所幸这个推论无误。现在能够具体详细地论证出它的过程，内心暗自欣喜。

四、南朝与北朝

关于中国历史上的南北对立问题，已有恩师桑原骘藏博士《从历史看南北中国》（收录于《东洋文明史论丛》）这一大作。在这里以其为参考，针对三国以后的南北形势，补述本论中的脱漏之处。

中国分裂为南北时，大致以淮河为界。但三国时期魏、吴的国境线，却位于淮河与长江之间。不过魏国似乎仍将淮河视为本国的主要防线和交通阻断线，还设置了监淮都尉一职（七品），监督南北往来。监淮都尉似乎到晋一统天下之后也没有被废除。西晋灭亡之后，东晋控制了江南地带，淮河大体上成了南北的国境线。根据《北齐书》卷四十六《苏琼传》记载，北齐在吞并了淮南之后，仍推行"淮禁"令，禁止商旅的南北交通往来。这恐怕是从北魏时代就已存在的禁令。禁止南北贸易本就不便，所以两国使节互通时，大多竭力购买对方国家的物产作为礼品带回。

南朝认为华北中原遭受夷狄蹂躏，文化已荡然无存。东晋人一开始还怀念西晋时代，称之为"中朝"，保留其历史典故，但是到了后世，却开始嘲笑北方人言语不雅。据《陈书》卷十《周铁虎传》记载，周铁虎于梁代时南渡，"语音伧重"。"伧"字多为"伧楚""伧父"之意，是南方人对北方人的蔑称。

南朝人将北方称作"五胡"，《南齐书》卷三十《曹虎传》记载，建武四年，曹虎呈给北魏孝文帝的书中有"七狄交侵，五胡代起"。北魏建立以后，则专以"索虏"称之。由此，北魏将南朝称为"岛夷"，还将南朝的天子称作"白板天子"，意为没有传国玉玺的天子（《南齐书》卷十七）。"白板"一词在南朝也被广泛使用，指的是都督将郡守、县令等头衔赐予一些老者和笃志者，但中央不给予委任状的情况。

在华北，异族统治下的汉人屡屡遭受蔑视和欺凌。"汉子""汉儿"等都带有蔑视意味。《北齐书》卷五十《韩凤传》记载，韩凤自称是昌黎人，大概是汉人，但从他嫉恨朝士、喜好武人这点来看，出身应为庶民。其传云：

> 每朝士谘事，莫敢仰视，动致呵叱，辄詈云："狗汉大不可耐，唯须杀却。"

异族统治下得志小人的奸佞嘴脸如在眼前。

但是，民族、政治和法律等方面的差异，并没有阻止文化的相互影响与交流，尤其是南朝发达的文学逐渐渗透到北方。与经学不同，文学需要不断创新，是一种不断追求流行并创造流行的繁忙生意，因此需要社交，不适合贫穷的人从事。南朝的贵族社会为文学的发展提供了肥沃的土壤，在这一点上，以武服人的北朝就只能望尘莫及了。关于六朝贵族的精神生活，森三树三郎在《大阪大学文学部纪要》的第三卷上发表有《六朝士大夫的精神》这一优秀研究，尤其是关于南朝的文学对北朝的影响，可参阅该书77页之后的内容。

此处我想举一个北朝的士人引用南朝典故的例子。《晋书》卷九十三《外戚传》中有关于何准的记载，他是东晋穆帝章皇后的父亲。兄长何充任骠骑将军，劝何准出来做官，却被拒绝：

> 第五之名，何减骠骑。

何准在兄弟中排行第五，故以此自称。这个典故非常有名，《南齐书》卷四十六《王秀之传》记载，苟丕给王秀之的书信中写道：

> 第五之号，既无易于骠骑。

据《周书》卷三十四《韩仲恭传》记载，韩仲恭在被郡里辟召为功曹、中正时曾道：

> 第五之号，岂减骠骑乎。

如果这不是《周书》作者的修饰之语，那么就是南朝的故事被北朝原封不动地用作典故。这表明，北朝统治下汉人的心灵故乡还是南朝。

　　但是，政治的发展情况却与文学完全相反。北周完全排斥南朝的贵族主义、采取军阀的武断政策，从这一点上就可以看出南北政治方针的不同。《周书》卷三十六《令狐整传》记载，梁兴州刺史席固在归降周之后被任命为丰州刺史：

　　　　固莅职既久，犹习梁法，凡所施为，多亏治典。

由此可以推测南朝的官僚大多放纵怠慢，而北周的官员大多严肃整治。从道理上讲，这一点北周做得更好，或者说北周的做法更加合乎中国的古制。南齐王僧虔寄书与其兄之子王俭，建议他从北方收集中国的古乐遗音，说"古语云：'中国失礼，问之四夷。'"（《南齐书》卷三十三《王僧虔传》）。

　　不仅是礼乐，在政治方面夷狄的做法也与古代中国有共通之处。并且夷狄不发达的政治，还发挥着将中国偏离正道的发展方向引回正轨的作用。无论如何南朝的贵族制度难免其不合理之处，因此在北周掌握政权之后，一改北魏追随南朝的政策，在标榜复古、消灭贵族制度这一点上可谓一矢中的，是值得称赞的伟业。之后的隋朝也跟随北周的步伐，果断地站在了贵族主义的对立面，针对这一点来说是采取了正确的政策。但其中也包含着巨大的危机。如果注意到了这种危机，就不会轻易地发动毫无益处的高丽征伐战争，而从隋不吸取教训、屡屡派遣远征军来看，隋对于自身的危险处境缺乏认知，这也成为导致隋灭亡的原因之一。

五、中正与科举

一直以来，人们对于"九品中正制"这个叫法几乎没有任何质疑，我想将其分为九品官人法和中正制度两部分，将其确定为范围不同的两个概念。即把中正制度看作九品官人法的一部分。这不是简单的名词问题，而是只有这样才可以进一步明确中正制度的本质。而且，中正制并非一旦确立就一成不变，而是顺应时势不断变化的。

三国时曹魏所创立的中正，好比没有学校的老师。中正既不授课，也不考试，甚至连本人的面貌都不见，便对一个人的才德进行评分，这就是乡品。这种乡品必须对一个刚刚二十岁的青年进行预测，预测他三十年、甚至五十年后的动向。据晋朝刘毅所言，一个中正所要评价的人数，一国（州）达数千人。除非神仙，怕是谁都无法胜任此事。

于是，转眼间中正的职务就发生了质变，成为人事信用调查所的调查员。负责调查候补官员的身世、祖先的为官史及婚姻关系，然后根据其家世为其评级，将打分写入乡品一栏。个人的才德被门地覆盖。到了西晋，个人有无才德也一并纳入评价范围，这样的评价招致了一些问题，故东晋之后几乎不考虑个人才华，仅评价家世门地。因此在家世的评价方面又产生问题，而个人评价方面几乎没有争议了。

但无论如何，通过中正的工作，建立了人事信用档案，同时中正也丧失了职务。之后的中正变成仿佛西方中世时期教会牧师一般的角色，只需要根据人事信用档案，在政府提出要求时发放身份证明即可。但由于信用档案的原件保留在中央的尚书处，中正的立场就十分被动。如果尚书无视门地进行人事变更，中正可提出异议，行使否决权。

然而中正对其管辖范围内的州郡僚属人事，具有积极的发言权，这明显偏离了九品官人法成立之初的精神。当初设立中正的目的，在于保障中央政府任命的品官的个人才德，无品官待遇的地方人事则交给其长官负责。然而由于中央的人事权实际上掌握在吏部手中，中正的工作重心就转向地方人事。自汉代以来，地方僚属的职位一直被土著名门独占，因此既然中正成为裁定门地的负责人，地方长官也意图利用他形成自己的僚属队伍。宋齐以来，中正本身渐渐成为地方长官的僚属，有时也为地方长官辟召。

梁武帝官制改革，重新授予地方官僚官品。这意味着中央吏部对地方人事变动有了干预权，中正的活动范围越来越小。大概由此才招致"梁初不存在中正"的误解了吧。

大凡贵族作为贵族立世都要经过三个阶段。首先是肉体的诞生。此时这个孩子的未来将受到族谱的左右，不仅要看父亲的家族，母方家族也占很大的比重。若生母身份低贱，这个孩子就会被称为"贱生子"，在家族内部也不被公平对待，甚至会被当作继子或累赘。全族都会虐待"贱生子"，这是自卫手段。因为婚姻要讲究门当户对，若像对待其他孩子一样对待"贱生子"，就等于承认了他父母之间关系的正当性，也就等于承认自家门地与低贱之家同等。

其次，对于贵族来说，起家具有十分重要的意义。这是贵族在官界的降生。只要出生在贵族之家即为贵族，而起家就是让官界实际承认这一点。不可思议的是，一直以来国内外学界都忽视了起家意义的重要性。只有通过起家，贵族才能在官界中被认可为贵族。此外成为何等级别的贵族，也要根据起家官来决定，因此尤为重要。若起家官职合理，即便此后所就官职降低，也能勉强接受。此时产生了贵族起家专用官这一特殊的官职通道。

在起家之前，还要经过另一重诞生，即经中正认证的乡品。这也可称之为社会性诞生，即证明具有堪任官职的门地。西晋以前的中正都会附上一品到九品的乡品评分；到东晋，出现了门地二品的贵族后，中正的评判可能就变为只要姓名出现在信用档案中，就全部记为乡品二品。之后即便加官进爵，在升至二品之前都无须改动乡品记录，一旦晋升为一品时自然就将乡品改为一品，应当是这样操作的。宋齐之后勋位的成立，无疑与中正的品定有很大关系。因为把相当于七品官的人特意改称为三品勋位，就不再需要中正的品定。中正要处理的只限于贵族的家系，庶民的问题则一概不涉及。如果让中正去处理庶民的乡品认证问题，对于中正来说是一件痛苦的事情，甚至也许会伤害其自尊心。

那么，对于就任七品以下并非勋位的品官的寒士，中正该如何给予乡品呢？因无据可循不能断言，但如果是沿袭以往的做法，应是给予了三品到五品的乡品。梁武帝的官制改革将七品以下的官员改为流外七班，也与此有关。就任流外七班时或在其任职期间，不需要有中正的认证，省去了中正的麻烦，只有少数幸运儿在从流外官晋升为流内官时，才需要拿到中正的乡品认证。

在进行贵族的官界生活研究时，我主要以由中正确定的乡品和由尚书所决定的起家两方面为主要研究对象，对于之后的升进没有做太深入的研究。中正定下的乡品如何实现，或无法实现，这都需要进一步的研究讨论，而这种研究伴随极大的困难。这是因为正史不以普通人为记录对象，其目的是为了记录特殊人物的经历。因此在起家之前，无论是谁都要经历一场洗礼，这被视为正常现象；但在起家之后的情况很容易被境遇、个性及意外事件所左右，要从这些特殊情况中提炼出一般规律，不是容易的事。之后随着官位晋升，特殊条件发挥的作用更大。关于起家之后的官位晋升，我曾计划了一定程度的细致研究，之后由于自信不足，遂作罢。

北朝的中正制度袭自魏晋，孝文帝以后的新制度在更大程度上参考了宋齐制度。中正除了参与中央的人事工作，还会参与组织地方僚属，后来逐渐以后者为主要职务，地方长官僚属的色彩日益浓厚。但是，由于北朝贵族的门地尚未完全确定，所以中正被迫接受了这个艰难的工作。关于门地的评定，一直没有一个能够被大部分人接受的方案，因此，围绕门地的纷争一直持续到后世。由于异族王朝统治下汉人贵族的特殊境遇，贵族无法垄断中央的高官职位，无法以中央的官职作为裁定一个人家世高低的唯一标准。从汉人贵族的立场上来看，侍奉异族王朝统治、建功立业获得高位等不是问题，问题在于如何以蛰伏在各州僚属中的古老家族为主体，参考其婚姻关系，建立起新的贵族体系。由于门地的评判没有一个共通的、客观的标准，导致异论百出。北齐的魏收在编撰《魏书》时，博陵崔绰不过一介本郡功曹，仅因为是魏收远亲，就被写在传首，所以遭到了各方的指责。对此魏收可能有他自己的说法，但遭到如此非议的史书则绝无仅有。当时就门地的裁定而引起的议论恐怕更甚。

会引起骚动也是因为门地会直接影响起家官，而裁定门地的最终负责人是中正，因此围绕中正一职，贵族展开激烈竞争。在北魏，中正掌握着贵族从官界起家、到死后谥号为止的一生身份，俨然发挥着牧师一样的作用。但是到了北周，贵族制度不被认可，在隋朝更是从正面遭到了直接抨击，此时中正就完全变成了无用之官。无用的东西就失去了存在的意义，隋开皇十五年，中正和一些其他乡官一同被废除。官吏的起家便不再需要中正的认证，从"中正牧师"的手中解放了出来。

即使废除了中正，也并非天下万民都可踏上仕途。此时政府不得不代替中正进行官吏资格的认证。仔细考查官吏的素质，使他们向国家效忠是十分必要的。为此采用的手段便是科举制。科举制并非是作为应急之策突然出现，而是汉代以来秀才孝廉制度的延续，它将一直以来中正掌控的东西独立出来。因此，隋朝的科举也并非与汉代的秀孝完全相同。汉代的秀孝，表面上重视个人才能，实际上是从州郡僚属中选出，而州郡僚属出自地方豪族。所谓推荐秀孝，更多是对当地豪族长期协助州郡政治的一种报偿。因此，刺史、郡守的推荐就显得尤为重要，对策的成绩便只是次要的了。

隋代的科举制度，虽然同样由地方长官推举贡士，重点却在于考试。由于地方长官也负有责任，因此不能随便地推荐，而是要等到有自信的人来报名，经过预备考试后才进行推举。北齐的马敬德被推荐为孝廉却不去就任，到州里求举为秀才，刺史以方略策五条试之，最后推举至中央。此事表明从北齐时代已经有了自荐之风，想来这应是重视考试、从严评判所带来的必然结果。隋代制度由于记录不完备，还不能断言，但到了唐代，《新唐书》卷四十四《选举志》记载的宝应二年礼部侍郎杨绾上疏明确出现了"投牒自举"的说法。应该可以认为从隋代开始，自荐制就已经成立了。

自荐制即意味着自由竞争。汉代的秀孝制度虽号称乡举里选，但很少能如文字描述一般执行，实际上还是由上面的人进行选拔。虽然这样做也有其优点，但大多数时候，不是陷于讨好豪族，就是沦落到被中央高官的秘密指令左右。这其中已经暗藏选举门阀化的倾向。换言之，汉朝的秀孝制度即是日后贵族选举的前奏。果然，九品官人法一出现，秀孝制就被其吸收，与九品官人法一起贵族式地运作，甚至有时被完全忽略。

南朝梁的秀孝制度已自贵族主义中分离出来，并开始表现出与之相反的特征。北朝时这种特征更加显著，经北齐至隋朝，科举制度一成立，便取代了中正制度。隋唐的科举制可谓贵族制度的丧钟。汉代的秀孝制和隋唐的科举制度乍一看很像，但其中却存在根本差别。若说汉代的秀孝制是在贵族主义攻势面前被降服的弱小制度，那么，隋唐的科举制就是拥有降服贵族主义的强大生命力的制度，用"维度不同"来形容二者再合适不过。不仅限于选举制度，汉与唐在各方面都有着本质的差别。

附表一　汉魏之际百官表

		东汉汉朝（洛阳）	
封建	魏王	建安十八年封曹操为魏公 二十一年曹操进爵为魏王 二十五年正月魏王曹操薨，子丕嗣	
三公	太尉		太尉
	司徒	建安十三年罢三公官	司徒
	司空		司空
	丞相	建安十三年置 曹操为之百官总己 延康元年曹丕	丞相
	御史大夫	建安十三年置 郗虑为之 二十一年行御史大夫刘艾 延康元年兼御史大夫张音	御史大夫
			大将军
九卿	太常	建安十三年徐璆 延康元年张音	奉常
	光禄卿		郎中令
	卫尉		卫尉
	太仆		太仆
	廷尉		大理
	大鸿胪		大鸿胪
	宗正		宗正
	大司农	建安十八年王邑	大农
	少府	建安二十一年刘艾 二十三年耿纪谋杀曹操被族	少府
	执金吾		中尉
台省	尚书	建安十八年左丞潘勖	尚书
	侍中		侍中
	中书		秘书

注：本书原定附表二十五种，原稿已完成，因印刷困难而不得已放弃。第84页不经意撰

魏王国（邺）		魏朝（洛阳）
	山阳公	延康元年十月癸卯朔魏王曹丕受禅改元黄初封汉献帝为山阳公
延康元年置 太中大夫贾诩为之	太尉	黄初元年贾诩
延康元年置 未补人	司徒	黄初元年华歆
延康元年置 未补人	司空	黄初元年王朗
建安十八年魏国置丞相以下群卿百僚 二十一年改相国大理钟繇为之 延康元年御史大夫华歆为之	丞相	黄初元年改相国为司徒华歆为之
建安十八年置 二十二年军师华歆为之 延康元年大理王朗为之	御史大夫	黄初元年改御史大夫为司空 王朗为之
延康元年置 前将军夏侯惇为之 同年卒	大将军	二年车骑将军曹仁为之
建安二十一年置	太常	
建安十八年置 建安末和洽	光禄卿	黄初元年和洽
建安二十二年置 建安中程昱	卫尉	黄初元年程昱
建安十八年置	太仆	黄初元年董昭
建安十八年置 前军师钟繇为之 二十一年奉常王朗为之	廷尉	
建安二十一年置	大鸿胪	
建安二十一年置	宗正	
建安十八年置 魏郡太守王修为之	大司农	
建安十八年置 军祭酒王朗为之	少府	黄初元年常林
建安十八年置 建安中凉茂崔琰杨俊徐奕邢贞	执金吾	
建安十八年置 尚书令荀攸 仆射凉茂 吏部毛玠 度支何夔 延康元年令桓阶	尚书	黄初元年尚书令桓阶 仆射陈群 尚书崔林
建安十八年置 王粲杜袭卫觊和洽为之 建安末耿纪陈群桓阶 延康元年赵俨刘廙鲍勋郑称	侍中	黄初元年辛毗刘晔夏侯林温恢
延康元年中书侍郎司马孚	中书	

表一"，于是将该表附于此处。

参考文献

一、内藤虎次郎　中国中古の文化

一三一頁　教養文庫　昭和二十二年（1947）　弘文堂

1.漢の武帝の財政策の影響　2.漢の武帝の教育政策の影響 3.礼制の整備と礼学の進歩　4.学問の効果と中毒　5.後漢社会の沈滞　6.文学の変遷　7.風気の変化　8.老荘の影響　9.礼儀尊重より門閥尊重へ　10.貴族中心時代

二、桑原隲蔵　東洋史説苑

昭和二年（1927）　弘文堂

二ノ6晋室の南渡と南方の開発　一〇〇—一一七頁

二ノ8歴史上より観たる南支那の開発　一三九—一五一頁

三、岡崎文夫　魏晋南北朝通史

七一九頁　昭和七年（1932）　弘文堂

内篇1.魏晋時代　2.東晋五胡時代　3.南北朝時代　上　南朝 4.南北朝時代　下　北朝

外篇 1.魏晋の文明　2.南朝の文明　3.北朝の文明

四、岡崎文夫　南北朝に於ける社会経済制度

二九五頁　昭和十年（1935）　弘文堂

上篇 1.江淮運河小記　2.支那古代の稲米稲作考　3.六代帝邑考略　4.南朝の銭貨問題　5.漢書食貨志上に就いて　6.魏晋南北朝を通じ北支那に於ける田土問題綱要 附 魏の屯天策

下篇 1.九品中正考 附 北魏に於ける中正制度　2.南朝に於ける士庶区別に就ての小研究　3.南朝貴族制の一面　4.南朝貴族制の起原並に其成立に到りし迄の経過に就いての若干の考察

五、青木正児　清談

四五頁　岩波講座東洋思潮　昭和九年（1934）

1.清談の興起と名理派　2.析玄派　3.曠達派　4.西晋の清談 5.東晋の清談 附 宋斉梁

六、宮川尚志　六朝史研究 政治・社会篇

五八九頁　昭和三十一年（1956）　日本学術振興会

1.黄巾の乱より永嘉の乱へ　2.禅譲にみる王朝革命の研究 3.六朝貴族社会の生成　4.中正制度の研究（序言 ／ 九品中正の起原 ／ 三国魏の中正及び呉の大公平 ／ 西晋の中正制度 ／ 西晋代の中正制度に対する批判 ／ 五胡・東晋に於ける中正制度 ／ 南朝の中正制度 ／ 北魏の中正制度 ／ 北斉・北周の中正

制度 / 中正制度の終止 / 中正在職者一覧表） 5.魏晋及び南朝
の寒門・寒人 6.北朝に於ける貴族制度 7.六朝時代の村につ
いて 8.六朝時代の都市 9.南北朝の軍主・隊主・戍主等に
ついて

　　七、内田吟風　匈奴史研究
　　二七二頁　昭和二十八年（1953）　創元社
　　1.南匈奴に関する研究（南匈奴の中国移住 / 魏晋時代の五部
匈奴 / 五胡乱及び北魏時代の匈奴 / 北朝政局における鮮卑匈奴等
北族系貴族の地位）下略

　　八、守屋美都雄　六朝門閥の一研究——太原王氏系譜考
　　一五〇頁　昭和二十六年（1951）　東洋大学学術叢書
　　1.はしがき　2.始祖伝説の批判　3.王氏の門閥化とその生活
4.王氏の移動　5.門閥制より官僚制へ　6.王氏諸旁系の出現　7.山
東士族の命運　8.むすび

　　九、杨筠如　九品中正与六朝门阀
　　164页　民国19年（1930）　上海商务印书馆
　　1.九品中正成立的原因　2.九品中正内容的分析　3.九品中
正的利弊　4.六朝门阀造成的原因　5.六朝门阀的实际情形　6.六
朝门阀的影响　7.九品中正与六朝门阀的消灭

十、陈寅恪　隋唐制度渊源略论稿

117页　1944年　商务印书馆

十一、唐长孺　魏晋南北朝史论丛

452页　1955年　北京三联书店

1.孙吴建国及汉末江南的宗部与山越　2.《晋书·赵至传》中所见的曹魏士家制度　3.西晋田赋试释　4.魏晋户调制及其演变　5.九品中正制度试释　6.晋代北境各族变乱的性质及五胡政权在中国的统治　7.拓跋国家的建立及其封建化　8.魏周府兵制度辨疑　9.清谈与清议　10.魏晋才性论的政治意义　11.魏晋玄学之形成及其发展　12.读《抱朴子》推论南北学风的异同　13.魏晋杂胡考

十二、桑田六郎等　六朝史研究文献目録

油印　一〇三頁　昭和三十年（1955）　大阪大学文学部研究室

1.一般史　2.歴史地理　3.社会史（通論／階級／家族／戸籍／人口／部落団体）　4.経済史　5.政治史　6.法制史（法律／制度）　7.宗教史　8.学術思想史　9.科学史　10.文学史　11.美術史　12.考古学　13.金石·古文書学　14.民族学　15.言語文字学　16.書誌学

十三、宮崎市定　清談

史林三十一ノ一　昭和二十一年（1946）

十四、川勝義雄　ナシ中世貴族政治の成立について

史林三十四ノ四　昭和二十五年（1950）

十五、越智重明　南朝州鎮考

史学雑誌六十二ノ十二　昭和二十八年（1953）

十六、越智重明　典籖考

東洋史研究十三ノ六　昭和三十年（1955）

十七、仁井田陞　六朝より唐初の身份的内婚制

歴史学研究九ノ八　昭和十四年（1939）

十八、森三樹三郎　六朝士大夫の精神

大阪大学文学部紀要三　昭和二十九年（1954）

十九、村上嘉実　六朝の庭園

古代学四ノ一　昭和三十年（1955）

二十、増村宏　黄白籍の新研究

東洋史研究二ノ四　昭和十二年（1937）

二十一、宇都宮清吉　世説新語の時代

漢代社会経済史研究　昭和三十年（1955）　弘文堂

二十二、田村実造　代国時代のタクバツ政権

　東方学十　昭和三十年（1955）

二十三、山崎宏　北魏の大人官に就いて

　東洋史研究　新一ノ五・六　昭和二十二年（1947）

二十四、前田正名　北魏官営貿易に関する考察──西域貿易の
展開を中心として

　東洋史研究十三ノ六　昭和三十年（1955）

二十五、河地重造　北魏王朝の成立とその性格について──徙
民政策の展開から均田制へ

　東洋史研究十二ノ五　昭和二十八年（1953）

二十六、井上晃　後魏姓族分定考

　史観九　昭和十一年（1936）

二十七、浜口重国　正光四五年の交に於ける北魏の兵制につ
いて

　東洋学報二十二ノ二　昭和十年（1935）

二十八、浜口重国　所謂隋の郷官廃止に就いて

　加藤博士還暦記念東洋史集説　昭和十六年（1941）

二十九、福島繁次郎　隋朝州都考

東洋史学論集　昭和二十八年（1953）東京教育大学東洋史学研究室

三十、福島繁次郎　北斉課試制度攷

滋賀大学学芸学部研究論集二　昭和二十八年（1953）

三十一、陈啸江　魏晋时代之族

《国立中山大学研究院史学专刊》　1936年

三十二、柳诒徵　南朝太学考

《史学杂志》1-5—2-4　民国十八、十九年（1929—1930）

三十三、严耕望　北朝地方政府属佐考

《历史语言研究院集刊》十九　1948年

三十四、严耕望　魏晋南朝地方属佐考

《历史语言研究院集刊》二十　1948年

三十五、严耕望　北朝中央中正与地方中正

《大陆杂志》8-10　1954年

三十六、许世英　九品中正的研究

《清华周刊》36-9、10　民国二十一年（1932）

三十七、武仙卿　南北朝色役考
《食货》5-8、10　民国二十六年（1937）

三十八、蒙思明　元魏的阶级制度
《史学年报》2-3　民国二十五年（1936）

解　说

砺波护

　　东洋史家宫崎市定出生于1910年，本作品《九品官人法研究：科举前史》是他第十三本被收入中公文库的作品。从副标题就可以明了，此书与描写始于隋代的官吏铨选制度背后之悲喜的第一本书《科举：中国的考试地狱》有着千丝万缕的联系。只不过，后者是创刊于1968年5月25日的中公新书系列的一册，为一般性修养读物；而1956年3月末付梓的本书，是一本纯学术专著，作为宫崎任会长的东洋史研究会刊行的《东洋史研究丛刊》的第一册书，被授予日本学士院奖，是宫崎的最高杰作。初版时的定价为1100日元。此次，本书的文库版以与四十年前基本相同的价格重新发售，让众多关心中国历史的读者可以在掌中翻阅，我作为弟子欣喜不已。

　　宫崎开始研究科举制，并不是出于自己对此问题的关心，而是因为在1939年正月被东亚研究所委托了为期两年的"清朝官制和官吏录用制度"研究。东亚研究所是为了应对中日战争的战线扩大，于1938年由首相近卫文麿出任总裁，在企画院的基础上设立的国策调查机关。一年后，宫崎起草了"以科举为中心的清朝官吏录用制度"为题的中期学术报告，但由于不是研究所要求的形式而被束之高阁，又重新提交了一份使用较多图表的简洁报告书。

数年之后，战争愈演愈烈，日本的颓势明显，义务兵役的年限被一再延长，甚至连身为在乡军人的宫崎，都感到征兵召集令即将到来的形势。宫崎决定去做今生最后的工作，将前面提到的报告书改写成以科举制度为中心的作品。他取出原稿进行改写，在格式也差不多改订完毕时，收到了征兵召令。宫崎将原稿交给秋田出版社，却不想1945年3月13日深夜的大阪空袭将秋田出版社全部烧毁，但是保存在大金库中的宫崎的稿件竟奇迹般地幸免于难。战败之后的9月，宫崎离开军队，回到了阔别已久的京都，当时原稿虽已校对完毕，但大32开的《科举》出版，却是差不多一年之后的事了。好不容易到了要出版的时刻，最关键的秋田出版社却破产了。宫崎自己取回稿件，在教员们的帮助下出版发行，体会到了销售的艰难。但当时处于战后的混乱中，在这个时期出版的《科举》并没有受到关注，直到二十多年之后，以"中国的考试地狱"为副标题的中公新书版《科举》刊行，才以其通俗易懂的文字一举成为畅销书。随后大32开的《科举》进行增订，为与中公新书版加以区别，改题为《科举史》（东洋文库，平凡社，1987年）并再版。

以东亚研究所的委托研究为发轫，在外界压力下开始研究，宫崎的两种《科举》通俗易懂地阐释了制度的复杂运作，夹杂着一些鲜为人知的趣闻，使"科举"一词在日本和欧美普及，功不可没。一说到科举制，就会联想到宫崎，但就像他在《全集》第十五卷《科举》的自跋中所说的那样，没有提出什么独到见解。相反，以"科举前史"为副标题的本书《九品官人法研究》，是宫崎引以为傲的、前所未有的独创性研究。从刊行到今天已四十年有余，该书仍是魏晋南北朝研究者的必读经典。

　　《九品官人法研究》是宫崎研究的集大成者，被再次收入每卷末都有宫崎自跋的《宫崎市定全集》第六卷（岩波书店，1992年）。下面我采用已成为死语的"逃票乘车（只取头尾）"的手法，引用一下全集第六卷卷末宫崎撰写的"自跋"（再收录于1996年5月24日宫崎一周年忌日时出版的《自跋集——东洋史学七十年》，岩波书店）的开头和结尾。宫崎首先在开头写道：

　　　　收录于本卷的《九品官人法研究》是我的作品中较为人知的一部，但实际上，研究开始时，并没有期待能达到现在这个精心竭力的成果。不如说是在阅读中不期而遇的意外，在描摹其形态时无心插柳诞生的产物。
　　　　我最初的志向所在是胥吏制度的研究，虽然我关于科举制度的研究成果都已经成书出版，但仅以此来了解中国特殊的官僚生态仍十分不足。在通过科举制获得了官僚的身份之后，他们该怎样行动呢，即在研究官场特质的同时，不弄清与官僚性质相同、共同工作，却无法加入官僚之列的下级脑力劳动者——胥吏的本质，只能说研究尚未完成。因此我常常希望，什么时候能为官僚和胥吏各写一本书，和科举并为三部曲，重新出版问世。

1954年春，从题为"胥吏的研究"的讲义开始，宫崎将关注点集中在古时汉代可以自由从民间选用人才，为什么中世以后就不可以了这一点。而在此期间，他逐渐阐释了自汉魏政权更替的瞬间到隋代一直实施的九品官人法的问题，最后的结论是长期以来被学界称呼的"九品中正制"，实际上应该被叫做"九品官人法"；魏的九品官人法中的"九品"有"官品"和"乡品"两种，乡品是中正给想当官者的评价，政府在这个乡品的基础上降下四级给予官品，官员不断升进最终达到与乡品相同的官品。宫崎最初的意图是探究胥吏的起源，却一心投入到弄清九品官人法的实态中，不知何时将胥吏的研究抛诸脑后了。

在自跋中，宫崎诉说了畅快写作书稿时向其中插入逸事的辛苦，与构思各时代官僚体系金字塔时的自豪，在结尾处，又谈及收录进全集时进行修订的各处：

但是只一味地自满万万不可，本书的缺点在于，由于完稿过快、刊印过早，缺少细细推敲的时间，结果不可避免地有不少粗滥之处。

首先就是考虑欠周到。比如表示"初任官"意思的词语，从头到尾就只用了"起家"一词，没有想到使用"释褐”“出身”等常用的词语，有失亲切。

　　还有，本书根据需要使用了各种各样的图表，但也有不少遗漏之处。特别是第二编第四章《梁陈时代的新倾向》“二、流内十八班”条，有必要将各班官名的重复部分进行排列表示。否则只看文本，很难立刻领会意思。这就需要从《通典》卷三十七《梁官品表》进行摘要制表。（本次已增补了“起家”一词与“释褐”“出身”同义，及《梁流内十八班略表》。）

　　这个表格对于理解官品相同的官职却有清浊之别这一点十分重要。官的清浊，也就是流品之别，从梁之前的宋齐时代已被大致决定了。所谓流品，就是以本流自居的人，对旁系抱有优越感，从而生出蔑视的意味来。这与后世官员对胥吏所抱持的优越感也有关。从制度层面来说，宋、齐、梁的制度到了陈基本消亡了，不可能长期存在，唯有这种优越感一直持续到唐，更流传到后世，并向着胥吏发散。这当中的细节，读过顾炎武的《日知录》卷八“流品”条、卷十三“吏胥”条就会有所了解。“流品”条出现了《宋书》蔡兴宗对将军王道隆、同为宋人的王球对中书舍人狄当、齐人江敩对纪僧真表现出来的歧视，同“吏胥”条所载的唐朝郑余庆对主书滑涣表现出的侮蔑，可以理解为完全相同的情感。既然以胥吏为出发点进行研究，在此书中对此却没有进行更详细的说明，我感到十分后悔。

　　此书匆忙结束，缺点多多，将它作为代表作，我心中感到十分不安。但转念一想，诚如他人指出的，我没有写出更好的作品，事实如此。我也会虚心地接受这一点。

此外，原版当中错字不少，我之前也注意到了。此次改版时经砺波护教授的彻底改正，今后读者可以放心使用了。

宫崎以此结束了文章。

既然说到了"逃票乘车"，我想将其作为阅读本书的方法推荐给大家。本书作为一本学术性著作，其价值在于厚重的第二编《本论》，这一点不需赘言。但其前后的第一编《绪论——由汉至唐》与第三编《余论——再论由汉至唐》中大量收录了本论中的精粹，因此只要通读了绪论和余论，也可以充分体会宫崎最高杰作的精华。顺便一提，作为内部读物出版发行的《宫崎市定论文选集》上卷（中国科学院历史研究所翻译组编译，北京：商务印书馆，1963年11月）的第55—129页所登载的《九品官人法研究（节译）》，就是本书的《前言》《绪论》和《余论》。中国的学界也正是用这种"逃票读法"，令在日本提出的、研究中国魏晋南北朝时代的政治社会史的宫崎独创学说逐渐为人所知。

本书问世五年后的1961年，宫崎在撰写中央公论出版的畅销书《世界的历史》第六卷《宋与元》期间，正作为巴黎大学的客座教授身在欧洲。他与该系列主编之一的池岛信平之间的往来信件被登载于《月报》上。宫崎的回信以《巴黎来信》为题，收录于《向中国学习》（1971年，朝日新闻社出版，后来被再次收入中公文库），其中有一节写道：

> 学者的职责在于做出优秀的研究。有时需要用外语进行发表，也要注意所谓的通俗性。但有时当然会有难度，需要读者费一番功夫去理解。将学术的探讨尽可能地写得通俗易懂，难度很大，这一点毋需赘言。但是，从长远来看，作者和出版社不必太过担心，我想这说不定反而会使阅读理解力一般的读者得到提高。在最近稳定繁荣、出现了旅游热的时代里，不就快速出现了这样的现象吗？现在我要描绘一个梦想：以这样全集性的读物为机缘，迄今为止被大家敬而远之的我们的专业论文集、杂志，说不定哪天就可以成为畅销书。想想小说这种文学形式高度繁荣的时代，距今也不甚遥远，就觉得我也并非痴人说梦。

当时我在宫崎主任教授的指导下进修硕士课程，仅仅将这段话当作梦想。

从那以后，三十六年过去了，同样由中央公论社刊行、彩色版的《世界的历史》第六卷《隋唐帝国与古代朝鲜》中的《第一部：从两晋时代到大唐世界帝国》由我来执笔。其中前半部分的两晋、南北朝正是九品官人法的时代，因此必然随处都会提到宫崎的《九品官人法研究》，并介绍其成果。担任本书编辑的小林久子提议将本书收入中公文库，过去宫崎视作梦想的、位于学术专业书籍顶峰的本书的文库化，终于得以实现。以此为契机，我也有了自己的梦想，那就是像这本书一样，以专家为预设读者、以畅达的文字写出的通俗易懂的学术书籍，不时地也可以加入中公文库的队列，更多地回应社会各阶层读者的期待。

　　按本书的《前言》末尾所述，原书的题字是宫崎的亲笔，旁边还有藤枝晃年轻时篆刻的朱印，初版的每一册都是藤枝亲自钤印的。因此，本次文库本的封面也重新排版后使用。

1997年10月

出版后记

　　提到宫崎市定，对魏晋南北朝历史有所涉猎的读者几乎都会下意识地联想起"九品官人法"。作为宫崎市定的代表作，《九品官人法研究：科举前史》于1956年由东洋史研究会初版，在1958年为他带来了日本学术界的至高荣誉"学士院奖"。

　　作为日本京都学派的巨擘，宫崎市定师承内藤湖南、桑原骘藏，并兼采内藤之广博、桑原之严缜，不同于20世纪30—50年代学者们那种将研究重点放在考证九品中正制的历史沿革、组织架构、利弊演变等方面的传统思路，他所坚持的一直是从宏观的角度考察局部的、具体的历史过程。在充分发挥科学实证的京都学风的基础上，宫崎市定以鲜明的问题意识，在本书中首次提出了到底"是九品官人法还是九品中正制"的问题。一方面，指出二者在本质和范畴上的不同，中正制度是九品官人法的一个子集，"九品官人法"的"九品"分为"乡品"和"官品"两种，而他研究的核心工作，即在于探寻乡品和官品的对应关系及规律；另一方面，以此为经纬，将魏晋南北朝的选官制度与中世门阀贵族的形态编织在一起，多层次地呈现了贵族制在汉唐间沉浮兴衰的脉络。

　　作为一本半个多世纪前出版的学术论著，随着新材料的涌现、研究理论的进步，不少学者都质疑、反驳过宫崎市定的观点，例如他提出的"中正所评定的乡品与起家官品相差四级"，已屡屡被指出二者之间实际上并不存在如此固定的对应。难道宫崎市定在这方面所做的研究竟是完全过时的？当然不是。关键在于，宫崎市定首次指出了六朝时期的任官需要以中正人为评定的乡品为前提，而乡品与起家官品之间存在若干等级的对应。达成了这个共识后，对于六朝选官制度的研究就必然要与贵族制联系在一起，在贵族制视角下全面铺开的对这一时代官僚体系的研究，虽然是政治制度史，但从官僚选举制度方面论证中世贵族制度形成、发展乃至衰亡之历史原因的思路，却更可以归于社会史的领域。这也是这本主体内容是研究六朝官制的论著，长久以来都被作为阐述六朝贵族制的经典成果之一的原因所在。

《九品官人法研究：科举前史》的问世，彻底改变了过去那种针对某一具体问题、从若干具体事例出发概括得到的中世观，甚至可以说为当时的研究划出了一条分水岭。今天我们重新审视这部著作，依然可以感受到宫崎市定在广阔的视域下建构起来的严密、雄厚的史学体系，以及他深入浅出的论证方式、环环相扣的逻辑推演、敏锐透彻的史料洞察，正是这些，使这部论著成为典范，成为历久弥新的研究中国魏晋南北朝隋唐制度史、政治史的必读作品。

服务热线：133-6631-2326　188-1142-1266
读者信箱：reader@hinabook.com

后浪出版公司
2020年5月

图书在版编目（CIP）数据

九品官人法研究：科举前史 /（日）宫崎市定著；
王丹译. — 郑州：大象出版社，2020.6（2020.7重印）
ISBN 978-7-5711-0606-5

Ⅰ. ①九… Ⅱ. ①宫… ②王… Ⅲ. ①科举制度—研
究—中国—古代 Ⅳ. ①D691.3

中国版本图书馆CIP数据核字 (2020) 第060620号

KYUHINKANJINHOU NO KENKYU : Kakyo Zenshi
BY Ichisada MIYAZAKI
Copyright © 1997 Kazue MIYAZAKI
Original Japanese edition published by CHUOKORON-SHINSHA, INC.
All rights reserved.
Chinses (in Simplified character only) translation copyright © 2020 by Ginkgo (Beijing)
Book Co., Ltd.
Chinses (in Simplified character only) translation rights arranged with
CHUOKORON-SHINSHA, INC. through Bardon-Chinese Media Agency, Taipei.

本书中文简体版权属于银杏树下（北京）图书有限责任公司。

著作权合同备案号：豫著许可备字-2020-A-0037

九品官人法研究：科举前史
JIUPIN GUANREN FA YANJIU : KEJU QIAN SHI

[日] 宫崎市定　著
王　丹　译

出 版 人　王刘纯
责任编辑　耿晓谕
责任校对　安德华
美术编辑　杜晓燕
特约编辑　丛　铭
封面设计　墨白空间 · 陈威伸
出版发行　大象出版社（郑州市郑东新区祥盛街27号　邮政编码450016）
　　　　　发行科　0371-63863551　总编室　0371-65597936
网　　址　www.daxiang.cn
印　　刷　北京盛通印刷股份有限公司　电话：010-67887676-8816
经　　销　全国新华书店
开　　本　889 mm × 1194 mm　1/32
印　　张　15.25
版　　次　2020年6月第1版　2020年7月第2次印刷
定　　价　80.00 元
若发现印、装质量问题，影响阅读，请与承印厂联系调换。